国家社会科学基金重大项目（编号：15ZDC034）
中央高校基本科研业务费资助项目（编号：N162303008,N162301001）
东北大学秦皇岛分校校内博士基金资助项目（编号：XNB201705）
河北省社会科学发展研究课题（编号：201808030207）

主编 陈 凯

本土服务企业员工情绪劳动及其服务行为的影响机理研究

Research on the Influence Mechanism of the Service Employee's Emotional Labor and Service Behavior in Local Service Enterprises

刘 喆◎著

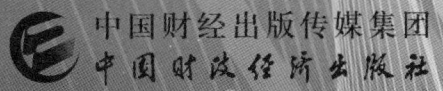

图书在版编目（CIP）数据

本土服务企业员工情绪劳动及其服务行为的影响机理研究／刘喆著.—北京：中国财政经济出版社，2018.11

（区域经济重点学科系列丛书）

ISBN 978-7-5095-8569-6

Ⅰ.①本… Ⅱ.①刘… Ⅲ.①服务业-人力资源管理-研究-中国 Ⅳ.①F726.9

中国版本图书馆 CIP 数据核字（2018）第 233240 号

责任编辑：卢元孝　　　　　责任印制：刘春年
封面设计：孙俪铭　　　　　责任校对：李　丽

中国财政经济出版社 出版

URL：http://www.cfeph.cn
E-mail：cfeph@cfeph.cn

（版权所有　翻印必究）

社址：北京市海淀区阜成路甲 28 号　邮政编码：100142
营销中心电话：010-88191537　北京财经书店电话：64033436　84041336
北京财经印刷厂印装　各地新华书店经销
710×1000 毫米　16 开　16.5 印张　300 000 字
2018 年 11 月第 1 版　2018 年 11 月北京第 1 次印刷
定价：68.00 元
ISBN 978-7-5095-8569-6
（图书出现印装问题，本社负责调换）
本社质量投诉电话：010-88190744
打击盗版举报热线：010-88191661　QQ：2242791300

本专著获得的基金项目资助：

（1）中央高校基本科研业务费资助项目"组织外部因素视角下服务员工主动服务顾客行为的作用机理"，项目编号：N162303008

（2）东北大学秦皇岛分校校内博士基金资助项目"本土领导力、服务导向对服务员工主动服务顾客行为的跨层次作用机制"，项目编号：XNB201705

（3）国家社会科学基金重大项目"建立能源和水资源消耗，建设用地总量和强度双控市场化机制研究"，项目编号：15ZDC034

（4）中央高校基本科研业务费资助项目"能源价格扭曲对能源效率影响研究"，项目编号：N162301001

（5）河北省社会科学发展研究课题"中国建设用地利用秩序测评"，项目编号：201808030207

区域经济重点学科系列丛书
QuYu JingJi ZhongDian XueKe XiLie CongShu

主编：陈 凯

编委：（以姓氏笔画为序）

| 王艳霞 | 史红亮 | 田静毅 | 刘玉川 | 初钊鹏 |

| 张 伟 | 张丽峰 | 张志宇 | 张晓飞 | 李 刚 |

| 周立斌 | 庞卫宏 | 郑 畅 | 贾卫萍 | 曹 勇 |

区域经济重点学科系列丛书简介

改革开放以来，我国打开了对外封闭的大门，大踏步地走向与世界经济、社会、文化融合之路，逐步树立了文明大国的良好形象。随着经济快速发展及对外贸易、文化交往和学术交流的不断深入，我国城乡、各区域，以及国际一体化逐步提高。同时，城乡和各区域间差异也在逐渐增加，各种国际贸易摩擦、异域文化思想冲突和不同学术观点争辩的现象日益增多。如何正确把握当今世界各种成分、多元文化和不同学术流派相互竞争、互相汲取融合的境遇，缩小城乡和区域间差异，促进其一体化进程，成为我们亟待解决的问题。为此区域经济系列丛书精心设计，从三个方面努力完成这一重大课题。

一、区域经济理论融合创新

区域经济理论创新不是寻找一种新理论取代旧理论，而是以一种包容性更大的理论方法体系将旧理论方法兼容升级。陈凯撰写的《中国区域经济理论》和《城乡资源整合论》将现有区域经济管理科学放在包容性更大的新理论体系中，该理论体系将中国传统经济管理理论、马克思主义管理理论和现代西方经济管理理论融会贯通。在新创立的区域经济管理科学原理中，正确地显示经济社会协调发展规律，准确地衡量所有的要素、结构和发展模式的性质与数量差异及其变动原因，适时地将原理体现在实际操作方式上。采取旧理论系统梳理——新理论体系创立——原理实证条理化的研究方案。以《易传》的理论方法为框架，融合各种原理和方法。宏观经济分析从模式到结构再到要素，微观经济分析从要素到结构再到模式。研究定位以道统阴阳平衡机制为主线，演绎和实证相结合，在现代经济学基础上，推导演化区域生产、消费、贸易、分配、货币、财政、金融、投资、股票、证券、期货、保险、价格、利率、汇率、税率、企业治理、制度与政策等均衡法则。

二、区域经济实证研究

任何理论都是在人类经济社会发展推动下自身矛盾思变创新中产生和形成的。区域经济理论发展的前提是区域经济实践。区域经济实证分析既是区域经济理论发展的基础,也是区域经济实践的指导。

"珠三角""长三角"和"京津冀"区域是中国最具发展潜力的都市圈,但"京津冀"区域经济发展绩效和理论研究明显落后,而且京津两大核心城市与周边地区在发展上相互脱节,彼此间的空间联系松散,一体化更显不足。刘玉川的《京津冀区域经济一体化研究》填补了"京津冀"区域经济一体化研究的某些缺憾。

我国是钢铁生产和消费大国,1978~2008年我国粗钢产量年均增长率为9.7%。中国钢铁产量的迅速增长伴随着极高的能源消耗。2005~2008年,钢铁业能源消费量分别为3.69亿、4.24亿、4.78亿、5.15亿吨标准煤,分别占据当年工业能源消费量的24.6%、25.8%、25.1%、26.1%。研究钢铁行业能源效率问题对我国整体能源效率的提高具有现实意义。史红亮和陈凯的《中国钢铁业能源效率研究》是对能效研究领域的深化和补充。通过各种软件包(如Eviews、Deap和Frontier等)的使用,各种具体分解模型、超越对数生产函数模型和向量误差修正模型的应用及检验,得出了一些有意义的结论。

区域品牌的深入研究对我国地区老字号品牌的复兴和地区经济产业集群化发展有重要的现实意义。现有的国内外区域品牌研究主要从国家、城市、区域和产业集群四个层次展开。研究的内容主要集中于区域品牌结构、区域品牌模型、区域品牌管理战略和沟通策略。张晓飞的《区域品牌营销管理——基于中华老字号品牌的研究》将区域品牌的研究角度转向目标市场和消费者,结合中国现状,重点关注中华老字号品牌的产业化复兴和老字号品牌的网络传播机制,特别聚焦于老字号区域品牌的网络传播以及老字号品牌的保护与开发。把中华老字号品牌面临的现实问题与网络传播理论密切结合,在研究中综合利用数据挖掘、网络实验和问卷调查等方法,得出能解决"老"问题的"新"理论。

在此丛书系列中,每本书都进行了不同程度的实证分析,可圈可点,相信读者看后会有耳目一新之感。

三、区域经济发展新动向

低碳经济是区域经济发展的新方向。区域低碳经济研究是系列丛书的重点内容。

2009年,我国政府承诺减少碳排放目标,到2020年单位GDP二氧化碳排放量比2005年减少40%~45%,考虑到我国目前的经济发展水平,减排应是在保证经济增长前提下的减排,而不是绝对量的减少,因此,这个目标的实现依赖于经济增长和碳排放两个方面。在具体执行过程中,各个地区、各个产业是具体的载体,碳生产率把经济增长和碳排放很好地结合在一起,加强对碳生产率的研

区域经济重点学科系列丛书简介

究,对于我国 2020 年碳排放目标的实现与分解,对于各地区经济增长方式的根本转变、产业结构的优化升级以及"两型"社会的构建具有重要的现实意义。张丽峰的《气候变化背景下碳生产率研究》以经济增长理论、资源与环境经济学、能源经济学、计量经济学和区域经济学的学科理论为基础,从单要素和全要素两个方面,从理论上运用统计指标方法、参数和非参数方法对碳生产率进行了测度,从区域和产业方面进行了实证分析和比较,最后提出了减排对策。该书的研究思路、方法和结论不仅为具体的决策部门(国家发改委等)提供了决策的思路、方法和依据,同时也为其他类似问题的研究提供了借鉴和参考。

李刚的《区域低碳经济评价理论、方法及应用》:一是对区域低碳经济进行了分析,并在此基础上构建了区域低碳经济评价指标体系;二是就低碳经济评价方法进行了研究,构建了基于 Gi 主观赋权的低碳经济综合评价模型、基于熵权法的客观赋权的低碳经济综合评价模型、基于循环修正思路的低碳综合评价模型;三是根据上述模型以秦皇岛市为例进行低碳经济的实证研究,并根据评价结果给出相应的政策和建议。

陈凯的《能源环境政策理论基础》从区域整体角度研究了低碳经济发展问题。指出能源与环境是区域经济可持续发展和社会安全和谐的前提。能源与环境政策则是其正常运行的基本保证。该书系统地介绍了能源环境安全与可持续和谐发展的条件及运行操作要领。详细分解了能源环境政策理论基础中的替代和外部性内在化等基本原理、模型和评价指标体系。

区域经济重点学科系列丛书传承发展中国传统学术,吸收消化马克思主义区域经济理论和现代西方区域经济理论,在融会贯通三大理论体系的基础上,注重区域经济实证研究,突出区域经济发展新方向,建立中国大国区域经济理论。虽然距完整的中国大国区域经济理论体系相差甚远,但我们已经起步,纵有千难万险,我们披荆斩棘,在所不辞。恳请广大读者对丛书多提宝贵意见,我们会虚心接受并不断修改完善。

区域经济重点学科系列丛书主编

陈凯

2011 年 8 月 15 日

序　言

目前我国服务业的增加值已经超过国民经济 GDP 的 50%，就业人口数占全部从业人口数的 41%，表明我国进入了服务经济时代。在服务经济时代，服务代表了经济活动的本质。作为服务业的微观实体——服务企业，建立核心竞争优势，获取财务绩效的关键在于向顾客提供高质量的服务。与有形产品不同，服务在一线服务人员与顾客的互动中产生。服务员工是服务的主要提供者，是顾客经历的主要创造者，对顾客的服务质量感知具有重要的影响。于是，服务员工在服务过程中向顾客表达的友好、热情等情绪以及服务员工的服务行为（主动服务顾客行为、组织公民行为和服务创新行为）成为服务质量的关键成分。目前针对提升服务质量的研究也主要集中于这两个方面：其一，关注员工情绪，促进员工表现；其二，关注员工行为，提升组织绩效。美国社会学家 Hochschild 首次关注服务员工按照企业要求进行情绪表达现象，并通过对比墙纸工厂小男孩与空乘小姐之间工作的异同，阐述情绪劳动的特殊性。Organ、Rank、West 等学者也分别提出了对服务质量产生重要影响的员工服务行为概念，包括组织公民行为、主动服务顾客行为和服务创新行为。

情绪劳动是服务员工按照企业要求进行的情绪表达行为，即情绪劳动行为对顾客满意和忠诚度的影响尤为关键。组织公民行为、主动服务顾客行为、服务创新行为等员工服务行为等都会在更大程度上提升顾客和企业绩效。这些针对服务员工的研究领域已经受到了学者和管理者的重视，在服务员工管理实践中也起到了重要的指导作用。在提供服务过程中，员工情绪会直接影响员工服务行为，从而成为影响员工工作状态，进一步影响服务绩效和企业绩效的关键。因此，本土

本土服务企业员工情绪劳动及其服务行为的影响机理研究

　　服务企业员工管理实践研究应更多关注员工情绪,探求能够促进员工积极情绪的重要影响因素,充分发挥其对员工服务表现的正向作用,对员工服务工作产生消极情绪的因素尽量控制,减小其对员工工作状态产生的负向影响。已有文献围绕着"情绪劳动、组织公民行为、主动服务顾客行为、员工创新行为的影响因素"问题展开了积极探索。例如,员工个体特征因素,包括员工的大五性格特征、情绪智力、心理资本等因素;又如,组织环境因素,包括组织公平感、领导氛围等影响因素;再如,顾客互动因素,包括顾客不公平等影响因素。尽管已有情绪劳动和服务行为影响因素研究取得了一定研究进展,仍需要继续对这一研究问题进行深入研究与揭示。例如,组织外部因素对情绪劳动、主动服务顾客行为等的作用机理关注较少,包括员工和顾客在人际交互过程中产生的负面互动事件以及员工的家庭因素等。同时已有研究多关注的单一层次因素对员工服务产生的影响,较少研究多层次因素对员工情绪和服务行为产生的交互影响。服务员工作为典型的边界穿越者,要同时满足顾客、管理者和家庭成员的期望和要求,即一方面,服务员工要穿越家庭领域的边界,在服务工作上满足领导者的期望和要求;另一方面,服务员工要穿越服务企业的边界,服务企业外部的顾客,满足顾客的期望和要求。因此,将员工管理研究应进一步延伸到组织外部,以及多层次因素的探讨上,从而深化和拓展原有理论认识。

　　基于此,本书从两个研究问题的视角出发,其一,探讨本土服务企业员工情绪劳动的影响因素,分别聚焦员工—顾客负面互动事件(顾客负面行为)、家庭工作界面因素(组织外部因素)和服务型领导力(领导者因素)等因素,探讨他们对情绪劳动(表层表演、深层表演和真实表达)的影响机理;其二,揭示本土服务企业员工服务行为(主动服务顾客行为、组织公民行为和服务创新行为)的影响因素。分别研究了个体服务导向、情绪劳动和组织公民行为间的影响机理、家庭工作界面因素对主动服务顾客行为的影响机理和多视角服务导向对服务创新行为的影响机理。进一步丰富了服务员工情绪劳动及其服务行为的前因理论。希望本书对服务领域的研究者和企业管理者的管理实践有一定的指导意义。

前　言

员工服务情绪和服务行为表现对企业绩效和顾客绩效有重要影响。近年来，管理学和组织行为学掀起了一场"情感风暴"，员工服务情绪成为研究热点，其对员工工作状态和行为表现有重要影响，员工情绪劳动和服务行为表现（组织公民行为、主动服务顾客行为、服务创新行为）也获得了丰富的研究成果。本书也从情绪劳动和服务行为两个视角，分别研究了两者的前因影响因素，并利用本土服务企业的管理实践对研究结论进行案例检验，为本土服务企业的员工管理提供理论支持。

首先，情绪劳动作为服务工作特有的一种劳动形式，是指服务员工按照企业要求进行的情绪表达行为，如微笑、热情、关心等情绪的表达。情绪劳动对员工的身心健康、工作态度行为以及顾客绩效都有重要影响。情绪劳动包括三个维度：表层表演、深层表演和真实表达。其中，表层表演会导致员工失去个性，情绪麻木和情绪疲倦，降低顾客的服务质量感知、顾客满意度和忠诚度；而深层表演和真实表达则会提升员工的工作成就感、工作满意度，促进顾客满意度和忠诚度。由于表层表演和深层表演、真实表达截然相反的员工和顾客效应，识别何种因素可以抑制表层表演，促进深层表演和真实表达，成为服务领域热点课题之一。目前已有文献关于这个问题的探讨取了一定的进展，但对情绪劳动前因影响因素还没有进行系统的研究和总结，存在如下改进空间：现有文献主要关注个体层次影响因素对情绪劳动的影响，例如员工的个体特征（大五格、情商等）、顾客负面行为（顾客不公平、言语侮辱等）、工作特征（工作自主性）等。然而，从多层次视角，将个体因素和组织因素结合起来探讨两者对情绪劳动的交互作用影响还鲜有涉及。另外，组织外部因素，如家庭因素（家庭工作冲突、家庭工作增益）和顾客因素（不同归因的员工—顾客负面互动事件）等，也是对服务员工工作情绪和工作状态的重要影响因素，不能忽视。为此，针对上述情绪劳动研究的不足和局限，本书在以下三个方面展开具体研究，以期丰富情绪劳动理论认识，使情绪劳动理论更加完整、准确。

（1）从员工归因视角，将员工与顾客之间发生的负面互动事件归因为三类：归因顾客的负面互动事件、归因员工自己的负面互动事件以及归因外部第三方的负面互动事件。在此基础上，分别揭示这三类负面互动事件对情绪劳动的影响机理。通过设置模拟情景方式，选择旅游服务业的一线服务员工，调研了三组服务员工，运用多元回归统计分析，研究结果表明：员工将负面互动事件归因顾客时会促使员工产生生气、愤怒情绪，进而员工采取情绪劳动中的表层表演应对顾客；员工将负面互动事件归因自己时，员工会产生内疚情绪，进而以情绪劳动中的真实表达方式应对顾客；员工将负面互动事件归因外部第三方时，通过情绪感染的中介传递机制使员工以情绪劳动中的深层表演应对顾客。

（2）将家庭与工作之间的关系界定为家庭工作冲突、家庭工作增益，分别揭示了两者对情绪劳动的影响机理。通过多个阶段的问卷调研，最终获得318份有效服务员工数据。运用SPSS和AMOS分析工具，数据结果表明：家庭工作冲突会抑制情绪劳动中的深层表演和真实表达；家庭工作增益则会促进情绪劳动中的深层表演和真实表达；核心自我评价在家庭工作冲突与表层表演之间起负向调节作用；核心自我评价在家庭工作增益与表层表演之间起负向调节作用；核心自我评价在家庭工作增益与深层表演、真实表达之间起正向调节作用；核心自我评价通过家庭工作平衡调节家庭工作冲突与表层表演，家庭工作增益与表层表演、深层表演之间的关系。

（3）深入剖析了服务型领导力、自主动机对情绪劳动的影响机理。通过对31家服务企业的31名管理者和586名服务员工的多阶段

前　言

调研，综合运用 SPSS、AMOS 与 HLM 分析工具，结果表明：服务型领导力和自主动机各自通过工作投入促进深层表演和真实表达；服务型领导力在自主动机与工作投入之间起正向调节作用；服务型领导力调节自主动机与真实表达关系的过程中，以工作投入为中介；在团队层面，服务型领导力正向影响聚合真实表达。

员工行为表现的研究视角较多，目前受到较多关注的主要包括组织公民行为、主动服务顾客行为和服务创新行为。

组织公民行为的定义虽然是在组织正式薪酬体系外的行为，但是实际上很多组织在对员工进行评价或者提拔时，往往更多的是参考员工的组织公民行为，组织公民行为确实影响绩效评价体系。组织公民行为是指在组织的正式薪酬福利体系没有直接或者明确规定之外的，但对组织有利的行为的总和。组织公民行为有三个特征，即行为本身是角色外的，行为不在组织薪酬福利体系之内，对组织有利。组织公民行为对组织绩效产生正向的影响已经被大量证实，对组织公民行为的影响因素的研究也较为丰富，包括员工的个体特征、任务特征和组织特征等。然而，还没有从员工情绪劳动视角探讨组织公民行为的前因影响机理。

主动服务顾客行为由 Rank（2007）提出，是指服务员工自我发起、长期导向和持久性服务行为。主动服务顾客行为与组织公民行为不同，行为本身既是员工提供的服务，也体现为薪酬福利之内。主动服务顾客行为更多关注的是员工提供服务的主动性，这种主动性对服务质量和顾客感知有重要影响。服务员工在服务顾客时，事先预测顾客的需求，向顾客作出额外的服务承诺以及与其他服务员工一起满足顾客"意外"的需求，会在更大程度上提升顾客和企业绩效。目前对主动服务顾客行为的前因研究还较少，主要也是从员工个体特征和组织环境两个视角探讨，组织外部因素特别是家庭因素，对员工工作情绪和工作状态会产生重要影响，但目前还没有受到关注。

对于员工创新行为的探讨一直多集中在制造领域，服务领域基于自身本身的特征，对服务创新的研究还较少。我国服务业市场日益全球化，设计新服务、改进现有服务质量，也成为服务企业建立竞争优势的关键。目前研究者将服务创新行为视为一个整体概念,但服务员工涌现新颖实用的创意和贯彻、执行创新解决方案,这是两个不同的创新环节,即创造力和创造执行力。现有文献也没有从多层次视角探讨个体特征和组织特征对员工服务创新行为产生的交互影响。

为此,针对上述员工服务行为研究的不足和局限,本书在以下三个方面展开具体研究,以期丰富组织公民行为、主动服务顾客行为和员工创新行为理论认识,使员工服务行为前因理论更加完善。

(1) 利用对金融服务业 210 名员工进行调研所得的数据,运用 SPSS 软件和 AMOS 分析工具,实证分析了服务导向、情绪劳动与组织公民行为之间的作用机制。结果表明:服务导向负向影响情绪劳动中的表层表演,正向影响深层表演;表层表演负向影响组织公民行为的两个维度——人际指向公民行为和组织指向公民行为,而深层表演对之具有正向效应;表层表演在服务导向和组织指向组织公民行为之间起部分中介作用;深层表演在服务导向与组织指向公民行为之间起部分中介作用。

(2) 揭示家庭工作界面因素对服务员工主动服务顾客行为的影响及服务氛围在其间的调节作用。通过对 310 名服务员工进行多阶段调研,运用 SPSS 19.0 和 AMOS 17.0 统计软件对数据结果进行分析,结果表明:家庭—工作增益对主动服务顾客行为有正向影响;家庭—工作平衡对主动服务顾客行为有正向影响;随着服务氛围的提高,家庭—工作冲突对主动服务顾客行为的负向影响将减弱;随着服务氛围的提高,家庭—工作平衡对主动服务顾客行为的正向影响将增强。

(3) 基于多层次理论方法,从工作投入视角探讨多视角服务导向对服务创新行为的多层次作用机理。通过对辽宁 30 家接待服务企业管理者和员工进行多阶段调研,综合运用 SPSS、AMOS 与 HLM 工具进行分析。结果表明:组织服务导向正向影响工作投入;个体服务导向正向影响工作投入;组织服务导向正向调节个体服务导向和工作投入之间的关系;工作投入正向影响创造力和创造执行力;在组织服务导向与个体服务导向对创造力和创造执行力的交互作用之间,以工作投入为中介;组织服务导向正向影响聚合创造力和创造执行力。

前　言

　　研究最后，聚焦我国本土服务企业情境，通过典型服务企业案例研究方法，理论联系实际，进一步验证理论主张的准确性。选择海底捞企业进行单案例研究来检验本书提出"员工情绪劳动和服务行为前因影响因素"理论主张的准确性。海底捞成功案例所引发的研究热潮，进一步丰富了服务企业的管理实践，通过让员工满意实现顾客满意的"海底捞模式"也成为国内外餐饮企业学习的榜样。海底捞作为典型的服务企业，其服务性质和员工管理与本书的研究内容有很高的契合度。研究通过对石家庄两家海底捞店的员工和管理者的深度访谈以及收集企业内部文件、公开资料等，研究团队对这些资料进行了分析与解码，发现本书提出的主要理论主张都得到了证实，增加了研究提出的理论主张的准确程度。

作者

2018 年 8 月

目 录

第1章 绪论 ··· 1
  1.1 研究背景 ··· 1
  1.2 问题提出 ··· 7
  1.3 研究意义 ··· 10
  1.4 研究目标、内容与研究框架 ································· 11
  1.5 研究方法与技术路线 ······································· 17
  1.6 研究结构 ··· 19
  1.7 本章小结 ··· 20

第2章 相关研究综述与理论基础 ································· 22
  2.1 相关研究文献综述 ··· 22
  2.2 基本概念 ··· 39
  2.3 本书研究的理论基础 ······································· 44
  2.4 本章小结 ··· 47

第3章 负面互动事件对服务员工情绪劳动的影响机理 ··············· 48
  3.1 理论模型的来源 ··· 48
  3.2 基本假设的提出 ··· 49
  3.3 归因顾客、愤怒与表层表演之间关系的检验 ··················· 53
  3.4 归因自己与深层表演、真实表达间关系的检验 ················· 60
  3.5 归因第三方与表层表演、深层表演之间关系的检验 ············· 65

3.6 本章小结 ··· 71

第 4 章　家庭工作界面因素对服务员工情绪劳动的影响机理 ······· 73
4.1 理论模型的构建与基本假设的提出 ······························· 73
4.2 研究设计 ··· 78
4.3 假设验证 ··· 84
4.4 本章小结 ··· 92

第 5 章　服务型领导力对服务员工情绪劳动的多层次影响机理 ······· 95
5.1 理论模型的构建与基本假设的提出 ······························· 95
5.2 研究设计 ··· 100
5.3 数据处理及结果分析 ··· 104
5.4 本章小结 ··· 115

第 6 章　服务导向、情绪劳动与组织公民行为之间的作用机制 ······· 117
6.1 理论模型构建与基本假设提出 ···································· 117
6.2 研究设计 ··· 121
6.3 数据结果分析 ··· 123
6.4 结果分析与管理启示 ··· 129
6.5 本章小结 ··· 131

第 7 章　家庭工作界面因素对主动服务顾客行为的作用机制
　　　　——基于服务氛围视角 ··· 133
7.1 理论模型构建与基本假设提出 ···································· 133
7.2 研究设计 ··· 136
7.3 数据分析结果 ··· 139
7.4 结果分析与管理启示 ··· 144
7.5 本章小结 ··· 146

目 录

第8章 多视角服务导向对服务创新行为的跨层次影响机制……… 148
8.1 理论模型构建与基本假设提出 ……………………………… 148
8.2 研究设计 ………………………………………………………… 152
8.3 数据处理与结果分析 …………………………………………… 155
8.4 结论、启示、研究局限与未来研究方向 …………………… 161

第9章 理论主张的案例检验——以海底捞企业为例 ……………… 163
9.1 运用案例检验本书理论主张的必要性 ……………………… 163
9.2 本书提出理论主张的总结 …………………………………… 164
9.3 选择海底捞企业为案例的原因和海底捞企业背景介绍 …… 166
9.4 海底捞企业资料数据的收集和分析 ………………………… 168
9.5 海底捞案例的分析与基本发现 ……………………………… 171
9.6 案例研究结论 ………………………………………………… 185
9.7 本章小结 ……………………………………………………… 187

第10章 结论与展望 ……………………………………………………… 188
10.1 研究结论 ……………………………………………………… 188
10.2 主要研究贡献 ………………………………………………… 190
10.3 管理启示 ……………………………………………………… 191
10.4 研究的局限性 ………………………………………………… 193
10.5 今后研究工作展望 …………………………………………… 194
10.6 本章小结 ……………………………………………………… 195

参考文献 …………………………………………………………………… 196

附录 ………………………………………………………………………… 218

附录1：服务型领导力对服务员工情绪劳动多层次影响机理的
调查问卷 ……………………………………………………… 218
附录2：家庭工作界面对服务员工情绪劳动影响机理的调查问卷 … 222
附录3：负面互动事件对服务员工情绪劳动影响机理的调查问卷 … 226

附录4：服务导向、情绪劳动和组织公民行为间作用机制的
    调查问卷 ………………………………………………………… 230
附录5：家庭工作界面因素对主动服务顾客行为的作用机制的
    调查问卷 ………………………………………………………… 233
附录6：多视角服务导向对服务创新行为的跨层次作用机制的
    调查问卷 ………………………………………………………… 237

第1章

绪 论

1.1 研究背景

1.1.1 现实背景

目前我国服务业的增加值已经超过国民经济 GDP 的 50%，就业人口数占全部从业人口数的 41%，表明我国进入了服务经济时代[1]。在服务经济时代中，所有的经济都是服务经济，服务代表了经济活动的本质，而有形的产品只是服务提供的一种载体，服务业将居于经济发展的主导地位。大力发展服务业是满足民生、改善民生福利的重要内容，同时也是扩大就业、转变增长方式、有效节约能源、调整经济结构、走新型工业化道路的必然选择。

作为服务业的微观实体——服务企业建立核心竞争优势，获取财务绩效的关键在于向顾客提供高质量的服务。与有形产品不同，服务在一线服务人员与顾客的互动中产生。于是，服务员工向顾客表达的友好、高兴、热情等情绪并主动从事对组织绩效有利的服务行为是服务质量的关键成分，能够创造出顾客惊喜的服务体验。顾客惊喜的服务体验会提升顾客的保留率和组织利润率。虽然要求服务员工向顾客表达微笑，主动服务顾客，看似简单、容易，但在工作之中实施起来，却非常困难。服务员工面向消费者表达出的热情洋溢的情绪，不仅影响着顾客接受服务时的心情，而且对员工自身的身心健康以及精神状态有着重要的影响。例如，12306 客服中心设置出气墙，减缓客服员工的负面情绪和压力。12306 客服中心每天 24 小时要接听 3 万多个电话，每名服务员工每天接听 300~400 个电话。工作压力很大。经常遇到旅客因买不到票或遇到问题对着电话就骂等情况,服务人员只能听着,经常憋一肚子气,心理压力很大。为了缓解职工的这种压力,12306的工作场所设置了一面发泄墙,职工们可在上边写下话语,发泄一下情绪。还有一个拳击发泄柱,如果职工们实在觉得憋屈,就可拿起拳击手套,用拳击方式发泄心中的火气。由于服务员工与顾客之间权利的不对等,服务员工经常成为顾客谩骂、侮辱的对象,例如,在北京至广州的航班中,旅客因对飞机乘务员服务不满,对其进行辱骂,并拿起一杯水将两名空姐从头浇到脚,期间还不停地推搡、辱骂。已有的一篇文献Diefendorff对多个行业一线服务员工进行调研发现,服务员工在服务顾客过程中,每个星期都会遇到2~3次顾客言语侮辱、身体侵犯等行为,另外,家庭事故、工作上的管理者和同事等都是导致服务员工产生负面情绪(如生气、郁闷、沮丧等)、工作消极怠慢的原因。然而,目前服务企业普遍向员工强调微笑服务、主动服务的重要性,却没有意识到服务员工实施微笑服务的难度,只是采取一些简单的措施,例如,在工作场所设置缓解空间,帮助员工缓解负面情绪或压力[2-5]。为此,非常有必要在理论上清晰识别何种因素抑制或促进服务员工积极调解负面心情,积极提供服务,从而积极主动真实地表达出企业要求的微笑热情以及其间存在何种作用机制,可以帮助服务企业领导者有效管理服务员工,进而提升服务绩效。

1.1.2 理论背景

服务员工按照企业要求进行情绪表达的行为在理论上称为情绪劳动[6,7]。服务员工情绪劳动具有自身的特殊性[8,9]:"刷墙工的工作是需要大脑与肩膀、手臂、手指之间的协调,其劳动形式称为体力劳动。空乘服务员除了推着沉重的餐车付出体力劳动以外,还付出智力劳动(如当有紧急空降着陆时,组织和疏散旅客),与此同时,她还需要激发或者压抑自己的感受来维持外部的面部表情以创造顾客愉快的体验,这种劳动要求的是内心感受和意识之间的协调"。基于服务员工工作的特殊性质,Hochschild首次提出情绪劳动概念用来概括服务员工按照企业要求进行的情绪表达行为,如微笑、热情、关心等[10]。

自从情绪劳动这一概念提出后,心理和服务领域学者对情绪劳动的内涵和维度进行了富有意义的探讨[10,11],取得了一些研究成果,主要体现在如下几个方面:

第一,关于情绪劳动结构、类型的探讨。其中,Grandey 和 Diefendorff 两篇文献对情绪劳动维度的划分得到了后续研究的普遍认可。Grandey 基于情绪调节

第1章 绪 论

理论界定情绪劳动的结构[12]。他认为服务员工采取两种方式调节自己的内心感受,即表层表演和深层表演。表层表演是指服务员工按照组织要求改变外部表情,而不改变内心感受的一种情绪表达行为,如服务员工的虚假微笑;深层表演是指员工最初内心为负面感受(如压抑、沮丧等),为了按照组织要求进入工作角色,尽力去体验工作中应当产生的情绪,进而真实表达这一情绪。Grandey以这两种表演方式为核心建立了情绪劳动前因后果的理论框架。Diefendorff在Ashforth理论观点基础上,证实真实表达(个体发自内心表达自己的高兴热情等情绪)与表层表演、深层表演一样是情绪劳动的核心维度[2]。

第二,不同类型情绪劳动行为对员工工作绩效和顾客绩效的影响。此后,以定量方式探讨情绪劳动的文献逐渐增多,但研究者的目光集中在情绪劳动对员工身心健康、工作态度和行为的影响方面。例如,Brotheridge等人发现[13]:深层表演正向影响个人成就感,负向影响失去个性;表层表演正向影响员工去个性化。Totterdell等人证实[14]:表层表演会产生情绪麻木和情绪疲倦;深层表演对组织绩效有正面影响。Liu等人证实情绪劳动会导致工作紧张感[15]。Kammeyer-Mueller通过对116篇情绪劳动文献进行元分析[16],进一步证实表层表演的负面员工效应,深层表演的正面员工效应。近年的情绪劳动文献一方面揭示"为什么"表层表演会导致员工的去个性化、情绪麻木和情绪枯竭,深层表演会提升工作成就感、工作满意度、和任务绩效等研究问题[17,18];另一方面,研究者将目光转移到情绪劳动对顾客绩效影响方面,证实表层表演对顾客绩效具有负面影响,深层表演有助于提升顾客绩效,顾客绩效包括顾客服务质量感知、顾客满意度和顾客忠诚度[19-23]。

第三,从员工个体特征、顾客负面行为和组织环境视角探讨情绪劳动的影响因素。在现有的情绪劳动影响因素中,有限的文献主要聚焦三类因素对情绪劳动的影响:其一为员工个体特征对情绪劳动的影响,例如,Totterdell等人证实情绪智力会提升员工的深层表演水平[14];Kiffin-Petersen等人探讨了大五格对情绪劳动的影响[24],结果证实大五格中的情绪稳定性负向影响表层表演,外向性和宜人性正向影响深层表演。其二为顾客负面行为对情绪劳动的影响,例如,Grandey等人研究发现面对顾客的言语攻击行为,员工以表层表演方式应对顾客[25]。Rupp等人证实顾客的不公平行为也导致员工的表层表演[26,27];我国学者谢礼珊证实顾客的不公平通过诱发员工的愤怒情绪,进而促进表层表演[28]。其三为组织环境对情绪劳动的影响,例如,工作自主性会促进深层表演,服务员工的程序公平感知会抑制表层表演,促进深层表演和真实表达,领导公平和分配公平的感知分别促进深层表演和真实表达[29,30]。

在服务员工服务行为方面,目前对服务员工服务绩效和顾客绩效产生重要影响的服务行为主要包括:组织公民行为、主动服务顾客行为和服务创新行为。

第一,在组织公民行为方面,Katz认为组织员工的行为可以分为三种:其一,员工努力工作,目的是留在组织中;其二,员工认真完成分内工作;其三,员工在组织对工作要求的基础上主动创新,从事一些组织要求之外的工作,如在工作中主动帮助有困难的同事、维护企业声誉等[31]。此后,有学者不断丰富和完善组织公民行为的概念和内涵。组织公民行为被认为是不在工作岗位职责范围内,也不在组织薪酬福利体规定之内,但对组织有利的行为[32,33]。组织公民行为有三个特征:其一,行为本身不在工作职责之内,属于角色外行为;其二,行为导致的结果跟组织奖励和处罚没有关系,不在组织工作正式薪酬福利体的规定之内;其三,行为本身对于个人来说没有奖励,但是确实对组织有利。

虽然学者们对于组织公民行为的内涵的理解大体一致,但是对于其维度的划分,却不尽相同。组织公民行为的维度可以分为二维结构、四维结构、五维结构和七维结构等。其中,二维结构包括利他性和一般性顺从[34]。利他性是指在员工完成自己工作的同时,会主动积极地帮助有困难的同事。而一般性顺从是指员工在工作中会主动为组织着想,做对组织有利的事情。也有研究将这两种行为概括为个人指向组织公民行为和组织指向组织公民行为[35]。四维结构包括人际互助、个人能动性、个人勤奋和忠诚主义[36]。五维结构:Organ所提出的组织公民行为的五维结构应该说是被学者最广为认可的维度划分,包括利他性、运动员精神、尽责行为、谦恭有礼、公民道德[33]。七维结构:Podsakoff通过归纳前人研究,认为组织公民行为可以划分为七个维度,主要包括助人为乐、运动员精神、组织忠诚、组织遵从、个人能动性、公民道德、自我发展[37]。组织公民行为的维度划分的不同方式中存在一定的类似性。

第二,关于主动服务顾客行为的探讨。20世纪90年代初以来,主动行为引起了学者们越来越多的关注,研究内容也非常丰富。由Frese等提出的个体主动性[38]是一个广泛的主动行为的概念,员工主动性研究侧重个人主动性[38]、主动性人格[39]、建言行为[40]、主动负责[41]等概念的探讨。主动服务顾客行为(proactive customer service performance)最早是由Rank等(2007)提出的,被定义为"个体自发的、长期导向的、长久坚持的服务行为,这种服务行为已经超出了明确规定的绩效要求[42]"。主动服务行为反映了个人主动性的三个核心特征,即自发的行为、长期导向(即前瞻性思维)的行为和长久

第1章 绪 论

坚持的行为。主动服务顾客行为是服务和主动性两个研究领域的重叠。目前关于主动服务顾客行为影响因素的研究较少。Rank 等[42]以一家金融服务企业的管理者和员工为调研对象,证实员工主动性、情感组织承诺、任务的复杂性和参与型领导力正向影响主动服务顾客行为。Raub&Liao[43]从动机视角揭示主动型氛围和一般自我效能感共同促进主动服务顾客行为。这两篇文献主要聚焦服务员工个体特征和组织环境因素。

第三,目前员工创新行为文献多基于制造业展开。West 和 Farr[44]将创新行为定义为个人在组织活动中产生、引进,或应用的所有有益、新奇的事物,从而使自己的工作更有效率。而在服务领域,对服务创新行为的研究相对有限。目前研究者将服务创新行为视为一个整体概念,但服务员工涌现新颖实用的创意和贯彻、执行创新解决方案,这是两个不同的创新环节。针对服务创新行为的影响因素的研究也较少,主要从员工个体特征因素和组织环境因素视角,探讨员工服务创新行为的影响机制。例如,Spiegelaere 等[45]以欧洲的化工制造和服务业为背景,证实工作不安全感通过工作投入影响员工的创新行为;许春晓和邹剑[46]以酒店业为背景,证实知识共享行为正向影响服务创新行为。

从现有的理论研究可以看出,已有文献对服务员工情绪劳动及服务行为的前因影响因素方面进行了深入的探讨。但仍有进一步研究的空间。

(1) 从组织外部因素视角探讨服务员工情绪劳动及其主动服务顾客行为的前因影响因素。目前,研究者主要从员工个体特征,包括员工的大五性格特征、情绪智力、心理资本、自我效能感等,以及组织环境因素,包括组织公平感、领导氛围等探讨了情绪劳动和主动服务顾客行为的影响机理,并没有将两者的前因影响因素理论延伸到组织外部因素。家庭因素也是影响员工工作表现的重要因素。作为社会中的个体,服务员工要将自己的精力、资源在家庭和工作之间进行分配。揭示家庭—工作界面因素对情绪劳动和主动服务顾客行为的影响,可以将情绪劳动和主动服务顾客行为前因认识从个体和组织因素视角延伸到家庭—工作界面领域,丰富情绪劳动和主动服务顾客行为理论认识。同时,服务员工要穿越服务企业的边界,服务企业外部的顾客,满足顾客的期望和要求。在顾客服务过程中,当出现负面互动事件时,员工对事件进行不同的归因会促使员工产生愤怒、沮丧等不同的情绪,从而导致员工从事调节情绪的情绪劳动行为。鉴于此,本书将从家庭工作界面因素视角和员工—顾客负面互动视角,揭示它们对情绪劳动的影响机理,并进一步探讨家庭工作界面因素对主动服务顾客行为的影响机理,在更高程度上解释和预测服务员工的情绪劳动行为和主动服务顾客行为。为促进服务企业员工工作积极性提供更加系统、准确的理论指导。

（2）揭示多层次因素对情绪劳动和服务创新行为的交互作用机理。目前，研究者多从单一层次因素去揭示情绪劳动和服务创新行为的影响机理，忽视了多层次因素对员工从事情绪劳动行为和服务创新行为的交互影响。情绪劳动行为和服务创新行为是一个复杂的行为过程，产生何种情绪劳动行为，以及员工是否会提供创新的服务，创新的服务是否得到实施，都受到员工个体特征和组织环境的共同影响。员工优质的个体特征和充分授权的组织环境对员工情绪和创新行为会产生交互作用，能够充分调动员工服务的积极性和提供创新服务的主动性。鉴于此，本书将个体特征因素（自主动机、个体服务导向）与组织环境因素（服务型领导力、组织服务导向）相结合，分别探讨它们对服务员工情绪劳动和服务创新行为产生的多层次影响，弥补了单一层次因素对其前因作用机理解释的不足，使情绪劳动和服务创新行为的前因理论更加准确、清晰。

（3）服务导向作为一种优质服务的性格特征（如热情、周到），仅表明员工具有提供优质服务、促进顾客绩效提高的"潜质"。情绪劳动是服务员工按照企业要求进行的积极情绪表达，如高兴、热情等。组织公民行为是服务员工除任务外而利于顾客和企业的自主行为。服务导向、情绪劳动和组织公民行为三者是从不同视角揭示员工优质服务的态度和行为对服务价值和顾客绩效的影响。已有文献并没有将三者联系起来，研究其间的作用机制。因此，有必要将这三者进行整合，揭示服务导向对情绪劳动和组织公民行为的影响以及它们之间内在的作用机理，准确描述了三者间的作用规律，从而更好地发挥服务导向提升服务价值和顾客绩效的作用。鉴于此，本书以中国的金融服务业为研究背景，揭示服务导向、情绪劳动（包括表层表演和深层表演）与组织公民行为（包括人际指向和组织指向的公民行为）之间的作用机理，为企业管理者提升服务价值的实践提供一定的理论指导。

（4）对本土服务企业进行案例研究，验证理论主张的准确性。单一问卷调查很难全面反映一线服务员工情绪劳动及其服务行为及其间的作用机理。同时，服务员工的绩效管理是一项系统工程，涉及因素繁多，基于大样本调查的实证研究侧重于揭示抽象的管理变量之间的内在关系，很难具有针对性地与管理员工的领导方式、管理政策措施建立联系。鉴于此，本书将选择本土典型服务企业（海底捞）进行访谈调研，进一步验证本研究理论主张的准确性，从而将研究的理论与实际相联系，为本土服务企业员工管理提供有价值的参考。

第1章 绪 论

1.2 问题提出

本书立足于情绪劳动和员工服务行为影响因素这两个核心研究问题,首先从负面互动事件、家庭工作界面与服务型领导力等方面切入研究了情绪劳动的影响机理;其次从服务导向、家庭工作界面、服务氛围等方面切入研究了员工组织公民行为、主动服务顾客行为和服务创新行为的影响机理;最后以社会交换理论、角色理论、归因理论等理论为基础,结合文献研究、问卷调查等多种研究方法,检验了来自员工个人、组织环境、顾客、家庭和管理者等因素对服务员工情绪劳动和服务行为的影响机理。具体而言,本书提出和拟解决以下的研究问题。

研究问题一:负面互动事件对服务员工情绪劳动的影响机理。

现有文献研究表明,顾客不当行为对情绪劳动中的表层表演产生显著影响,如言语侮辱、不公平。在员工—顾客互动中,发生其他类型的负面事件更频繁,对员工的影响程度更高,如再优秀的员工也难免在服务中出现失误。当员工因自身失误造成的负面事件时,员工很可能不会通过采取表层表演方式应对顾客[47]。例如,Diefendorff通过对多个服务行业的员工进行访谈[47],发现除了顾客言语侮辱、不公平等负面事件外,其他原因形成的负面互动事件多达62%,其中由员工本身原因形成的服务失误和外部第三方原因形成的负面互动事件占有很高比例。员工在面对这些负面互动事件时,并未采用表层表演,而是以换位思考、改变认知等情绪调节方式。于是,有必要将员工—顾客互动发生的负面事件进行分类,探讨每种类型的负面互动事件会诱发服务员工采取何种情绪劳动行为以及其间的作用机理,可以使顾客负面行为与情绪劳动之间关系的理论认识进一步深化和精确。

研究问题二:家庭工作界面因素对服务员工情绪劳动的影响机理。

跨文化领域的学者一致认为,中国作为东方文化的代表国家,与西方文化存在较大差异[48-53]。Hofstede证实中国与西方国家文化一个明显的差异是儒家思想导向[54]。儒家哲学思想将家庭伦理提升到前所未有的高度,如齐家、治国平天下,在家不尊敬父母,在外也很难对领导忠诚、对朋友诚信。儒家思想经过数千年的演化,已经深深植入每个社会个体之中。虽然中国经历了40年的改革开放,这些根深蒂固的观念和传统仍对人们日常的行为(包括工作行为)发挥着重要的作用。因此，家庭因素可能延伸到工作领域之中，对服务员工的情绪劳动行为产生促进或抑制影响[55-57]，例如，员工在家庭生活中积累的有益经验（如人际交往技能）以及分配给家庭领域的精力、时间等因素，都可能对情绪劳动产生影响。揭示家庭因素对情绪劳动的影响机理，可以将现有情绪劳动前因视角（个体特征、工作领域因素）延伸到家庭领域因素，引导领导者通过有效管理非工作因素来提升员工的服务质量和服务绩效。

研究问题三：服务型领导力对服务员工情绪劳动的多层次影响机理。

服务员工作为边界跨越者，除了满足顾客和家庭成员的要求和期望外，还要满足企业对其的要求和期望[58,59]。管理者在服务员工面前是企业的"代言人"。服务型领导力属于组织或团队层次因素，它可能通过自上而下影响员工的心理、工作态度，进而调控情绪劳动行为。此外，服务型领导力还可以在员工个体特征影响情绪劳动过程中，施加强化或抑制影响，为员工个体特征与情绪劳动之间的关系提供外部边界。为此，从多层次理论视角将服务型领导力和员工的自主动机结合，不仅可以识别组织环境和员工个体特征各自对情绪劳动的影响，还可以揭示出两者对情绪劳动的交互作用，在更高程度上解释和预测员工情绪劳动现象。然而，情绪劳动这方面的文献非常有限。这一类研究可以丰富和深化情绪劳动理论认识，为服务企业的员工管理提供更为准确的理论指导。

研究问题四：服务导向对组织公民行为的影响机理。

在日常生活中不难见到，具有热情好客、开朗外向等性格特征的员工往往会取得优秀的服务绩效，提升顾客的服务体验，促进顾客满意度和忠诚度[60]。Hogan最早注意到这一现象，将能够影响服务互动质量的一系列员工性格特征定义为服务导向，并且证实服务导向包括乐于助人、考虑细致全面、关心他人、易于合作等员工性格特征点[61]。服务导向作为服务员工优质服务的人格特征，组织公民行为作为员工外显的服务行为，在两者之间，员工的心理加工过程可能起中介传递作用。虽然已有研究认为服务导向对员工工作绩效具有促进作用，如服务导向能够提高员工的工作满意、组织承诺。但它们并没有探讨服务导向对组织公民行为产生何种影响。因此，探讨服务导向对组织公民行为产生何种影响以及服务导向是否通过情绪劳动影响组织公民行为，不仅使服务导向效应理论认识进一步丰富，而且能为服务员工的管理实践提供一定的理论指导。

研究问题五：家庭工作界面因素对主动服务顾客行为的影响机理。

在错综复杂的社会关系中，人们承担着不同的角色，其中与人们生活息息相关的也是最重要的角色便是工作角色和家庭角色，这两种角色之间的关系会影响个人在家庭领域和工作领域的相关结果。以往的关于员工主动服务行为的研究只考虑了个体和组织的因素对其的影响,没有涉及家庭领域的研究,忽略了家庭—工作关系因素对员工服务主动性的影响,而这种影响是不容忽视和至关重要的。此外,以往关于主动服务行为的研究大多都是在西方文化背景下进行的,缺少基于中国文化背景的研究。因此,有必要在中国情境对此展开研究,认识员工家庭—工作关系因素对主动服务行为的影响,为我国服务企业的员工管理延伸到家庭角色的考虑提供理论依据。

研究问题六:多视角服务导向对服务创新行为的跨层次影响机理。

接待服务企业建立竞争优势的关键在于设计出新服务、改进现有服务的效率和质量。为了适应外部环境的变化,服务企业必须将创新作为自己生存和发展的基本手段,通过改进服务效率、开发新的服务来建立核心竞争优势,实现可持续发展。服务企业主要采取两种创新模式:领导者驱动的创新模式和员工驱动的创新模式[62]。无论哪一种创新模式,服务员工都在其间起着关键的作用[63]。领导者驱动需要有效利用服务员工的顾客需求知识、服务技能和经验,以使创新方案更加符合顾客需求,也需要服务员工贯彻和执行服务创新方案,以使创新方案产生实际价值[64]。因此,员工个体服务导向(员工个体特征、雇佣期限和工作职位等)和组织服务导向(服务环境[65]、管理支持[66]和企业 CEO 的价值观[67]等)都会对员工的服务创新行为产生重要影响。鉴于此,有必要从个体服务导向和组织服务导向两个视角出发,进一步探讨多视角服务导向对服务创新行为的交互影响。为服务组织创新行为驱动机制的建立提供理论指导。

研究问题七:理论主张的案例检验——以海底捞企业为例。

通过研究问题一、二、五,本书主要从负面视角揭示负面互动事件和家庭因素如何形成与产生服务员工的情绪劳动和影响服务员工的主动服务顾客行为。与之相反,研究问题三、四、六从正面视角识别管理者的服务型领导力和员工自主动机如何减弱抑制服务绩效的表层表演,强化促进服务绩效的深层表演和真实表达,以及多视角服务导向对服务员工组织公民行为和服务创新行为产生的影响。这些理论主张是否在企业之中得到实际运用还需要通过真实的企业案例来进一步检验和揭示。真实的企业案例一方面可以验证本书前面提出理论主张的正确性;另一方面也可以揭示本书研究结论如何运用于企业的管理实践,帮助服务企业管理者明晰如何提升员工情绪表达水平。基于研究问题一到研究问题六提出的理论主张,一方面通过收集大样本方式检验和验证;另一方面,通过对服务企业员工和管理者的深度访谈,以案例研究方式可以更加深入和准确地揭示本书理论主张的准确性和适用的情境。

1.3 研究意义

1.3.1 理论意义

本书将个体特征因素（个体服务导向、自主动机）、组织内部因素（服务型领导力、组织服务导向）和组织外部因素（家庭工作界面因素、员工—顾客负面互动事件因素）三者相结合，运用多层次方法，探讨了它们对服务员工情绪劳动及其服务行为的影响机理。对本土接待服务企业的员工管理实践提供理论指导。

首先，将服务员工个体层次因素、组织内部因素和组织外部因素相结合，综合探讨其对服务员工情绪劳动、组织公民行为、主动服务顾客行为以及服务创新行为的影响机理。研究深入探索了个体层次因素与组织层次因素对服务员工情绪劳动及其服务行为的交互作用机理，并将两者的前因影响因素理论延伸到组织外部家庭工作界面因素和负面互动事件因素，进一步丰富和完善了情绪劳动、组织公民行为、主动服务顾客行为和服务创新行为的前因理论。

其次，结合服务型领导力、服务导向和自主动机对服务员工情绪劳动和服务创新行为进行了多层次分析，弥补单一层次研究的不足。已往研究多验证单一层次因素对服务员工情绪劳动和服务创新行为的作用机理，较少考虑多层次因素对其产生的交互作用，运用多层次方法探讨服务员工情绪劳动和服务创新行为的多层次作用机理，可以弥补研究中仅考虑单一层面而忽略另外层次解释的不足。

最后，弥补了服务员工情绪劳动及其服务行为前因理论基于中国情境研究的不足。不同文化背景下人们的态度、价值观甚至行为会有所不同，过去情绪劳动理论以及员工服务行为理论研究大部分集中在西方文化背景下的服务业，而中国文化背景下的研究成果却甚少。在中国服务业情境下展开情绪劳动前因理论研究，并对部分理论主张进行案例检验，不仅增加了研究结论的普适性，也识别了情绪劳动和员工服务行为前因理论在中国文化情境中的独特性。

第1章 绪　论

1.3.2　实践意义

随着生活水平的提高，人们对服务产品的消费在逐渐增加，也越来越重视企业提供服务的质量。如何能够提高顾客绩效，提升组织利润率，建立核心竞争优势成为每个服务企业关心的课题。服务员工情绪及其服务行为对顾客绩效具有至关重要的作用。本书从多个视角揭示服务员工情绪劳动及其服务行为的影响机理，能够为服务企业招聘、选拔和员工培训等管理政策措施提供更加准确的理论指导和建议。

1.4
研究目标、内容与研究框架

1.4.1　研究目标

本书围绕服务员工情绪劳动及其服务行为影响因素这两个核心研究问题，在借鉴国内外相关领域的理论研究成果基础上，立足于中国服务业情境，首先，分别从企业外部因素视角（负面互动事件和家庭工作界面）和企业内部视角（领导者的管理方式），探讨了其对服务员工情绪劳动的作用机理。其次，从服务导向（组织服务导向和个人服务导向）和家庭工作界面视角，探讨其对员工服务行为（组织公民行为、主动服务顾客行为和服务创新行为）的作用机理，进一步为企业员工管理实践和提升服务企业服务质量提供理论指导。最后，通过餐饮服务业的标杆企业——海底捞为案例，进一步检验本书提出理论主张的正确性，并帮助服务企业管理者深刻理解本书的研究结论如何运用于提升服务员工情绪表达和行为表现的管理实践提供有益的借鉴与参考。

1.4.2　研究内容

根据研究目标，确定本书的研究内容如下。

第一，综述和梳理情绪劳动、组织公民行为、主动服务顾客行为、服务创新行为、服务导向等研究主要变量的相关研究文献，作为本书研究框架提出的理论依据。关于这一方面的研究内容包括：对本书的核心概念——情绪劳动、组织公民行为、主动服务顾客行为、服务创新行为等文献进行了梳理与分析。通过梳理文献,分析得出目前已有文献在情绪劳动和员工的服务行为方面研究在概念的界定、维度,以及前因理论的研究中取得了一定的贡献,但是较少考虑了组织外部因素以及个体—组织交互作用因素对员工服务情绪和行为表现产生的影响,因此,服务员工情绪劳动及其服务行为的相关研究在研究内容、研究方法和研究的文化背景方面存在不足之处。在此基础上,本部分研究提出了本书的研究目的、研究内容以及研究方法,进一步佐证了本书提出的理论主张没有相关研究者进行探讨,以保证本书研究的创新性。通过文献梳理提出本书的研究框架,本书将通过七项具体研究予以实现本书的研究目的,这七项研究分别为:负面互动事件对情绪劳动的影响机理;家庭工作界面对情绪劳动的影响机理;服务型领导力对服务员工情绪劳动的多层次影响机理;服务导向对组织公民行为之间的影响机理;家庭工作界面因素对主动服务顾客行为的影响机理;多视角服务导向对服务创新行为的跨层次影响机理;以海底捞企业为案例,进一步检验研究一到研究六理论主张的正确性。

第二,界定本书涉及的关键概念,论述用于解释研究框架变量间关系的理论,为后续研究内容奠定理论基础。关于这方面的研究内容包括:首先对本书涉及的关键概念进行了界定。本书涉及的关键概念包括情绪劳动、组织公民行为、主动服务顾客行为、服务创新行为、服务型领导力、自主动机、家庭工作界面、负面互动事件和服务导向。此后,论述了理论框架中明确变量间关系所需的理论,包括自我决定理论、归因理论与社会交换理论等。其中自我决定理论是探讨服务型领导力与自主动机对情绪劳动多层次影响机理和服务导向对组织公民行为的影响机理的理论基础;社会交换理论是探讨家庭工作界面与情绪劳动和主动服务顾客行为之间影响机理,以及多视角服务导向对服务创新行为的跨层次影响机制的理论基础;归因理论是揭示负面互动事件对情绪劳动的影响机理的理论基础。

第三,围绕负面互动事件这一影响因素对情绪劳动的影响机理展开研究。这一方面的内容包括:依据归因理论,将负面互动事件划分为归因顾客负面互动事件,归因自己负面互动事件和归因除员工顾客外的第三方负面互动事件等三类负面互动事件。验证归因顾客的负面互动事件是否影响员工的表层表演;归因员工自己的负面互动事件是否促进员工的深层表演和真实表达;归因外部第三方的负面互动事件是否影响员工的表层表演和深层表演。在此基础上,提出愤怒在归因顾客的负面互动事件与表层表演之间起中介作用;内疚在归因员工的负面互动事件与深层表演和真实表达之间起中介作用;情绪感染在归因外

第1章 绪 论

部第三方的负面互动事件与表层表演和深层表演之间起中介作用。在提出理论主张之后，分别设置与三类负面互动事件相对应的模拟情境，通过对旅游服务业的一线服务员工的调研，验证提出的理论主张，并总结本部分研究内容的研究结论。

第四，围绕家庭工作界面这一影响因素对情绪劳动的影响机理展开研究。这一部分研究内容包括：将家庭工作界面因素分为家庭工作冲突、家庭工作增益和家庭工作平衡三个维度。先分别验证家庭工作冲突对情绪劳动三个维度的影响，家庭工作增益对情绪劳动三个维度的影响。在此基础上，提出核心自我评价作为员工的个体特征，在家庭工作冲突、家庭工作增益与情绪劳动之间起调节作用。运用被中介的调节作用方法，验证核心自我评价的调节作用通过家庭工作平衡调节家庭工作冲突、家庭工作增益与情绪劳动之间的关系。通过对金融服务业员工的调研，获取相应的调研数据，运用 SPSS 和 AMOS 统计分析工具，验证提出的理论主张，并总结本部分研究内容的研究结论。

第五，围绕服务型领导力这一影响因素对情绪劳动的影响机理展开研究。这一部分研究内容包括：验证服务型领导力和自主动机各自对工作投入的影响以及工作投入对情绪劳动的影响。在此基础上，运用多层次理论方法，探讨服务型领导力在自主动机与工作投入之间的调节作用；探讨工作投入在服务型领导力与自主动机对情绪劳动产生交互作用中的中介作用。最后，基于情境力量理论观点，同一企业的文化和制度会促使同一企业内服务员工的服务行为基本相似，包括情绪劳动行为。进而验证服务员工个体层次的情绪劳动行为是否会聚合为组织层次的情绪劳动行为，并探讨服务型领导力对聚合为组织层次情绪劳动行为的促进作用。通过对30家以上服务企业管理者和员工的调研，收集组织与员工个体的配套数据，运用 HLM 多层次统计分析工具，验证提出的理论主张，并总结本部分研究内容的研究结论。

第六，围绕服务导向、情绪劳动和组织公民行为之间的影响机理展开研究。这一部分研究内容包括：界定情绪劳动的两个维度，包括表层表演和深层表演；界定组织公民行为两个维度，包括人际指向组织公民行为和组织指向组织公民行为；验证服务导向对情绪劳动两个维度（表层表演、深层表演）的影响；验证情绪劳动两个维度（表层表演、深层表演）对组织公民行为两个维度的影响（人际指向组织公民行为、组织指向组织公民行为）；验证服务导向对组织公民行为的影响。在此基础上，运用依据温忠麟等提出的中介效果检验法，并结合 Bootstrap 抽样方法验证情绪劳动在服务导向和组织公民行为间的中介作用。通过对辽宁沈阳、鞍山等地的银行、证券机构等金融企业的330名员工进行调研，采

本土服务企业员工情绪劳动及其服务行为的影响机理研究

取多阶段方式收集调查数据,运用 SPSS 和 AMOS 统计分析工具,验证提出的理论主张,并总结本部分研究内容的研究结论。

第七,围绕家庭工作界面这一影响因素对主动服务顾客行为的影响机理展开研究。这一部分研究内容包括:将家庭工作界面因素分为家庭工作冲突、家庭工作增益和家庭工作平衡三个维度。分别验证家庭工作冲突对主动服务顾客行为的影响、家庭工作增益对主动服务顾客行为的影响以及家庭工作平衡对主动服务顾客行为的影响。在此基础上,基于资源保存理论观点,揭示服务氛围对家庭工作界面和主动服务顾客行为间关系的调节作用。通过对 310 名服务员工进行多阶段调研,运用 SPSS 和 AMOS 统计软件对数据结果进行分析,验证提出的理论主张,并总结本部分研究内容的研究结论。

第八,围绕多视角服务导向对服务创新行为的影响机理展开研究。这一部分研究内容包括:将服务导向分为组织层次的组织服务导向和个体层次的个体服务导向两个维度,并将服务创新行为分为创造力和创造执行力两个维度,验证组织服务导向和个体服务导向各自对工作投入的影响以及工作投入对服务员工创造力和创造执行力的影响。在此基础上,运用多层次理论方法,探讨组织服务导向在个体服务导向与工作投入之间的调节作用;探讨工作投入在组织服务导向与个体服务导向对服务创新行为产生交互作用中的中介作用。同样基于情境力量理论观点,同一企业的文化和制度会促使同一企业内服务员工的服务行为基本相似,包括服务创新行为。进而验证服务员工个体层次的服务创新行为是否会聚合为组织层次的服务创新行为,并探讨组织服务导向对聚合为组织层次服务创新行为的促进作用。

第九,以餐饮服务业标杆企业——海底捞为案例,进一步验证本书提出的理论主张。这一部分研究内容包括简介海底捞企业的实际情况。论述海底捞企业管理者在提升服务员工服务绩效,特别是情绪表达方面的管理实践。注重阐述服务员工与顾客之间发生不愉快、生气等事件时,服务员工会以何种情绪应对,以及管理者如何有效管控员工与顾客之间的负面事件,进而提升服务质量;注重阐述管理者如何管理企业外部因素,特别是来自家庭领域因素对服务员工工作心情、情绪和服务主动性的影响,进而提升服务员工的情绪表达水平和服务绩效;注重阐述海底捞管理者采取人性化管理满足员工的个性化需求,转变命令控制型管理方式,以支持员工发展的服务型管理方式进行管理,促进服务员工的情绪表达和服务绩效;注重阐述员工个人和组织环境中优秀的服务特质对员工互助、组织声誉以及服务创新产生的影响,以促进员工积极地为组织和顾客服务,并能够为组织的发展提出有益的建议。

第1章 绪 论

1.4.3 研究框架

依据本书的研究背景及意义、研究目的、研究内容,以及本书着重解决的研究问题,提出本书的总体研究框架,如图1.1所示。

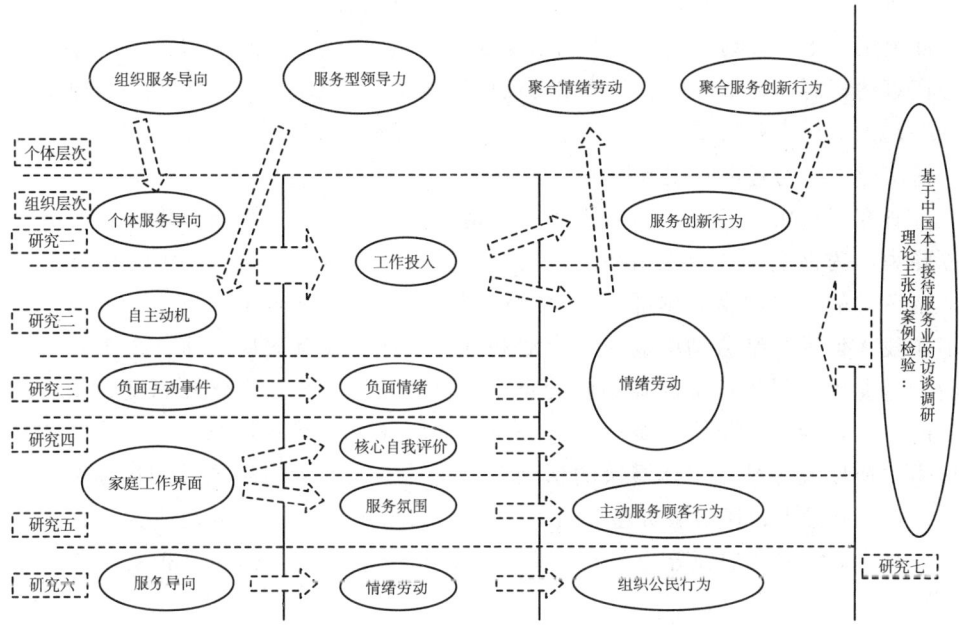

图1.1 总体研究框架

本研究框架提出的理论背景是服务员工情绪劳动和服务行为的研究多集中于单一层次的个体因素和组织因素,没有将其影响因素研究延伸到组织外部,没有探讨多层次因素对其产生的交互影响,也没有在中国本土服务企业验证研究结论的准确性。为此,本书将员工个体层次因素、组织层次因素和组织外部因素相结合,从多个视角出发,运用多层次方法,综合探讨服务员工情绪劳动及其服务行为的影响因素及其间的作用机理。

具体通过七项研究予以实现本书的研究框架。

研究一:负面互动事件对情绪劳动的影响机理。具体来说,依据Weiner归因理论,将负面互动事件划分为归因顾客负面互动事件、归因自己负面互动事件和归因除员工顾客外的第三方负面互动事件等三类负面互动事件。验证归因顾客的负面互动事件是否影响员工的表层表演;归因员工自己的负面互动事件是否促进员工的深层表演和真实表达；归因外部第三方的负面互动事件是否影响员工的表层表演和深层表演。在此基础上，提出愤怒在归因顾客的负面互动事件与表层表演之间起中介作用；内疚在归因员工的负面互动事件与深层表演和真实表达之间起中介作用；情绪感染在归因外部第三方的负面互动事件与表层表演和深层表演之间起中介作用。

研究二：家庭工作界面因素对情绪劳动的影响机理。具体来说，验证家庭工作冲突是否正向影响情绪劳动中的表层表演，负向影响情绪劳动中的深层表演和真实表达；而家庭工作增益对情绪劳动的影响是否与家庭工作冲突相反。在此基础上，识别核心自我评价是否通过家庭工作平衡在家庭工作冲突、家庭工作增益与情绪劳动之间起正向调节作用。

研究三：服务型领导力对服务员工情绪劳动的多层次影响机理。将服务型领导力作为促进服务员工情绪劳动的组织因素，将自主动机作为促进服务员工情绪劳动的个体因素。本部分研究验证服务型领导力和自主动机是否各自通过工作投入促进情绪劳动中的深层表演和真实表达，抑制表层表演；再者，由于同一企业内的服务员工面临相同的企业文化和制度，企业文化和制度会塑造员工的工作行为，促使同一企业内服务员工的服务行为基本相似，包括情绪劳动行为。所以服务员工个体层次的情绪劳动行为会聚合为组织层次的情绪劳动行为。在此基础上，探讨服务型领导力对聚合为组织层次情绪劳动行为的促进作用。最后揭示服务型领导力与自主动机对情绪劳动的调节作用是否被工作投入中介。

研究四：服务导向、情绪劳动与组织公民行为之间的作用机制。具体来说，验证服务导向对表层表演的负向影响、对深层表演的正向影响。验证表层表演对组织公民行为的负向影响、深层表演对组织公民行为的正向影响。并在此基础上，验证表层表演和深层表演在服务导向与组织公民行为之间起的中介作用。

研究五：家庭工作界面因素对主动服务顾客行为的作用机制。具体来说，验证家庭工作冲突对主动服务顾客行为的负向影响、家庭工作增益对主动服务顾客行为的正向影响、家庭工作平衡对主动服务顾客行为的正向影响。在此基础上，验证服务氛围在家庭工作冲突与主动服务顾客行为间的负向调节作用、在家庭工作增益和家庭工作平衡与主动服务顾客行为间的正向调节作用。

研究六：多视角服务导向对服务创新行为的跨层次影响机制。本部分研究将服务导向划分为组织层次的组织服务导向和个体层次的个体服务导向，验证组织服务导向和个体服务导向是否各自通过工作投入促进员工的创造力以及创造执行力。在此基础上探讨组织服务导向对聚合为组织层次上的创造力和创造执行力的促进作用,并揭示组织服务导向与个体服务导向对创造力和创造执行力的调节作用是否被工作投入中介。

研究七:验证理论主张的准确性。基于前六部分研究提出的本书理论主张,从理论层面揭示员工—顾客负面互动事件、家庭工作界面与服务型领导力对情绪劳动的作用机理。这些理论主张在服务企业的员工管理实践之中运用的实际效果亟待进一步检验。为此,本部分研究选择餐饮服务业中的标杆企业——海底捞为案例,描述海底捞企业的服务员工现场管理、家庭友好政策、管理者的领导方式方面和组织服务氛围构建的管理实践,以验证本书部分理论主张在企业实践之中的效力和效果。

1.5 研究方法与技术路线

1.5.1 研究方法

(1) 问卷调查。本书运用调查问卷进行调研、收集数据。
(2) 分析工具。应用 SPSS、AMOS、HLM 等统计软件包。应用 SPSS 软件包,对数据进行描述性统计、相关分析和回归分析;应用 AMOS 统计软件包,对数据进行 CFA(验证性效度分析)、路径分析、结构方程与模型拟合度比较等;应用 SPSS 软件检验因素间的调节效应;运用结构方程软件验证变量间的直接效应;应用 HLM 软件检验多层次因素对主要研究变量产生的交互影响(如服务型领导力、自主动机对情绪劳动的交互影响,以及组织服务导向、个人服务导向对服务创新行为的交互影响)。

1.5.2 技术路线

(1) 通过对文献的收集、整理和分析以及与服务业资深客服经理的深度访谈,探寻服务型领导力、自主动机、家庭工作界面、负面互动事件、服务导向与情绪劳动、组织公民行为、主动服务顾客行为和服务创新行为之间的逻辑关系,以及何种因素在它们之间起中介和调节作用。以此提出服务员工情绪劳动及其服务行为的影响机理研究框架。

（2）以相关理论和文献为基础，提出理论模型和假设。

（3）选定变量的量表。如果涉及量表为西方文化情境下的英文量表，通过翻译—回译程序将英文量表翻译成中文量表[68]。具体过程如下：邀请精通中英双语的两位外语学院研究生，其中一人将所有问卷题目翻译成中文；另一位再将中文回译成英文；对于原英文、中文和回译的英文量表中不匹配的内容，由作者、两位服务管理研究方向教授以及四位资深客服经理组成讨论小组，经过小组讨论，达成共识；通过让服务管理者和服务员工分别对组织层次和个体层次量表进行试填，以保证问卷的内容效度。

（4）设计调研问卷并进行数据收集。拟选定服务业中的餐饮、旅游和金融服务等行业为调查范围。通过联系这些行业的人力资源经理或业务主管，讲明本研究的目的和取样要求；每个组织选定一位负责人，向员工发放和回收问卷。同时为了保证问卷收集的质量以及控制同源偏差（common method variance，CMV），对问卷发放人员进行培训，要求他们在调查时解释调查目的，并且强调问卷信息保密。调查问卷事先由研究人员装在封口有易撕带的信封里。问卷发放人员将带有信封的问卷发放到顾客手中，当顾客取出问卷并填答完毕后，问卷发放人员要求顾客将问卷装进信封并撕开信封口的易撕带进行密封，问卷发放人员将其收回，确保被试能够如实填写问卷，数据真实有效。

（5）运动 SPSS、AMOS、HLM 等统计软件分析数据，验证理论模型。本书采用三种技术工具分析数据，首先，运用 AMOS 结构方程分析工具中的验证性因子分析（CFA）功能验证本书所涉及构念的因子结构与已有理论的结构是否一致。其次，采用 SPSS 的相关和回归分析工具对样本数据进行相关分析以及检验组织层次间变量的关系。再其次，运用 AMOS 结构方程的路径模型分析工具验证提出的理论假设。最后，运用 HLM 检验多层次因素对情绪劳动的影响以及多视角服务导向对服务创新行为的影响。

（6）对数据结果加以讨论，得出主要研究结论。

（7）基于研究成果，提出服务企业管理的对策建议。本书的技术路线如图 1.2 所示。

第1章 绪 论

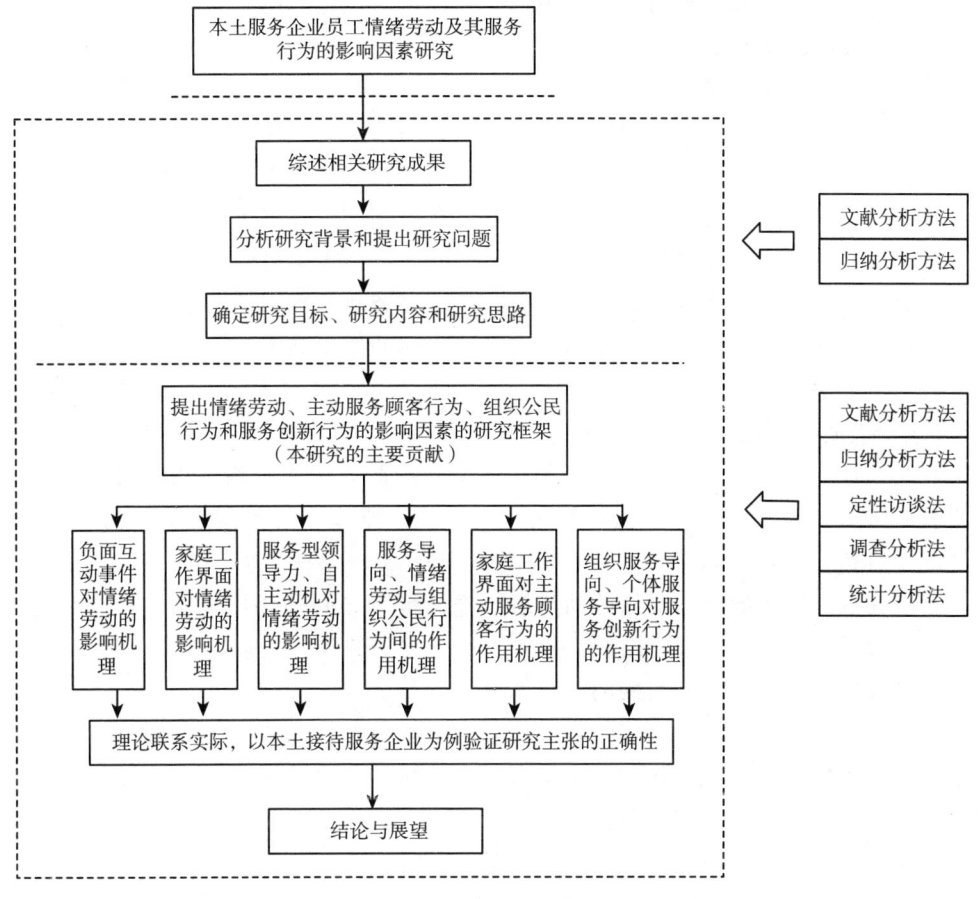

图 1.2 本书的技术路线图

1.6 研究结构

为了实现本书的研究目的,本书分为 10 章。

第 1 章,绪论。阐述本书的研究背景,提出研究问题,明确研究目的和提炼研究意义,阐明本书的研究设计思路、方法和技术路线。

第 2 章,相关研究综述与理论基础。针对服务型领导力、自主动机、负面互动事件、服务导向以及情绪劳动、组织公民行为、主动服务顾客行为、服务创新行为等文章涉及的相关概念进行文献回顾。通过梳理已有的研究成果，对本书中涉及的主要概念进行界定，并论述本书涉及的理论基础，包括归因理论、社会交换理论和自我决定理论。

第3章，负面互动事件对服务员工情绪劳动的影响机理。从员工归因视角将负面互动事件归结为：归因顾客、归因自己和归因第三方等三类负面事件，分别探讨三类负面互动事件对情绪劳动的影响；在此基础上，提出愤怒、内疚和情绪感染是否在三类负面互动事件与情绪劳动之间起中介传递机制。

第4章，家庭工作界面因素对服务员工情绪劳动的影响机理。具体来说，探讨家庭工作冲突和家庭工作增益与情绪劳动之间的作用关系；检验核心自我评价是否通过家庭工作平衡在家庭工作冲突和家庭工作增益与情绪劳动的三个维度（即表层表演、深层表演和真实表达）之间的调节作用。

第5章，服务型领导力对服务员工情绪劳动的多层次影响机理。具体来说，检验服务型领导力、自主动机对情绪劳动的三个维度（即表层表演、深层表演和真实表达）的影响机理。

第6章，服务导向、情绪劳动与组织公民行为之间的作用机制。具体来说，检验服务导向、情绪劳动和组织公民行为三者之间的作用关系，并验证情绪劳动在服务导向与组织公民行为间的中介作用。

第7章，家庭工作界面因素对主动服务顾客行为的作用机制。具体来说，验证家庭工作冲突、家庭工作增益和家庭工作平衡对主动服务顾客行为的影响，以及服务氛围在其间的调节作用。

第8章，多视角服务导向对服务创新行为的跨层次影响机制。具体来说，检验组织服务导向、个体服务导向对服务创新行为（即创造力和创造执行力）的影响机理。

第9章，理论主张的案例检验——以海底捞企业为例。以餐饮服务业标杆企业——海底捞为案例，进一步验证本书提出部分理论主张的正确性。

第10章，结论与展望。总结本书研究成果、研究贡献、研究局限和未来的研究方向。

1.7 本章小结

本章首先分析了本书的现实背景和理论研究现状；基于情绪劳动、组织公民

第1章 绪 论

行为、主动服务顾客行为和服务创新行为等研究现状中存在的局限，发现本书亟待解决的局限和问题；进而提出本书的研究目标和研究内容，并提出本书研究框架，通过探讨负面互动事件、家庭工作界面和服务型领导力因素对情绪劳动的作用机理，以及探讨服务导向、家庭工作界面和主动服务顾客行为、组织公民行为以及服务创新行为间的作用机理，检验本书提出理论主张。并以海底捞为案例验证理论主张的准确性和适用性。本书通过这七个研究来实现研究目的。最后，给出了实现研究目标和研究内容的技术路线及本书的总体结构。

第2章

相关研究综述与理论基础

2.1 相关研究文献综述

2.1.1 关于情绪劳动的研究

虽然情绪劳动这一概念提出已有30多年的时间,但真正引起学者的研究兴趣却是在2000年后。尤其是近年,心理与服务领域的学者重视对情绪劳动影响因素这一问题的探究。

(1) 情绪劳动的定义和维度。

Hochschild首次关注服务员工按照企业要求进行情绪表达现象,并通过对多个服务行业的员工进行调研,以大量实例阐述员工管理内心感受的过程对组织和员工的影响[10]。后续研究深受Hochschild的观点启发,对情绪劳动概念的内涵和维度进行了有意义的探讨,并基于各自的视角提出情绪劳动的定义。Ashforth等人认为情绪劳动是"员工为了适合情境要求而表达适宜情绪的行为"[11]。Morris等人认为情绪劳动主要产生于服务员工与顾客互动情境之中,进而将情绪劳动定义为"在人际交往过程中,个体通过努力、计划和控制使自己表现出组织要求的情绪行为"[69]。Grandey借鉴心理学的情绪调节理论,将情绪劳动定义为员工为达到组织期望的目标而进行调节情绪感受与情绪表现的心理过程[12]。

我国学者(主要是台湾学者)探讨情绪劳动现象要晚于国外学者。这些学者参考了国外已有情绪劳动的定义,同时考虑了各自研究的情境要求来界定情绪劳动的定义。例如,张晓毓认为情绪劳动是服务员工为了组织招揽顾客和创造利润,在与顾客互动过程中,表达适宜的情绪[70]。林尚平借鉴Ashforth的定义,

第2章 相关研究综述与理论基础

认为情绪劳动是服务员工为了创造一种愉悦氛围的情境，按照组织和社会情境的要求，表达出适宜的情绪[71]。吴宗佑认为情绪劳动是员工按照工作要求对情绪进行调节而付出的努力[72]。

由于 Grandey 的定义受到后续情绪劳动研究者的普遍认可，在情绪劳动前因研究中，主要采用这一定义。

在明确界定情绪劳动的含义后，情绪劳动研究者开始关注情绪劳动的维度和结构。目前主要有三种情绪劳动结构的观点受到后续研究的认可和采纳。其中，第一种情绪劳动结构划分观点认为情绪劳动包含唯一维度，即情绪失调。Mann 认为员工内心感受和组织要求之间的差异程度会使员工产生一种不舒服的状态，进而导致负面的结果，如情绪枯竭、工作不满意。于是他认为情绪失调是情绪劳动的唯一维度[73]。第二种情绪劳动划分观点认为情绪劳动包括两个维度，即表层表演和深层表演。Grandey 从情绪调节理论视角考虑[12]，认为员工主要采取两种情绪调节过程来表达出组织要求的情绪，即表层表演和深层表演。表层表演是指员工通过改变外部表达而不改变内心感受的一种调节方式；深层表演与之相反，是指员工改变内心感受，使内心具有组织要求的情绪，进而真实表达出这一情绪[12]。第三种情绪劳动结构划分观点认为情绪劳动包括三个维度，即表层表演、深层表演和真实表达。Diefendorff 认为员工频繁地真实表达自己的情绪，也需要付出一定努力，即员工内心与组织要求一致，真实表达情绪行为也是情绪劳动的维度，因而在 Grandey 观点基础上，增加真实表达为情绪劳动的维度，即情绪劳动包括表层表演、深层表演和真实表达三个维度[2]。

本书与 Diefendorff 观点一致，认为情绪劳动维度包括表层表演、深层表演和真实表达三个维度。

（2）情绪劳动的影响因素。

目前情绪劳动影响因素研究主要从三种视角探讨对情绪劳动的影响：个体特质视角、互动情境视角和组织环境的员工感知视角。个体特质视角主要包括性别、年龄、工作年限、大五格、情绪智力、正负情感性等员工特征。互动情境因素主要包括服务顾客过程中，员工情绪表达的频率、种类、持续时间以及顾客行为的影响；组织环境的员工感知主要包括组织和同事的支持、工作自主性等。

早期的情绪劳动影响因素研究主要致力于提出情绪劳动前因框架，并未仔细推敲和验证影响因素与情绪劳动之间的作用机理。例如，Morris 等人认为性别、面对面的接触、顾客的权力、任务常规性、任务多样性、工作自主性、情绪表达规则的清晰性、监督的严密性等会影响情绪劳动的 4 个维度（情绪表达频率、持久性、情绪失调、对表演规则的专注），并对它们之间的关系提出假设，但并未经过实际验证[69]。此后，他们检验表演规则的清晰性、任务常规性、工作自主性和顾客权力与情绪劳动之间的关系，结果发现工作自主性对情绪劳动产生影响。

Kruml 从个体和工作特征视角探讨对情绪劳动的影响。其中，个体因素包括年龄、性别、工作经验、移情（情绪关注和情绪感染）；工作因素包括情绪表达培训、顾客情感、质量导向、情感维持和情绪表达自由度[74]。在此基础上，Kruml 通过对多个行业的服务员工进行调研，验证对情绪劳动（情绪失调和情绪努力）的影响，证实年龄正向影响情绪努力和情绪失调；女性负向影响情绪努力；情绪感染正向影响情绪努力，负向影响情绪失调；顾客情感负向影响情绪努力、情绪失调；情绪表达培训正向影响情绪失调；情感维持负向影响情绪失调；情绪表达自由度负向影响情绪努力、情绪失调；职业任期负向影响情绪失调[74]。

Schaubroeck 从工作特征和个体特征视角，证实工作特性、性别、正/负情感性、情绪适应能力显著影响情绪劳动。但他将情绪劳动界定为积极情绪表达和负面情绪抑制两个维度，结果表明，正情感性正向影响负面情绪抑制；性别正向影响积极情绪表达[75]。

Grandey 基于情绪调节理论，提出影响情绪劳动（表层表演和深层表演）的理论框架，指出三类因素影响情绪劳动的表面表演和深层表演：个体因素，如性别、情绪智力、情绪表达和情感倾向；情景因素，如交往期望（频率、持久性等）、情感事件；组织因素，如工作自主性、组织支持和同伴支持等[12]。Grandey 的观点仅限于理论推理，并未经过实际验证。

在 Grandey 提出情绪劳动的二维结构理论框架后，后续研究普遍从情绪劳动的内部结构出发，探讨表层表演和深层表演的影响因素。Totterdell 等人对 Grandey 的观点以定量方式进行验证，结果仅证实个体变量中女性员工正向影响表层表演，情绪智力正向影响深层表演[14]。Brotheridge 等人证实：表达规则、工作特性、角色认同正向影响情绪劳动的两个维度，即表面表演和深层表演，并且自我监督正向影响表层表演[13]。Diefendorff 等人验证了大五人格、自我调控和情境变量（如互动特征）对情绪劳动（包括表层表演、深层表演和真实表达）的影响[2]。证实：外向性负面影响表层表演，神经质正向影响表层表演，外向性正向影响深层表演；责任感和宜人性负向影响表层表演，自我调控正向影响表层表演；宜人性正向影响深层表演。积极情绪表达感知正向影响深层表演；消极情绪表达感知正向影响表层表演；互动的常规性负向影响深层表演，互动持久性正向影响深层表演。

一方面，近年情绪劳动研究遵循了已有研究传统，继续识别对情绪劳动存在影响的个体因素，例如，Kiffin-Petersen 的一项研究表明大五格中仅有外向性正向影响深层表演，神经质正向影响表层表演[24]；Gabriel 等证实正负情感性对情绪劳动存在显著影响[76]。Schreurs 等证实员工对惩罚的敏感性正向影响表层表演[77]。

另一方面，一些学者注意到已有研究的局限，开始关注情境因素，尤其是来自顾客的不当行为对情绪劳动的影响，例如，Grandey 等人的研究发现，顾客言语侮辱的强度正向影响表层表演[78]。Grandey 等人后续研究发现，顾客侵犯正向影响表层表演[25]。Rupp 的研究证实来自顾客的互动不公平正向影响员工的表层表演[26,27]。我国学者谢礼珊基于我国文化情境证实顾客不公平正向影响表层表演[28]。Brotheridge 证实真实互动频率正向影响表层表演，负向影响深层表演，互动类别正向影响表层表演[29]。

已有文献较少探讨组织环境的员工感知对情绪劳动的影响：Scott 证实工作监控负向影响深层表演，正向影响表层表演[79]。杨勇等证实组织公平（分配公平、程序公平、信息公平和互动公平）的员工感知对情绪劳动策略具有显著差异影响[30]。马天等证实领导氛围对情绪劳动具有显著影响[80]。Shani 等通过质性研究方式，发现企业的培训项目、员工顾客互动频率和时间都显著影响情绪劳动[81]。

2.1.2 关于组织公民行为的研究

在最初的生产管理方面，很多组织都采用泰勒开发出的科学管理方法，即通过科学的管理方法，达到组织提升绩效和实现利益最大化的目的。根据科学管理理论，管理的重点则是完成工作内容和任务的程度。然而，随着全球经济的发展，组织所面临的环境发生了变化，紧靠科学管理方法死板地进行员工管理，已经不能适应快速变化的市场环境。在这种工作背景下，组织公民行为开始受到管理学领域的关注。

（1）组织公民行为的定义和维度。

传统理论认为，三种员工行为能够促使组织有效的运作。第一，员工努力工作并留在组织中；第二，员工完成分内的工作；第三，员工主动积极创新，在完成分内工作之余，积极做些非本职的工作。Bateman 等将第三种行为定义为组织公民行为，并指出组织公民行为不是工作岗位职责内要求的，但却是组织有效运作所不可或缺的行为[32]。之后，在这个概念的基础上，Organ 将组织公民行为的定义进一步进行了总结，并将组织公民行为定义为"在组织的正式薪酬福利体系没有直接或者明确规定之外的,但总体来说对组织有利的行为的总和"[33]。这一概念使组织公民行为更加清晰,同时也更突出了组织公民行为的三个特征。第一,行为本身属于角色外行为,不在员工工作职责范围之内。虽然定义中的组织公民行为不在工作范围之内,但是研究显示,在同事看来,组织公民行为应该属于角色内行为[82]。第二,因为不在工作职责范围之内,员工从事组织公民行为并不能够获得报酬,行为导致的结果与组织奖励和处罚没有关系。但是,研究中也发现,组织公民行为对于员工晋升、培训以及收入等都存在影响[83]。第三,员工从事组织公民行为对组织有利。近年来的研究也开始关注组织公民行为对组织不利的一面,一些组织在晋升中过于重视员工的组织公民行为,导致很多员工会在特定的时期从事虚假的组织公民行为,成为组织的好演员,忽略了员工的本职工作[84]。总体来看,服务企业员工从事组织公民行为对提升服务绩效和顾客绩效有重要的意义。

虽然学者们对于组织公民行为的内涵的理解大体一致,但是对于其维度的划分,却不尽相同。总体来说有30多种划分方法,常见的、为大家认同的划分方法主要包括以下几种:①二维结构:Smith将组织公民行为分成两大类,利他性和一般性顺从[34]。利他性指的是在工作中员工会积极主动在其工作相关内容上帮助同事,如主动帮助新员工熟悉工作。而一般性顺从指的是员工在工作中会主动为组织着想,除做自己工作外,利于组织的事情都做,并不单独针对某个个体,如在外维护组织形象。鉴于此,这种划分方式体现了员工组织公民行为对个体和组织上产生的不同的受益,因此,Williams等将这两种组织公民行为概括为人际指向组织公民行为和组织指向组织公民行为[35]。其后的多种维度划分多数都包括二维结构划分方法所包含的这两种含义。②四维结构:Graham认为组织公民行为应该被划分成为四个维度,分别是人际互助、个人能动性、个人勤奋以及忠诚主义[36]。其中,人际互助和忠诚主义与上述人际指向组织公民行为和组织指向组织公民行为含义类似。个人能动性指的是为了达到个人或者小组的绩效而在沟通上所作出积极的努力;个人勤奋是指在工作中积极进取,不仅完成了工作内容,而且远远超过预期。③五维结构:Organ所提出的组织公民行为的五维结构应该说是被学者最广为认可的维度划分[33]。具体包括:利他性、运动员精神、尽责行为、谦恭有礼和公民道德。其中,利他性和公民道德与Smith提出的利他性和一般性顺从类似。运动员精神是指当员工在工作中遇到困难时不抱怨。尽责行为是指员工按照工作岗位职责要求严格要求自己,至少达到最低的标准。谦恭有礼是指员工对他人有礼貌,很谦卑,在工作中会积极主动与他人合作。④七维结构:Podsakoff总结了前人关于组织公民行为维度的划分,将组织公民行为划分为七个维度[37]。具体包括助人为乐、运动员精神、组织忠诚、组织遵从、个人能动性、公民道德、自我发展。这种维度的划分,除了前面所包含的组织公民行为所提出的含义之外,还强调了员工个人发展对于组织产生的意义。自我发展是指员工利用工作之外的时间学习知识,自己充电来开发自己的潜力,或自愿接受组织的培训提升自己,为的是能为组织做出更大的贡献。

(2) 组织公民行为的影响因素。

目前研究认为组织公民行为的前因影响因素主要体现在员工个体特征、组织特征以及领导行为等方面[37]。

影响员工组织公民行为的个体特征主要从员工的个性特征和对组织的满意度两个视角展开研究。有研究将其总结为个性因素和士气因素。其中,个性因素是指员工大五格特质;士气因素主要包括员工工作满意度、组织承诺、组织公平感以及领导支持等方面。Bateman 等研究发现,工作满意度能够显著正向影响组织公民行为中的利他性[32]。Shore 等研究证实,组织承诺中感情承诺和规范承诺维度能够促进组织公民行为,而持续承诺维度会抑制组织公民行为[85]。组织特征是指利用组织的权变因素来取代组织中领导的角色,降低对领导的需要。包括组织正规化、组织僵化性、组织凝聚性、领导控制外奖励以及上下级之间的空间等变量。研究发现,组织凝聚性与公民行为间存在显著正相关。此外,组织支持感与利他性维度显著正相关。领导者行为主要体现在领导者不同的方式风格对员工从事组织公民行为产生的影响。

组织公民行为对组织绩效和组织绩效评价体系有重要影响。Podsakoff 等证明了帮助行为与绩效负相关,而公民美德与绩效正相关[86]。

2.1.3 关于主动服务顾客行为的研究

(1) 主动服务顾客行为的定义。

主动服务顾客行为最早由 Rank 等[42]提出,是指服务员工自我发起、长期导向和持久性服务行为。主动服务顾客行为反映了员工主动性的三个核心特征,即员工自我发起、长期导向和持久性,是员工主动性在服务领域的特殊表现形式。与组织公民行为不同,主动服务顾客行为主要体现为角色内行为,同时,行为针对的对象是顾客。然而,主动服务行为与组织公民行为也有交集,如员工在组织规定角色外主动帮助顾客。主动服务顾客行为是服务和主动性两个研究领域的重叠,但却被两者忽视和低估。一方面,服务领域的学者长期以来一直强调服务绩效和组织公民行为对顾客绩效的促进作用[43,87],没有捕获到服务员工主动性特征[43];另一方面,员工主动性研究侧重个人主动性[38]、主动性人格[39]、建言行为[40]、主动负责[41]等概念的探讨,也忽视了员工主动性在服务领域中的特殊表现形式。

(2) 主动服务顾客行为的影响因素。

目前仅有两篇文献探讨了主动服务顾客行为的前因。Rank 等[42]通过对一家大型金融服务机构的 186 个主管和下属的实地调查,研究了个人和情境变量与主动服务行为之间的关系。Raub 和 Liao[43]证实组织层次的主动氛围和员工的一般自我效能感共同促进主动服务顾客行为。在组织层次,主动氛围正向影响聚合主动服务顾客行为。

2.1.4 关于服务创新行为的研究

(1) 服务创新行为的概念和维度。

West 和 Farr[44]将创新行为定义为个人在组织活动中产生、引进或应用的所有有益、新奇的事物,从而使自己的工作更有效率。针对创新行为的研究多集中在制造业领域,而在服务领域,对服务创新行为的研究相对有限。接待服务企业建立竞争优势的关键在于设计出新服务、改进现有服务的效率和质量[88]。一线服务员工由于了解顾客的需求,接近市场,可以就新服务、现有服务质量改进提出新颖实用的创意和建议[45]。员工的这些行为称为服务创新行为,是指员工提出利于组织的新想法、建议或将新流程、新服务引入组织之中的行为[89]。

目前研究者将服务创新行为视为一个整体概念,但服务员工涌现新颖实用的创意和贯彻、执行创新解决方案,这是两个不同的创新环节。前者为创造力,是指服务员工就服务、服务流程和程序等提出新颖实用创意的过程[90]。后者为创造执行力,是指员工贯彻和执行创新解决方案的过程[90]。因而,服务创新行为可以界定两个维度:创造力和创造执行力。

(2) 服务创新行为的影响因素。

目前相关文献主要聚焦单一层次因素对服务创新行为的影响,即从组织环境视角探讨对服务创新行为的影响,如培训、雇佣管理政策与创新文化等。例如,杨晶等[91]发现企业给予员工正向、有信息价值的奖励、支持和反馈能够促进员工的创新行为;Kim[89]以韩国的五星级酒店为调研对象,证实知识搜集正向促进服务创新行为,知识赠予负向影响服务创新行为。另一种视角,强调员工个人因素在促进服务创新行为的驱动作用,如自我效能感、内外动机以及主动人格等。许春晓和邹剑[46]以酒店业为背景,证实知识共享行为正向影响服务创新行为;

Spiegelaere 等[45]以欧洲的化工制造和服务业为背景,证实工作不安全感通过工作投入影响员工的创新行为。

2.1.5 关于自主动机的研究

2000年伊始,Miner对动机与组织行为研究领域中的其他理论进行对比分析后,指出动机在研究者的眼中仍然占据着重要的位置[92]。"如果一个人希望建立高效的理论,以提高对实践的适用性,运用动机理论构建理论模型是最好的选择"[92]。可见工作动机对员工的工作态度行为具有较强的预测力和解释力。Lewin 最早关注人类的动机现象[93],他认为,当个体的某种动机或需要得到满足时,张力减弱;反之,需要得不到满足时,张力增加。在工作领域里,普遍认可 Pinder 对工作动机的界定[94],即来自个体内部的能量,引导工作相关行为的形式、方向、强度和持续时间。目前在工作动机领域内,学者从不同视角探讨工作动机现象并构建出不同的动机理论,主要包括期望—效价理论[95]、目标设置理论[96]、行为调节理论[97]、工作特征理论[98]和马斯洛需求层次论[99]等。虽然上述理论观点各有侧重,互不相同,但它们有一个共同点,即都将行为的动机视为单一整体构念,强调个体总体动机强度的变化,忽略了个体的动机存在不同的类型,即使 Porter 和 Lawler 将工作动机划分为内在动机和外在动机也不例外,因为他们认为两者之间是可以互相叠加[100]。

近年对工作动机类型的研究取得了显著进展,在前人研究成果基础上,Deci[101]提出自我决定理论将工作动机划分为自主动机和受控动机,并认为两种类型的动机在驱动个体工作行为方向、强度和持续性方面,存在巨大差异。Gagne 和 Deci[102]认为自主动机促进员工绩效和身心健康,而受控动机对员工的影响与之相反,尤其对于创造性、复杂性高的工作任务而言,两种动机的影响,差别更为明显,因而区分动机的类型并基于动机类型预测和解释工作相关行为尤为必要。虽然在诸如健康护理、教育和体育领域里,自我决定理论观点都获得强有力的实证支持,但自我决定理论在企业组织背景下研究较少[103]。

自我决定理论以有机辩证理论为基础,假设人是积极的有机体,具有先天性的自我决定倾向,追求自我心理成长和完善,进而引导个人从事感兴趣的、有助于能力提升的行为,激发个人全部潜能[104-106]。在此假设基础上,自我决定理论强调自我在动机过程中的能动作用,关注个人行为在多大程度上是自愿或自我决定的,依据自我决定性程度高低,将个人动机划分为外在动机(external motivation)、内摄动机(introjected motivation)、认同动机(identified motivation)、整合动机（integrated motivation）和内在动机（intrinsic motivation）五种类型[102]。其中认同动机、整合动机和内在动机可归结为自主动机。认同动机、整合动机和内在动机是依据员工将工作所隐含的价值内化为自我价值的程度而进行划分的。内化是指个体吸收社会/团体的价值观、风俗习惯并将其整合到自我的一部分。通过内化，个体行为由外在因素控制转变为自主性调节。按照内化程度由低到高，即自主程度由低到高，依次为内摄动机、认同动机和整合动机。内摄动机是指员工理解和认可所从事工作的社会价值和意义，但并未接受这些价值和意义，因而从事工作源于自己感觉"应该"、逃避愧疚焦虑等内部压力或者为了提升自尊或自我价值感[104-106]。如护士耐心照顾病人是因为她觉得如果不这么做，会辜负领导的信任，从而照顾病人受内疚所驱动，而不是自己真心喜欢照顾病人。虽然内摄动机来自员工内心，但因自尊、内疚驱使个人从事工作，导致员工自主性程度不高，由此，内摄动机同样属于外在动机范畴。认同动机是指工作背后的价值或规则与自我目标或身份非常一致，进而员工认同工作所蕴涵的价值和意义，与自我（self）进行整合和内化，从而产生了认同感和价值感[107,108]。认同动机的员工认为工作反映了一部分自我，使个人感受到更多的自我决定成分，如让病人感到舒适和使病人健康与护士的个人目标或价值观相一致，并充分地内化到自我中，即使她对照顾病人并不感兴趣，甚至有些乏味，她也会感到较高程度的自主性，如护士感觉为病人洗澡、伺候病人大小便体现了自我人生价值。认同动机对于激励人们的行为有重要作用，因为许多行为并不是最初源于兴趣或好奇心[109]。内化程度最高的是整合动机。相对于认同动机，整合动机是将工作背后的价值或规则与自我更多方面联系一起，所驱使的工作行为在更高层次上反映出整体的自我，体验到工作行为完全由自我决定。例如，具有整合动机的护士，不仅认同使病人舒适健康的职业要求，而且将关心照顾病人融入工作其他方面或生活当中，从而对于同事或生活中的其他人，都表现出关爱的特质，并开始欣赏喜欢这一最初并不感兴趣的工作行为。整合动机具有内在动机很多特征，但它与内在动机仍不尽相同，因为整合动机所驱使的工作行为更多意义上还是为了实现个人目标而采取的工具性行为，并不是源于个人兴趣爱好。内在动机是指从事工作完全源于兴趣、好奇心，它反映了人们先天性追求成长的本质[104]。正是如此，员工全身心投入工作之中，激发个人全部潜能，促使员工自我不断成长完善。例如，护士本身就喜欢照顾病人这一职业，照顾病人是她兴趣所在，全身心投入这份工作之中，体验人生的快乐并促进个人技能的提升。

自主动机中自我决定的成分较多，表明行为由个体的兴趣或已经整合为自我一部分的价值所驱动，很大程度上属于自我意志下的行为[102]。Tremblay 等证实内在动机、整合动机和认同动机间存在高度相关,相关系数分别达到(0.80、0.89、0.79)[110]。自主动机对个体态度行为的影响在教育、护理和体育等领域探讨较多,大量的经验证据表明自主动机形成的个体态度和行为更为持久并与良好的心理结果相联接,如快乐、满意或幸福感得到提升。在工作领域中,自主动机的结果探讨却很有限[111],几篇自主动机的相关研究结论证实自主动机能够有效促进工作满意、工作投入和组织公民行为[112-115]。

2.1.6 关于服务型领导力的研究

服务型领导力是一种有别于传统领导风格的新型领导力[116]。服务型领导力重新界定了领导者的角色和职能。它强调领导者应该服务员工,帮助员工发展,充分信任员工且对员工充分授权。以帮助员工个人技能、能力的提升,满足员工个性化需求为己任。换言之,服务型领导者将员工的需求和利益放在自己利益之前,让员工更自由、更聪明、更幸福、更健康。虽然服务型领导力产生于西方文化背景,但在中国,无论从传统哲学智慧(如孟子的民贵君轻思想),还是现在的执政党——中国共产党的宗旨(为人民服务,共产党员领导干部是人民的公仆),都表明服务型领导力在中国有着深刻的历史渊源和实践基础。目前服务型领导力对员工和组织绩效的影响是国内外学者讨论的热点。

在国外服务型领导力研究中,Wu调研了中国19家酒店业管理者和员工的配对样本,证实服务型领导力通过领导—员工交换影响员工的顾客导向公民行为[117];Chen等以理发店员工和顾客为调研对象,发现服务型领导力正向影响员工的服务绩效[118]。McCann以社区医院的员工为调研对象,证实服务型领导力正向影响员工满意[119];Koyuncu等以土耳其酒店员工为调研对象,证实服务型领导力正向影响员工服务质量[120];Liden以71家餐饮业员工为调研对象,证实服务型领导力可以在企业范围内建立服务型文化,进而服务型文化对员工的个人绩效和组织绩效产生正向影响[121]。

在国内服务型领导力的研究中,凌茜等以餐饮业和住宿业服务员工为调研对象,证实员工感知的服务型领导力正向影响员工服务质量[122];朱玥和王永跃以浙江5家企业的管理者和员工为调研对象,证实服务型领导力正向影响员工的满意度和帮助行为[123];赵红丹和彭正龙以研发、生产、销售和管理员工为对象,证实服务型领导力正向影响团队绩效[124];高中华和赵晨以旅游服务和酒店企业的员工为调研对象,证实服务型领导力正向影响员工的组织公民行为[116]。

2.1.7 关于家庭工作界面的研究

(1) 家庭工作冲突。

与家庭工作冲突相似的构念包括家庭工作角色冲突（family work role conflict）、家庭对工作的负面溢出（family work negative spillover）与家庭干扰工作（family interference with work）等。这些构念都是指员工的家庭与工作角色之间不兼容、相互冲突[125]。从指向来看，本书聚焦员工家庭领域角色对工作领域角色产生的影响，统一称为家庭工作冲突。

早期家庭工作冲突的结果变量集中于满意的研究，涉及工作满意、心理满意、职业满意等多个方面的满意[126,127]。近年家庭工作冲突结果变量的研究开始趋于多元化。压力、情绪、身心健康等个体心理和行为广受关注，例如，Zhao以253名员工为样本，揭示性别平等负向调节家庭工作冲突与工作成就之间的关系[128]；Wang证实工作寻求在工作家庭冲突与离职行为之间的调节作用，被离职倾向中介[129]；Jung以韩国5家酒店员工为样本，发现家庭工作冲突正向影响工作满意[130]；Zhao通过对中国26家酒店企业的管理者进行调研，揭示家庭工作冲突通过工作满意影响生活满意[131]；Ng以美国和新加坡员工为样本，证实家庭工作冲突正向影响负面情绪和慢性失眠症[132]；Namasivayam以284名酒店员工为样本，揭示在家庭工作冲突与工作满意之间，员工的提升聚焦起负向调节作用[133]；Brummelhuis基于1430对同事—员工配对样本，证实家庭工作冲突正向影响员工的情绪枯竭和离职倾向[134]。

(2) 家庭工作增益。

家庭工作增益源于"加强假说"[135]。该观点认为员工身兼多重角色，不同角色之间可以互相促进。员工在某种角色中获得的收益（如经验、技能以及身份地位等）可以促进另一角色的表现，例如，在家里照顾孩子和老人，培养出的耐心，帮助服务员工在服务顾客时，表现出细致和耐心。与家庭工作增益相似构念，包括家庭工作积极溢出（positive spillover）和家庭工作促进（facilitation）。这些构念都是指员工多重角色之间的相互促进，且它们之间高度相关。从指向来看，本书聚焦员工家庭领域的角色对其工作领域角色带来的影响，统一称为家庭工作增益。家庭工作增益并不是家庭工作冲突的反面，而是与家庭工作冲突相互独立的一个构念。两者的理论基础、形成机理都具有巨大差异[136]。Greenhaus对家庭工作冲突和家庭工作增益文献进行梳理，发现两者之间的相关系数平均只有0.02[137]。可见家庭工作冲突与家庭工作增益两者之间并不是一个

第2章 相关研究综述与理论基础

硬币的"正反面",需单独研究。

家庭工作增益的结果变量,主要涉及员工心理健康、工作态度和工作行为等方面。例如,Wayne 等发现,家庭工作增益正向影响组织承诺、工作态度,负向影响离职意向[138];Carlson 以 310 名员工为样本,揭示家庭工作增益通过积极情绪影响工作满意[139];Tang 以中国的两家企业 543 名员工为样本,揭示家庭工作增益正向影响工作满意[140];Karatepe 证实家庭工作促进负向影响离职意向,家庭工作冲突正向影响离职意向[141];张伶以中国 19 个省的 17955 名员工为样本,发现家庭工作增益正向影响员工的积极行为,负向影响员工的退缩行为[142];张莉对 40 家制造企业员工进行调研,证实家庭工作增益正向影响员工工作满意度、组织情感承诺,负向影响员工的离职意愿[143]。

2.1.8 关于负面互动事件的研究

服务企业向顾客提供的服务产品,一个很重要的特征就是高互动性,也就是服务产品需要服务员工与顾客在一系列的互动情况下才能完成。这意味着员工与顾客之间会发生一系列事件,既包括愉快的事件,也包括可能发生不愉快的事件[144]。其中不愉快的事件对顾客的态度和行为影响更为深刻,顾客并依此做出自己的行为反应来减轻负面事件对自己的影响。同样,对于互动的另一方——服务员工而言,负面事件的影响也同样深刻,如顾客尖锐的语言、傲慢的态度、激烈的情绪对抗,经常会使服务人员产生强烈的情感波动,并影响到自身的工作状态。此外,服务行业的管理者一直强调"顾客是上帝"的营销理念,导致在情感事件发生时,服务人员只能顺从顾客、忍气吞声、压抑真实情绪,这些都会对服务人员的心理造成较大影响,甚至有些一线服务人员不堪压力,被迫离开工作岗位。

本书认为不同类型的负面事件对服务员工会产生不同的影响,员工应采取不同的行为应对顾客。在已有文献基础上,将服务员工与顾客之间发生的负面事件分为三类:顾客的不当行为;员工个人的服务失误;除顾客员工外第三方造成的负面事件。

(1) 顾客的不当行为。Grandey 认为负面互动事件对情绪劳动有重要影响,即积极互动事件和负面互动事件会显著影响情绪劳动[12]。Tollerdell 等通过以客服接线员为调查样本检验 Grandey 的理论框架[14],发现负面互动事件对于表层表演有显著影响,但他将负面互动事件操作化为单一维度构念,没有进一步细分,研究不同类型的负面互动事件与情绪劳动的关系。Grandey 等探讨顾客言语侵犯对情绪劳动的影响，结果发现员工以表层表演应对顾客言语侵犯[25]。Rupp 等证实顾客不公平行为显著影响表层表演，愤怒起中介作用[26]。我国学者谢礼珊等[28]在前述研究基础上，证实我国酒店业情境下顾客不公平会显著影响表层表演，负面情感起中介作用。

（2）员工个人失误造成的负面互动事件。除了顾客不当行为以外，其他类型负面互动事件同样对服务员工的情绪心理有重要影响，如 Diefendorff 等对多个行业服务员工的调查研究发现[145]，除了顾客不当行为以外，其他原因形成的负面互动事件多达62%，其中由员工本身原因形成的服务失误和外部第三方原因形成的负面互动事件都占有很高比例。在一些服务失败和服务补救文献中，员工针对负面互动事件的归因不同，所使用的补救方式也不同，如面对顾客毫不讲理的言语侮辱，员工因组织的要求或不使事态进一步恶化而违心表达歉意；而面对自己工作失误形成的负面事件时，员工倾向于采用真心表达歉意等补救策略[146-149]。Davidow 认为道歉是一种心理补偿行为[146]，服务员工经常会采用真诚道歉进行服务补救。

（3）除员工顾客外第三方造成的负面互动事件。Menon 等人[147]和 Bonifield 等人[148]认为由员工顾客外第三方导致的负面互动事件经常发生。服务员工在服务补救过程中，面对外部环境或自己原因形成的服务失败会经常采用情感支持、换位思考等方式帮助顾客缓解精神压力以及解决顾客抱怨的问题。

上述文献研究表明，在服务互动（接触）中，服务失误和外部第三方原因形成的负面互动事件也经常发生且对服务员工情绪心理有重要影响。

2.1.9 关于服务导向的研究

服务导向的概念在不同的研究中被赋予不同的内涵，归结起来可以分为两个层面，即个人层面和组织层面。服务导向概念的内涵最初来自个人层面。Hogan[150]将个体服务导向定义为员工拥有的一系列提升服务质量的人格特征，包括助人为乐、体贴周到等。可见，个人服务导向观点认为服务导向是个人内在特征，是与生俱来的一种内在性格。近年来组织服务导向得到学者的关注，Lytle 等[151]从组织氛围视角将组织服务导向定义为"服务组织为了提升员工服务水平而制定一系列相对持久的规章制度和措施"。它包括四个方面：服务型领导风格、人力资源管理实践、服务接触实践和服务技术系统支持等。许多学者在研究个体服务导向现象时混淆、替换使用服务导向与顾客导向两个构念[152]。两个构念虽然有很强的关联性，但是仍存在一定差别。顾客导向侧重员工服务行为满足

第2章 相关研究综述与理论基础

顾客需求的程度[153];服务导向要求员工不仅要满足顾客需求,而且要在销售或非销售任务中主动提供服务。顾客导向与服务导向所包含的维度也有较大差别,如顾客导向包括迎合、阅读、递送和个人关系4个维度[154],因此不能简单地将顾客导向的研究成果推广到服务导向研究领域。

已有文献证实个体服务导向能够提升工作满意度、组织公民行为和服务任期等,降低离职倾向[155-159]。Allworth认为具有服务导向的员工在与顾客互动中,会表现更加友好的、体贴的态度和帮助的行为,从而满足顾客的需求,取得更好的工作绩效[160]。Schneider认为具有服务导向的员工对其工作学习产生正向影响[161]。组织服务导向同样对员工工作绩效有重要影响。Jung证实了组织服务导向负向影响离职倾向,个人—组织匹配起部分中介作用[162]。Yoon以医疗行业为背景证实组织服务导向对员工的工作满意有正向的影响[163]。Lee以接待业为背景,证实酒店企业通过提高组织服务导向,可以促进人际交互员工的工作满意和组织承诺[164]。Lytle验证组织服务导向对员工工作满意、组织承诺的影响,结果发现组织服务导向中的员工授权、服务培训以及服务报酬维度均会产生积极的影响[165]。

2.1.10 已有研究成果的评述

(1) 主要贡献。

通过对上述文献进行梳理与分析,已有情绪劳动和服务行为的文献在如下方面进行了深入的探究与揭示,推动情绪劳动和服务行为理论取得较为显著的进展。

第一,关于情绪劳动结构和量表开发的研究。

已有文献对情绪劳动的定义和维度进行了科学的界定,指出情绪劳动是服务员工将相互分离的内心感受和外部情绪表达进行协调和管理的过程。并且提出了情绪劳动的维度包括表层表演、深层表演和真实表达等三个维度[9,10]。其中Grandey基于情绪调节理论界定情绪劳动定义和维度的观点受到后续研究的普遍认可[12]。他认为服务员工采取两种方式调节自己的内心感受,即表层表演和深层表演。表层表演是指服务员工按照组织要求改变外部表情,而不改变内心感受的一种情绪表达行为,如服务员工的虚假微笑;深层表演是指员工最初内心为负面感受(如压抑、沮丧等),为了按照组织要求进入工作角色,尽力去体验工作中应当产生的情绪,进而真实表达这一情绪。Grandey以这两种表演方式为核心建立了情绪劳动前因后果的理论框架;Diefendorff在Ashforth理论观点基础上,

本土服务企业员工情绪劳动及其服务行为的影响机理研究

证实真实表达(个体发自内心表达自己的高兴热情等情绪),与表层表演、深层表演一样是情绪劳动的核心维度[2]。后续定量文献研究主要采用 Grandey 的定义,并聚焦情绪劳动三个维度,识别情绪劳动的影响因素。科学地界定出情绪劳动内涵和结构,开发出相应测量量表是情绪劳动理论发展的基础,为开展定量研究识别情绪劳动的影响因素奠定了基础。

第二,关于员工个体特征和顾客行为对情绪劳动影响的研究。

在情绪劳动影响因素的文献中,研究者主要从员工个体特征和顾客负面行为视角探讨情绪劳动的影响因素。在聚焦员工个体特征视角的文献中,研究者主要识别了情绪智力、大五性格特征等因素对情绪劳动的影响,例如,Totterdell 等人证实员工的情绪智力会促进深层表演[14];Kiffin - Petersen 等人证实大五格中的情绪稳定性负向影响表层表演,外向性和宜人性正向影响深层表演[24];在聚焦顾客负面行为视角的文献中,研究者证实顾客的负面行为,尤其是顾客言语侮辱、侵犯、不公平等行为会使员工产生剧烈的情绪反应,增加员工自我情绪调节难度。例如,Grandey 等人研究发现面对顾客的言语攻击行为,员工以表层表演方式应对顾客[25]。Rupp 等人证实顾客的互动不公平行为也导致员工的表层表演[26,27]。我国学者谢礼珊证实顾客的不公平通过诱发员工的愤怒情绪,进而导致表层表演[28]。以上研究结论为本书继续深化顾客负面行为与情绪劳动之间的作用机理提供了重要的指导方向。

第三,运用单一层次研究方法验证个体层次影响因素与情绪劳动之间作用关系的研究。

情绪劳动研究者主要采用回归模型、路径模型等方法验证和分析个体层次影响因素与情绪劳动之间的关系。例如,已有文献采取回归和路径模型方法验证情绪智力和大五性格特征等员工个体特征对情绪劳动的影响。即使一些文献探讨组织层次变量(如组织公平、领导氛围等)对情绪劳动的影响,也是采取让员工评价组织公平、领导氛围等方式将这些变量变为个体层次的心理氛围,进而从个体层次来验证组织公平、领导氛围的员工感知与情绪劳动之间的关系。例如,杨勇等从员工个体感知视角证实组织公平显著影响员工的情绪劳动[30];马天等从员工感知视角证实领导氛围对情绪劳动具有显著影响[80]。该类文献为本书识别组织环境在员工个体特征与情绪劳动之间的调节作用,提供了一定的理论依据。

第四,关于主动服务顾客行为的概念的提出和影响因素研究。

已有研究文献提出了主动服务顾客行为的概念,区分了主动服务顾客行为与其他员工服务行为。Rank 等[42]提出,是指服务员工自我发起、长期导向和持久性服务行为。此概念概括出主动服务顾客行为的三个特征,即自我发起、长期导

第2章 相关研究综述与理论基础

向和持久性。具备三个特征的员工服务才能被称为主动服务顾客行为。主动服务顾客行为对员工绩效、顾客绩效有重要影响。但关于其影响因素的研究目前还较少，且主要关注员工的个体特征和组织因素对主动服务顾客行为的影响。已有研究为本书进一步探求组织外部因素对服务员工主动服务顾客行为的影响因素提供重要的理论参考。

第五，关于组织公民行为的概念的提出和影响因素研究。

组织公民行为的研究较多。组织公民行为被广泛定义为"工作职责之外的，在组织薪酬规定之外的，行为不受奖励的却对组织有利的员工行为。"组织公民行为的维度划分较多，也导致组织公民行为的研究视角较为丰富。目前关于组织公民行为的影响因素的研究主要集中在四个方面，即个体特征、任务特征、组织特征以及领导行为。已有文献为本书探讨员工的个体服务特征对组织公民行为的作用路径研究奠定了研究基础。

第六，关于服务创新行为的概念的提出和影响因素研究。

关于员工创新的研究多集中在制造企业、高新技术等行业创新现象，对于服务员工的创新行为的研究并不多。虽然服务行业不同于工业制造业对创新能力的要求没有那么高，但是服务领域也需要创新的思路、创新的服务、创新的模式来吸引顾客的目光，从而提高顾客的满意度和忠诚度。接待服务企业建立竞争优势的关键在于设计出新服务、改进现有服务的效率和质量[88]。一线服务员工由于了解顾客的需求、接近市场，可以就新服务、现有服务质量改进提出新颖实用的创意和建议[45]。目前研究者将服务创新行为视为一个整体概念，探讨了员工个体因素或组织环境因素等单一层次因素对员工服务创新行为的影响。已有研究为本书进一步研究服务创新行为的前因影响机制提供了理论支持。

（2）不足之处。

虽然已有文献对情绪劳动影响因素的研究取得显著进展，但仍存在如下局限待研究者进一步研究与揭示，以丰富和完善情绪劳动影响因素理论认识：

第一，已有文献主要关注员工个体和工作领域因素对情绪劳动的影响，忽视了员工家庭因素也可能对情绪劳动产生重要影响。中国传统文化中一个非常重要的特征就是注重家庭伦理，家庭伦理是员工建立社会关系的基础和前提，如在家不尊敬父母，在外也很难对领导忠诚、对朋友诚信。这些中国传统价值观经过数千年的演化，已经深深植入每个社会个体之中，对人们日常的行为（包括工作行为）发挥着重要的影响作用。因此，家庭因素可能延伸到工作领域之中，对服务员工的情绪劳动行为产生促进或抑制影响，如员工在家庭生活中积累的有益经验（如人际交往技能）以及分配给家庭领域的精力、时间等因素，都可能对情绪劳动产生影响。目前家庭工作界面领域将家庭与工作之间的关系分为家庭工作冲突、家庭工作增益。探讨家庭工作冲突、家庭工作增益对情绪劳动的影响机理,可以将现有情绪劳动前因视角(个体特征、工作领域因素)延伸到家庭领域因素,引导领导者通过有效管理非工作因素来提升员工的服务质量和服务绩效。

第二,已有文献关注单一层次因素对情绪劳动的影响,忽视了将多个层次因素结合,探讨它们对情绪劳动的交互作用,如领导力是员工工作行为的重要情境因素。领导力不仅可以独立对员工的工作行为(包括情绪劳动)产生促进或抑制影响,也可在员工个体因素影响工作行为(情绪劳动)过程中施加强化或抑制影响,为员工个体特征与情绪劳动之间的关系提供外部边界。运用多层次理论分析方法将多个层次因素结合探讨对情绪劳动的影响,可以在更高程度上解释和预测员工的情绪劳动行为。然而,由于多层次理论研究在理论构建和数据收集方面难度较大,因此情绪劳动领域的这一类研究非常匮乏。

第三,虽然情绪劳动影响因素文献在顾客负面行为视角方面取得了较为显著的进展,但仍存在改进的空间。已有文献偏重于讨论顾客不当行为的影响,如,言语侮辱、不公平。而在员工—顾客互动中,发生其他类型的负面事件更频繁,对员工情绪态度的影响程度更高,如当员工因自身失误造成的负面事件,员工很可能不会通过采取表层表演方式应对顾客[47]。Diefendorff通过对多个服务行业的员工进行访谈[47],发现除了顾客负面行为造成的负面事件外,其他原因形成的负面互动事件发生的频率也非常高。员工面对这些负面互动事件时,并未采用表层表演,而是以换位思考、改变认知等情绪调节方式。于是,有必要将员工—顾客互动发生的负面事件进行分类,探讨每种类型的负面互动事件会诱发服务员工采取何种情绪劳动行为以及其间的作用机理,可以使顾客负面行为与情绪劳动之间关系的理论知识进一步深化和精确。

第四,目前关于员工主动服务顾客行为的研究较少。其影响因素的研究也较少,从员工个体特征和组织环境探讨了主动服务顾客行为的前因影响因素,没有将主动服务顾客行为的前因理论扩展组织外部。如前所述,家庭是员工除了组织之外最重要的生活环境,家庭的和谐、生活的状态、家庭的氛围都是影响员工情绪和工作状态的重要的因素,同样,家庭与工作之间产生的冲突也会抑制员工的工作表现,家庭生活中积累的有益经验对员工的工作也能够产生正向的影响,因此,有必要从组织外部的家庭因素出发,探讨其对员工主动服务顾客行为的作用机理。

第五,员工对组织、对工作的热爱的程度,愿意提供服务的程度直接影响员

第 2 章 相关研究综述与理论基础

工的工作情绪,进而影响服务员工的工作行为。多数组织公民行为的前因理论研究单一关注员工的个体特征对组织公民行为的影响,没有研究个体特征对组织公民行为的作用路径,以及员工情绪劳动的中介作用。而员工的情绪是员工个体特征对员工行为影响的重要中介变量。真心热爱工作,真心提供服务,员工会以积极的状态和积极的情绪投身于工作中,更好地完成企业赋予的工作任务。因此,有必要研究情绪劳动在个体服务导向与组织公民行为间的中介作用。

第六,关于服务领域员工服务创新行为的研究本身较少。且对服务创新行为理解为单一概念,没有充分地分析创新行为的过程。创新行为应该包括涌现新颖实用的创意和贯彻、执行创新解决方案两个过程。而对服务创新行为的前因影响因素的探讨也应该对这两个维度分别进行探讨。而对创新行为的研究多是集中在单一层次,员工创新行为的影响机理是一个复杂的过程,组织的支持、组织的氛围、员工对组织的理解认识、员工对组织支持的信任等都会对员工的创新行为产生影响,且影响是交互的,组织对员工的创新行为越是认同,员工认为组织对创新行为越是支持,员工越是愿意提供服务创新行为。因此。探讨多层次因素对员工服务创新行为的交互影响,对企业员工管理有更深远的意义。

2.2 基本概念

2.2.1 服务型领导力

美国学者格林里夫在《扮演公仆角色的领导者》一文中首次论述服务型领导理论。他主要从领导者动机的角度论述服务型领导者与传统的领导者之间的差异[116]。根据格林里夫的观点,传统领导者的主要动机是领导他人,而服务型领导者的主要动机是为他人服务。服务型领导者认为领导职位是为他人服务、帮助他人得到发展的机会,而不是表明自己具有某种地位或身份[117]。服务型领导力重新界定了领导者的角色和职能。它强调领导者应该服务员工,帮助员工发展,充分信任员工且对员工充分授权。领导者以帮助员工个人技能、能力的提升,满足员工个性化需求为己任。换言之,服务型领导者将员工的需求和利益放在自己利益之前,让员工更自由、更聪明、更幸福、更健康。虽然服务型领导力产生于西方文化背景,但在中国,无论从传统哲学智慧(如孟子的民贵君轻思想),还是现在的执政党——中国共产党的宗旨(为人民服务,共产党员领导干部是人民的公仆),都表明服务型领导力在中国有着深刻的历史渊源和实践基础。

2.2.2 自主动机

自我决定理论强调自我在动机过程中的能动作用,关注个人行为在多大程度上是自愿或自我决定的[104-106]。依据自我决定性程度高低,该理论将人类动机看作是一个从无动机、受控动机到自主动机的动态连续体。其中自主动机是指员工因自身兴趣、乐趣和信念而自愿从事某种行为的动机。自主动机包括认同动机、整合动机和内在动机三种类型[102]。内在动机是自主程度最高的动机,在此状态下员工行为是自发的而不需要任何的意志努力,行为动力完全来源于对事物的兴趣和所体验到的快乐,例如,喜欢帮助他人的员工从事服务类型的工作会让他/她体验到快乐。整合动机是将工作背后的价值或规则与自我更多方面联系一起,所驱使的工作行为在更高层次上反映出整体的自我,体验到工作行为完全由自我决定。认同动机是指工作背后的价值或规则与自我目标或身份非常一致,进而员工认同工作所蕴涵的价值和意义,与自我进行整合和内化,从而产生了认同感和价值感[107,108]。认同动机的员工认为工作反映了一部分自我,使个人感受到更多的自我决定成分,如让病人感到舒适和使病人健康与护士的个人目标或价值观相一致,并充分地内化到自我中,即使她对照顾病人并不感兴趣,甚至有些乏味,她也会感到较高程度的自主性。Tremblay 等证实内在动机、整合动机和认同动机间存在高度相关,相关系数分别达到 0.80、0.89、0.79[110]。

2.2.3 家庭工作界面

家庭工作界面包括家庭工作冲突、家庭工作增益两个概念。家庭工作冲突概念的提出源于角色冲突理论。角色冲突理论认为处于社会中的个体要从事多重角色,角色之间同时存在多种不相容的压力,使得一方顺从另一方更加困难,如同时从事多种角色带来的时间冲突、个体资源、精力分配的冲突等[133]。依据该理论观点,家庭工作冲突是指员工从事的家庭领域角色与工作领域角色之间的冲突。也就是说,参与家庭角色会使得参与工作角色变得更加困难。工作和家庭两种角色都有自己的需求,这些需求之间存在不可协调性,满足一种角色需求就会使得另一种角色的需求很难得到满足。当个人的时间和精力不足以同时满足工作和家庭两个角色的需求时,就会产生家庭工作冲突[134]。

家庭工作增益概念的提出源于"角色加强理论"[135]。该理论观点认为员工从事的不同角色之间可以互相促进。员工在某种角色中获得的收益（如经验、技能以及身份地位等）可以促进另一角色的表现，例如，在家里照顾孩子和老人培养出的耐心，可以帮助服务员工在服务顾客时，表现出细致和耐心。依据角色加强理论，工作家庭增益是指员工通过获取和运用家庭领域的资源来促进工作表现和绩效的过程。

2.2.4 负面互动事件

情绪事件理论认为，员工工作的外部环境会导致发生积极或消极的情绪事件，而对这些事件的体验会引发员工情绪的反应，并因此带来个体态度、认知和行为的变化[144]。对于服务员工而言，服务员工的主要工作是向顾客提供服务产品。服务产品需要服务员工与顾客在一系列的互动情况下才能完成。这就意味着员工与顾客之间会发生一系列事件，既包括愉快的事件，也包括可能发生不愉快的事件[144]。其中不愉快的事件对员工的态度和行为影响更为深刻，如顾客尖锐的语言、傲慢的态度、激烈的情绪对抗，经常会使服务人员产生强烈的情感波动，并影响到自身的工作状态。因此，负面互动事件是指在服务员工与顾客互动过程中，顾客采取的负面行为（如顾客的埋怨、争吵，甚至是对服务人员的人格侮辱和人身攻击等）激发员工短暂或持续情绪变化或情绪反应的事件[148]。

2.2.5 服务导向

服务导向概念的内涵最初来自个人层面。Hogan（1984）将服务导向定义为员工乐于助人、体贴细致、考虑周到以及合作倾向[150]。Cran（1994）在前人的基础上进一步研究，将服务导向定义为在与顾客或者同事接触过程中，提供真挚礼貌服务的倾向的人格特征或意愿[166]。这种观点将同事视为内部顾客。Cran指出，由于服务导向是一种人格特质，因此，为了提高员工服务导向，在员工甄选时，相比较于能力、知识等评价指标，服务行业应该重视个人服务导向。

组织层次的服务导向近年来得到学者的关注，是旨在创造并传递卓越服务的一套组织活动[167]。组织服务导向是指组织奖励和支持员工优质服务行为的政策、措施和程序[165,168]。Lytle等[151]从组织氛围视角将组织服务导向定义为"服务组织为了提升员工服务水平而制定一系列相对持久的规章制度和措施"。它包括四个方面：服务型领导风格、人力资源管理实践、服务接触实践和服务技术系统支持等。

两个层面的服务导向是存在内部联系的。员工个人服务导向是组织服务导向的基础，而组织服务导向通过企业文化氛围、规章制度等渠道能够影响个人服务导向[169]。

2.2.6 情绪劳动

Hochschild 首次关注服务员工按照企业要求进行情绪表达现象，并通过对多个服务行业的员工进行调研，以大量实例阐述员工管理内心感受的过程对组织和员工的影响[10]。后续研究深受 Hochschild 的观点启发，对情绪劳动概念的内涵和维度进行了有意义的探讨，并基于各自的视角提出情绪劳动的定义。Ashforth 等人认为情绪劳动是"员工为了适合情境要求而表达适宜情绪的行为"[11]。Morris 等人认为情绪劳动主要产生于服务员工与顾客互动情境之中，进而将情绪劳动定义为"在人际交往过程中，个体通过努力、计划和控制使自己表现出组织要求的情绪行为"[69]。Grandey 借鉴心理学的情绪调节理论，将情绪劳动定义为员工为达到组织期望的目标而进行调节情绪感受与情绪表现的心理过程[12]。由于 Grandey 的定义受到后续情绪劳动研究者的普遍认可，在情绪劳动前因研究中，主要采用这一定义。情绪劳动包括三个维度，即表层表演、深层表演和真实表达。表层表演是指服务员工按照组织要求改变外部表情，而不改变内心感受的一种情绪表达行为，如服务员工的虚假微笑；深层表演是指员工最初内心为负面感受（如压抑、沮丧等），为了按照组织要求进入工作角色，尽力去体验工作中应当产生的情绪，进而真实表达这一情绪。真实表达（个体发自内心表达自己的高兴热情等情绪），与表层表演、深层表演一样是情绪劳动的核心维度[12]。

2.2.7 主动服务顾客行为

20 世纪 90 年代初以来，主动行为引起了学者们越来越多的关注，研究内容也非常丰富。由 Frese 等提出了以个体主动性为主的广泛主动行为的概念。伴随着主动行为的概念的提出，其他主动行为的概念也相应诞生，如主动负责行为、建言行为、积极应对行为等。

随着服务领域日益重要，主动行为的研究日益受到关注，主动服务行为应运而生。主动服务顾客行为最早是由 Rank 等出的，被定义为"个体自发的、长期导向的、长久坚持的服务行为，这种服务行为已经超出了明确规定的绩效要求[42]"。主动服务行为反映了个人主动性的三个核心特征，在服务顾客的员工身上可以体现。第一，主动服务行为是自发的行为，如超出顾客或上级要求的服务行为；第二，它包括长期导向（即前瞻性思维）的行为，如预测顾客未来的需求，与其他服务员工建立伙伴关系，这种伙伴关系对未来与顾客的交互过程可能是有益的；第三，它包括长久坚持的行为，如完成对顾客提供服务的承诺，主动寻求反馈意见以确认顾客是否满意等。

2.2.8 组织公民行为

Organ（1988）将组织公民行为定义为"在组织的正式薪酬福利体没有直接或者明确规定之外的，但总体来说对组织有利的行为的总和"[33]。从这一视角来看，组织公民行为有三个特征：第一，组织公民行为被定义为角色外行为，即不在工作职责范围之内的行为；第二，组织公民行为应该是在组织薪酬福利体系之外的行为，对于员工的收入不产生影响；第三，组织公民行为从整体上对组织有利。在之后的部分学者研究中对上述组织公民行为的界定提出了质疑，Morrison（1994）在研究中发现，研究者认为的角色外行为，在调查对象自己或者其同事看来，都包含在工作职责范围内，即角色内行为[82]。Allen 和 Rush（1998）在研究中发现，组织公民行为对于员工晋升、培训以及收入等都存在影响[83]。同时，部分研究越来越重视组织公民行为的"双刃剑"效应，即行为存在对组织不利的一面。Organ（1997）对上述的质疑给予了正面回应，承认组织公民行为的定义存在问题，并对组织公民行为提出了新的定义，即能够对有利于任务绩效的组织社会和心理环境提供支持和增强作用的行为就是组织公民行为[170]。

2.2.9 服务创新行为

West 和 Farr（1989）将创新行为定义为个人在组织活动中产生、引进或应用的所有有益、新奇的事物，从而使自己的工作更有效率[44]。接待服务业的员工创新行为近年来受到较大关注，员工的服务创新行为是指员工提出利于组织的新想法、建议或将新流程、新服务引入组织之中的行为[89]。目前员工创新行为文献认为创新行为包括员工产生创意和实施创意两个环节。前者为创造力，是指服务员工就服务、服务流程和程序等提出新颖实用创意的过程[90]；后者为创造执行力，是指员工贯彻和执行创新解决方案的过程[90]。因而，服务创新行为可以界定两个维度：创造力和创造执行力。

2.3 本书研究的理论基础

2.3.1 归因理论

早在 Heider 的朴素心理学著作中就认为内外部因果归因是个体对周围环境推测判断的基本过程[171]。Weiner 正式将内外部因果归因作为其归因理论一个核心维度，称其为因果关系控制点。他认为个体倾向于对亲身经历的事件结果进行控制点归因推断，其中负面事件相对于积极事件更加容易引起个人进行控制点归因，具体将负面事件归因为：他人引起的负面情感事件、自己引起的负面情感事件、双方以外的外部情境引起的负面事件[172]。他人引起的负面情感事件会引发愤怒等高激活负面的情绪，愤怒会进一步诱发个人的破坏性行为。自己引起的负面情感事件会诱发内疚情绪，而内疚情绪是与个人亲社会行为连接的。当负面情感事件由外部情境引起时，个人会感到沮丧[173]，会采取寻求支持的负面语言表达和问题解决型抱怨两种应对策略[174]。Weiss 将归因理论应用到工作领域中，提出情感事件理论，认为员工工作中发生的事件会诱发其相应的情绪，进而导致相应的情绪驱动性行为反应[175]。Wegge 检验了 Weiss 提出的理论框架[176]，证实情绪状态中介于工作事件和情绪驱动性行为之间。

服务互动研究领域应用控制点归因的文献。顾客—员工间的人际互动是频发负面事件的领域，目前将归因理论的控制点维度和服务互动结合的文献研究多是基于顾客归因视角度考虑，例如，Yen[177]和金立印[178]对餐饮业顾客进行调研，发现归因自己的服务失误和除顾客员工以外的第三方形成的负面互动事件在总体负面事件之中占很大比例；Gelbrich 认为在服务失败后，消费者易于将责任归因于员工和外部情境，检验了归因员工和归因第三方后，顾客的情绪以及相应行为反应[179]；张圣亮基于顾客视角将服务失败按照归因控制点分为三类：归因顾客、归因自己以及外部第三方，结果发现顾客对服务失败的不同归因所诱发的情绪和行为反应也不同[180]。

宋亦平等人从服务员工视角将服务失败按照控制点归因分为三种情况：归因顾客、归因员工自己和外部第三方（情境），探讨三类归因的负面事件与服务补救方式间的关系[181]。Yagil 也从服务员工视角探讨了归因外部和归因自己的负面事件对情绪枯竭的影响是否有显著差别[182]。

2.3.2 自我决定理论

Deci 基于社会认知理论提出自我决定理论,他认为自我决定性是个体的一种基本倾向[101]。正由于人们具有自我决定性,才喜欢从事有趣的、有益于自身发展的活动。自我决定理论强调个体行为中的自主自愿性,重视自我的能动性作用。该理论以人是积极向上的有机体为基本观点,认为个体先天上就具有心理成长和发展的潜能。由此,一些学者认为自我决定是个体内部的一种潜能,是在充分了解自身和周围环境的基础上,自由选择个人的行动或行为。自我决定理论的核心内容为假定人的动机是一个自我决定的连续体,可划分为五种动机类型,即外在动机、内摄动机、认同动机、整合动机和内在动机。

自我决定理论除了对动机类型进行科学的划分以外,它认为外在行为的内化是一个自然过程,并不必然发生,需获取一定的营养支持才能促使自主动机发挥最佳功效[102]。该理论研究者通过实证研究,鉴别出三种个体基本心理需要能够为自主动机提供营养支持,即自主需要(autonomy)、能力需要(competence)和归属需要(relatedness)[104]。自主需要,是指个体需要感到自己是自己的主宰,按照个人意愿或意志从事某种行为;能力需要是指个体在从事某种行为过程中需要体验胜任感;归属需要是指个体需要来自周围环境或重要他人的认可、理解和关爱。在个体工作动机影响工作相关态度行为的过程中,社会或组织环境通过促进或妨碍上述三种需要满足的程度施加影响[183,184]。Deci 和 Ryan 从个体选择权利、挑战、信息反馈、人际氛围、获取情感支持等方面,分析了促进或阻碍这三种需求满足的环境。其中,支持类环境包括自主权利、积极反馈、有利的个体风格与个体社会交往风格匹配的组织人际氛围[104]。

2.3.3 社会交换理论

(1) 社会交换含义。

社会交换理论由 George、Blau 和 Emerson 三位学者提出,是一种非常有影响力的中层理论。社会交换理论中的核心内容——社会交换,包含交换双方中未明确规定的义务和权利。这是由于社会交换双方之间相互支持的目的是付出方希望在未来某一时间获得回报,受惠方则会具有一种对付出方产生回报的义务感知。互相依赖是社会交换理论的核心特征。也就是说,社会交换的过程始于一方的付出行为,如果另一方受惠,则产生持续的社会交换。处于社会交换中的双方,彼此建立的人际关系基于个人的主观成本—收益分析和替代选择的比较上[185]。在组织领域中，当企业支持员工工作时，员工产生回报的义务感知，通过努力工作促进组织目标的实现，依次建立社会交换关系[186]。

（2）组织中的社会交换。

目前，人力资源是企业的最有价值的资源。每个企业的领导者都期望激发企业中的人力资源潜能。于是学者的浓厚学术兴趣之一就是揭示组织中的社会交换过程，以期激发员工的个人潜能[187]。社会交换理论是解释和预测员工工作态度和行为的主要理论基础之一。在组织行为研究领域文献中，主要有两种社会交换关系：组织—员工交换、管理者—员工交换。组织—员工交换：处于企业中的员工感到企业认可个人在工作上的付出以及企业关心员工，愿意对员工投入更多的资源，帮助员工发展、解决工作和生活上的困难，员工会产生报答的信念和心理。努力通过个人的实际行动回报组织的付出[188]。管理者—员工交换：管理者个性化对待员工，在双方正式义务权利之外，向员工投入个人的资源，如情感资源和信息资源，帮助员工解决工作上的疑惑，对处于压力中的员工予以情感支持等，下属就会产生回馈和报偿的心理，通过实际行动回报管理者。上述两种类型的社会交换都影响员工的工作态度和行为。

社会交换理论对于解释员工对企业的忠诚非常有效。有研究表明，当组织对员工做出积极和利益性行动时，会促进员工的公平和信任感知。公平和信任是员工和企业之间长期保持和发展社会交换关系的关键因素。员工会努力工作以报答组织[189]。

（3）社会交换理论相关研究。

目前，一些学者以社会交换理论解释和预测员工工作行为[186]。例如，Kono-vsky 和 Pugh 以护士为研究对象，验证情境因素与组织公民行为之间的社会交换关系模型[190]。结果表明，程序公平在管理者—员工关系之间具有重要影响，上级的信任在程序公平和组织公民行为之间起中介作用。Settoon 等人探讨了组织—员工交换和领导—成员交换对员工工作态度和行为的差异影响[191]。研究结果证实，当员工感知组织的支持时，其对组织承诺的解释力大于领导—成员交换。相反，领导—成员交换对员工公民行为的解释力大于组织—成员交换。也就是领导与员工之间的关系越互惠信任、忠诚，员工越会表现出组织公民行为。Eisenberger 等人探讨领导—成员交换、组织—成员交换与员工离职倾向之间的关系[192]，结果表明组织—成员交换程度越高，员工的工作留职率就越高。

第2章 相关研究综述与理论基础

2.4 本章小结

本章首先对本书的核心概念——情绪劳动、组织公民行为、主动服务顾客行为、服务创新行为的研究文献进行了梳理与分析，发现情绪劳动领域研究者关注的焦点主要集中在情绪劳动的内涵和结构，情绪劳动对员工和顾客态度和行为的影响，员工个体特征和员工—顾客互动情境因素对情绪劳动的影响等方面。在对情绪劳动文献分析的基础上，发现情绪劳动理论存在如下局限：忽视了探讨家庭影响因素对情绪劳动的影响；没有将组织层次因素和个体层次因素结合，探讨两者对情绪劳动的交互影响；员工—顾客互动情境因素对情绪劳动影响的理论知识仍需进一步深化和精确。而关于员工服务行为方面，目前的研究多集中于探讨员工个体特征和组织环境因素等。没有研究组织外部因素对主动服务顾客行为产生的影响，没有探讨多层次因素对服务创新行为产生的影响等。以此作为本书研究的理论依据。同时，本章分别对服务型领导力、自主动机、家庭工作界面、负面互动事件和服务导向等领域的文献进行了回顾与梳理，结果发现没有相关文献探讨了这些概念与情绪劳动和服务行为之间的关系，进一步佐证了本书的理论创新性。

通过梳理文献，对本书涉及的关键概念进行了界定。本书涉及的关键概念包括情绪劳动、主动服务顾客行为、组织公民行为、服务创新行为、服务型领导力、自主动机、服务导向、家庭工作界面与负面互动事件。此后，本章论述了理论框架中变量间关系所需的理论，包括自我决定理论、归因理论与社会交换理论。其中，自我决定理论是探讨服务型领导力与自主动机对情绪劳动多层次影响机理和服务导向对组织公民行为的影响机理的理论基础；社会交换理论是探讨家庭工作界面与情绪劳动和主动服务顾客行为之间影响机理，以及多视角服务导向对服务创新行为的跨层次影响机制的理论基础；归因理论是揭示负面互动事件对情绪劳动的影响机理的理论基础。

第3章

负面互动事件对服务员工情绪劳动的影响机理

3.1 理论模型的来源

随着服务业的竞争越来越激烈,人际交互员工的微笑服务已得到业界共识,然而这种商业化微笑的背后需要员工付出情绪劳动,调节自己的负面情绪和感受才能表达出企业要求的微笑、热情。所以情绪劳动在提升顾客绩效的同时,却对服务员工可能产生负面影响,如情绪枯竭、工作不满意等。已有文献证实情绪劳动中的表层表演对人际交互员工的心理健康和工作态度会造成负面的影响,对顾客绩效也没有积极影响;与之相反,深层表演和真实表达会促进员工的自我成就感和组织承诺,对顾客绩效也有积极影响。于是,研究者转而聚焦情绪劳动内部结构,探讨情绪劳动的影响因素。其中,一类研究文献认为由于服务员工每天接触最多的人群是顾客,且员工和顾客之间的权利是不对等的[25-27]。顾客是造成服务员工负面情绪和感受的主要来源。因而这类文献致力于揭示顾客不当行为对情绪劳动的影响,如顾客不公平、顾客言语侮辱等。

然而,在员工服务顾客过程中,这一类负面事件发生频率低,占总体负面事件的比例非常小。Diefendorff 等在调查服务员工 30 天内遇到的负面互动事件中[47],由于服务员工个人服务失误导致的负面事件,除员工顾客外的第三方原因(如暴风雨导致送餐延迟)导致的负面事件发生频率非常高。面对这些负面事件,服务员工采取哪种情绪劳动中的调节方式应对顾客,对于这个研究问题,已有文献没有回答和探讨。

因此,本章基于认知评估归因理论观点[172],从服务员工视角,将顾客的言

第3章 负面互动事件对服务员工情绪劳动的影响机理

语侮辱、不公平行为界定为归因顾客负面事件，将服务员工服务失误界定为归因自己的负面事件，将除员工顾客外的第三方因素导致的负面事件界定为归因第三方负面事件。在此基础上，分别探讨三类负面互动事件对情绪劳动产生何种影响。同样依据该理论观点，在外部事件刺激与情绪劳动行为之间，服务员工内心的情绪和感受可能在其间起中介传递机制。进而提出愤怒在归因顾客负面事件与表层表演之间起中介作用；内疚在归因自己的负面事件与深层表演、真实表达之间起中介作用；情绪感染在归因第三方负面事件与表层表演、深层表演之间起中介作用。

本章内容结构安排如下：首先，对已有相关理论文献进行评述，提出理论模型；其次，阐述理论模型变量间关系，提出理论假设；再次，运用模拟情境方式，分别调研三组导游员工，验证提出的理论假设；最后，总结本章研究结论和管理启示。图3.1是相应的理论模型。

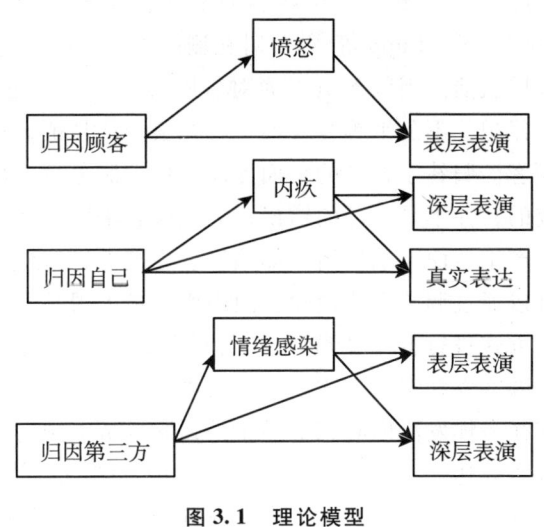

图 3.1 理论模型

3.2 基本假设的提出

在本章的理论模型之中，三类负面互动事件（归因顾客的负面事件、归因员工的负面事件、归因第三方的负面事件）是前因变量，愤怒、内疚和情绪感染等变量属于中介变量，情绪劳动属于因变量。基于 Weiner 归因理论观点，负面互动事件会诱发员工产生负面情绪，进而员工采取情绪调节行为（情绪劳动）减缓负面情绪。按照这一逻辑原则，首先，论证归因顾客的负面事件、愤怒情绪与表层表演之间的作用关系；其次，论证归因员工自己的负面事件、内疚与深层表演、真实表达之间的作用关系；最后，论证归因第三方的负面事件、情绪感染与表层表演、深层表演之间的作用关系。

3.2.1 归因顾客、愤怒与表层表演之间的关系

归因顾客是指服务员工认为互动中的负面事件是由顾客负责，自己不应该为此承担责任[172]。在服务互动中，顾客与员工之间权利不对称，"顾客永远是对的"，以及服务顾客时应保持谦卑的态度，顾客却可以自由地向员工表达愤怒[25]。以上因素的存在，导致互动中顾客的抱怨、言语侮辱等不当行为时常发生。为此，Grandey 等[25]、Rupp 等[26]、谢礼珊等[28]都分别证实顾客言语侵犯、不公平显著影响表层表演。当服务员工面对着顾客的言语侵犯、不公平行为时，往往认为顾客言语侵犯、不公平等行为不符合社会交往规范，易于在心理层面将这些事件归责于顾客。归咎于顾客的负面互动事件，服务员工往往认为服务失败是顾客的原因造成的，并不是自己的错误，为此顾客采取的抱怨或者其他负面行为，会使服务员工产生负面极端情绪，如愤怒、生气等，这种高激活情绪在心理学研究中被证实难以通过调节方式消除，因而服务员工很难通过注意力调度、认知变化等深层表演方式进行情绪调节[11]。同时服务企业一般有明确的规定，禁止服务员工通过向顾客发脾气等方式发泄自己内心的负面情绪。这使得服务员工不能像正常社会交往一样发泄内心感受。于是，服务员工倾向于采取表层表演而不是深层表演或真实表达。

依据 Weiner 的归因理论观点[172]，当服务员工将负面事件归因于顾客时，会诱发愤怒这一高激活负面情绪，这种高激活负面情绪难以调节，造成服务员工的内心和外部表达相分离。Rupp 等通过情景模拟方式证实愤怒情绪会在顾客不公平事件和表层表演之间起中介作用[26]。在面对面员工顾客互动中，归因顾客的负面事件诱发员工产生愤怒的程度更高，更难采用深层表演和真实表达。于是，提出假设：

H3-1a：服务员工将负面互动事件归因于顾客时，倾向于选择表层表演应对顾客而不是深层表演和真实表达。

H3-1b：愤怒在归因顾客和表层表演之间起中介作用。

3.2.2 归因自己、内疚与深层表演、真实表达之间的关系

再优秀的服务员工也难免出现服务失误。服务失误是指服务员工因自己的错误、失误而没有达到顾客要求。在这种情况下，负面互动事件是由服务员工自己的原因引起的，也往往归责于自己，心理上认为自己应承担相应责任。这种情况下，员工面对顾客的抱怨，也能较易理解顾客的心情，以顾客视角调节自己负面感受或真实表达自己的愧疚之情进行服务补救。

服务员工因为自己的失误造成顾客的抱怨时，虽然员工内心也会产生负面感受，但这种负面情绪一般为沮丧或内疚等中等或低激活情绪。心理学相关研究认为，面对中低等负面情绪，较易调节，如换位思考、心里聚焦积极美好事物。这种通过改变自己的认知，使得内心感受和组织要求的情绪表达一致，是深层表演方式。员工不会采取表层表演方式，因为表层表演会促使员工内心不舒服，形成情绪枯竭和精神压力，Lazarus认为个体具有自发应对调节压力倾向，为避免出现压力状态，会事先积极调节负面感受，即采用深层表演方式[193]。事实而言，Dienfendorff等的研究发现服务员工面对自己的工作失误，内心主要采取换位思考方式，积极帮助顾客解决问题，从而摆脱负面情境[145]，而这正属于深层表演范畴。Davidow认为当出现因自己的错误造成服务失误时，真实表达内心的歉意也是一种有效的补救方式[146]。因此，提出假设：

H3-2a：服务员工将负面互动事件归因于自己时，倾向于选择深层表演应对顾客而不是表层表演。

H3-2b：服务员工将负面互动事件归因于自己时，倾向于选择真实表达应对顾客而不是表层表演。

归因理论认为[172]，服务员工将负面互动事件归因自己时，会体验到羞耻和内疚情绪。羞耻情绪是由于自己能力的不足原因造成负面互动事件，而内疚情绪是因为个人一时疏忽导致负面互动事件的发生。结合服务员工向顾客提供服务的实际，服务员工倾向于体验内疚情绪。内疚情绪会导致服务员工亲社会行为（即符合社会道德规范的行为）摆脱自己的内疚情绪，如属于深层表演范畴的从顾客视角理解顾客的抱怨，并做一些补偿性行为，如耐心的倾听（深层表演）、真诚的道歉（真实表达）。基于以上论述，我们做出如下假设：

H3-2c：内疚情绪在归因自己和深层表演之间起中介作用。

H3-2d：内疚情绪在归因自己和真实表达之间起中介作用。

3.2.3 归因第三方、情绪感染与表层表演、深层表演之间的关系

超出个人控制的外部第三方形成的负面互动事件也经常发生(如因暴风雨的原因造成送餐延迟)。当因为外部情境导致员工提供的服务没有达到顾客的预期时,顾客可能采取三种截然不同的抱怨方式,分别为寻求支持的负面语言表达、问题解决型抱怨及言语激烈、侮辱等不当行为。

外部情境造成员工的服务没有达到顾客的预期目标时,顾客一般会体验到沮丧情绪[173],一般会采取两种策略摆脱这种负面情绪:寻求支持的负面语言表达和问题解决型抱怨[194]。寻求支持的负面语言表达意味着顾客与其周围的人交谈负面经历并寻求同情和理解,其主要目的是通过与别人分享痛苦,以释放自己的情绪。问题解决型抱怨是指在负面互动事件发生后,顾客与员工较理智互动,目的是要解决问题。因此,面对问题解决型抱怨和寻求支持的应对策略时,尽管服务员工认为不应由自己承担责任,但也属于顾客在与组织交互过程中发生的事件,顾客的沮丧遭遇可能会唤起服务员工以前类似境遇的记忆,理解和同情顾客的遭遇,这种以唤起类似境遇方式调节自己情绪属于深层表演的范畴。由于此种情况下,服务员工内心并不会产生高激活负面情绪,也就一般不会通过表层表演方式,而是倾向采用深层表演和真实表达应对顾客。

再者,当外部情境使员工的服务没有达到顾客预期时,还存在另一种情况。Weiner认为由于享乐偏见作用,尽管外部第三方形成的负面事件,顾客也可能为了获得最大化利益而采取不当行为向服务员工要挟[172]。因而负面互动事件虽最初是由外部情境造成,但顾客无理归咎于员工或服务企业,服务员工倾向于对不当行为进行归因而不是对最初的外部情境归因,在此种情况下,服务员工会将负面互动事件归因于顾客,进而内心产生愤怒、生气等高激活负面情绪,依前所述倾向于以表层表演应对顾客,而不是深层表演。因此:

H3-3a:服务员工将负面互动事件归因于情境时,倾向选择表层表演应对顾客。

H3-3b:服务员工将负面互动事件归因于情境时,倾向选择深层表演应对顾客。

除此之外,也有另一种机理解释两者之间的关系。Hatfield等观测到个人会无意识地、持续不断地模仿互动对方的非语言表达行为(如声音、动作、姿势),这种模仿行为会影响自己的主观情绪状态,进而双方的情绪状态趋于一致,这种现象称为情绪感染[195]。情绪感染普遍存在于服务员工与顾客间的互动

第3章 负面互动事件对服务员工情绪劳动的影响机理

中,Dallimore 等证实抱怨的顾客通过情绪感染对服务提供者的内心和外部表达均有重要影响[196]。当顾客体验沮丧情绪而采取寻求支持的负面语言表达和问题解决型抱怨行为时,这两种行为的目的是寻求支持,由于情绪感染机制作用,服务员工的内心也很可能体会到顾客的沮丧情绪,沮丧作为中度激活情绪,服务员工可能通过深层表演方式抚慰顾客。当顾客因享乐偏见的作用,而无端指责服务员工时,服务员工很可能将责任归因于顾客,进而产生愤怒情绪。高激活的愤怒情绪难以调节,致使服务员工倾向采取表层表演应对顾客。因此:

H3-3c:情绪感染在归因第三方和表层表演之间起中介作用。

H3-3d:情绪感染在归因第三方和深层表演之间起中介作用。

为了验证本章所提假设,我们设置了三组模拟情景,分别对三组导游员工进行了调研。情景1检验归因顾客的负面互动事件是否通过愤怒情绪影响表层表演;情景2检验归因自己的负面互动事件是否通过内疚情绪影响深层表演和真实表达;情景3检验归因第三方的负面互动事件是否通过情绪感染影响表层表演和深层表演。

本章以导游员工为调研对象,是因为旅游业导游需要长时间与顾客互动,与不同类型的顾客打交道,遇到的归因顾客、归因自己和归因第三方等负面事件也非常频繁,其职业性质属于典型的高接触服务。因此本章以导游为调研对象,根据其过去遇到的负面互动事件经历作为依据,揭示服务员工产生的情绪以及行为应对策略。

采取模拟情景方式,是因为研究目的涉及导游与游客交互时的情绪和行为反应,部分员工真实的情绪和行为反应可能违反旅行社规定,因而问卷题项较为敏感,依据张圣亮[180]、宋亦平[181]的研究思路,采用模拟情景方法是较好的选择。模拟情景方法能让导游假想作为当事人进行评价判断,而且由于导游遇到负面互动事件也较为频繁,通过模拟情景也可以体现他们过去应对类似事件的真实心理活动和外部行为反应,而且此种方法能够避免被调查者记忆偏差,降低研究成本和提高研究效率。

3.3
归因顾客、愤怒与表层表演之间关系的检验

3.3.1 模拟情景

通过对负面互动事件的相关文献进行梳理,与具有资深经验的导游(10名)

进行四次 1~2 小时的深度访谈，设计导游带团经常遇到的归因顾客模拟情景，如表 3.1 所示，并经过试填，效果良好。

表 3.1　　　　　　　　　归因顾客的模拟情景

归因顾客
"在去旅游景点途中，游客要我讲低俗的笑话，这对我的人格和尊严是极大的侮辱，所以拒绝了游客的要求。因而在后续的行程中，游客非常不配合导游工作，并且言语粗鲁"。

依据宋亦平等的情景模拟设计思路[181]，在导游阅读上述情景后，让其判断这种情景归因顾客程度大小（"1"表示非常低，"5"表示非常高），以及在这个情景中相应的情绪和行为反应。

3.3.2　数据收集

调研对象导游主要分布在沈阳、秦皇岛、南昌和昆明。为了保证收集的数据质量，采取问卷发放人员辅助调查的方式，对问卷发放人员进行培训，要求他们在调查时解释调查目的，并且强调问卷信息保密。调查问卷事先由研究人员装在封口有易撕带的信封里，问卷发放人员将带有信封的问卷发放到导游手中，当导游取出问卷并填答完毕，问卷发放人员要求导游将问卷装进信封并撕开信封口的易撕带进行密封，问卷发放人员将其收回，在此过程中问卷发放人员不接触填答后的问卷，确保被试能够如实填写问卷，数据真实有效。

情景 1 正式调查共发放问卷 100 份，回收问卷 83 份，回收率 83%，剔除掉不合格或者漏答过多的问卷 6 份，最后得到有效问卷 77 份，有效率 92.772%。被调研对象导游统计信息如表 3.2 所示。

表 3.2　　　　　　　　　样本特征

人口统计变量	人数	百分比（%）	人口统计变量	人数	百分比（%）
性别			学历		
男	25	32.47	初中及以下	7	9.09
女	52	67.53	高中（中专）	13	16.88
			大专	34	44.16

续表

人口统计变量	人数	百分比（%）	人口统计变量	人数	百分比（%）
			本科	23	29.87
			硕士及以上	0	0.00
年龄			工作年限		
21~25 岁	31	40.26	1 年以下	6	7.79
26~30 岁	22	28.57	1~5 年	39	50.65
31~40 岁	21	27.27	6~10 年	28	36.36
40 岁以上	3	3.90	10 年以上	4	5.20
婚姻			月出勤天数		
未婚	23	29.87	天数 10~15	9	11.69
已婚	54	70.13	天数 16~20	39	50.64
			天数 21~30	29	37.67
工作类型			培训情况		
正式	67	87.01	每季度一次	41	53.25
兼职	10	12.99	每月一次	36	46.75
			每周一次	0	0.00

3.3.3 变量选取和测量

本章采用翻译—回译程序将涉及的国外研究量表翻译成中文。邀请两位精通中文和英文的外语学院研究生参与国外研究量表翻译的过程。一位研究生将英文题目的量表翻译成中文，一位研究生再将中文量表回译成英文量表。对于原英文、中文和回译的英文量表中有不匹配的内容，通过由作者、两位服务管理方向教授以及四位资深导游组成的小组讨论达成共识。选择 49 名员工进行了试填，效果良好，从而保证问卷的内容效度。

愤怒（AG）。改自 Spencer 等的量表[197]，其中愤怒 8 个题项，如"在上述情景中，您很生气"。愤怒采用 Likert 五分制量表，1 表示"非常低"，5 表示"非常高"。量表信效度较高。

表层表演（SA）量表，采用Diefendorff等[2]设计的量表，表层表演5个题项，典型测量题目为"为了更好地服务游客，我要经常掩饰自己的真实情绪""我只是假装表达工作需要的情绪而已"；表层表演使用Likert五分制量表，1表示"完全不同意"，5表示"完全同意"。量表信效度较高。

控制变量。将员工个体和职业统计变量（包括性别、年龄、婚姻、工作类型、学历、工作年限、月出勤天数、培训情况等）作为控制变量处理。

3.3.4 假设检验

（1）共同方差检验。

由于共同方法偏差（CMV）对研究结果有潜在的误导混淆，甚至会导致错误的结论。须通过一定方法控制共同方法偏差，主要有程序和统计检验两种方法，在程序方面，我们通过采取中英文回译方式尽可能让问卷题项便于导游理解，运用密封方法尽可能促使导游真实表达自己的想法来控制共同方法偏差[198]。依据Karatepe等运用验证性因子分析方法[199]，比较单一因素结构和多因素结构差异判断本章研究的共同方法偏差是否严重。首先，比较情景1中愤怒和表层表演的单一因子结构和双因子结构差异，单因子结构模型检验结果为：$CHIN/df = 365.247/54 = 6.761$、$GFI = 0.770$、$NFI = 0.759$、$CFI = 0.785$、$RESEA = 0.161$，而双因子结构模型为：$CHIN/df = 114.39/49 = 2.333$、$GFI = 0.926$、$NFI = 0.922$、$CFI = 0.954$、$RESEA = 0.078$，从上述指标结果得知，单因子结构模型拟合效度比双因子结构模型拟合效度差。同时依据彭正龙等检验思路[200]，运用SPSS探索因子方法对情景1问卷题目进行主成分分析，第一主成分为21.841%并没有解释大部分变量方差，以上检验都表明本章研究的共同方法偏差并不严重。

（2）信效度检验。

愤怒和表层表演的信效度检验如表3.3所示。从表3.3可以看出，愤怒和表层表演α值0.930和0.780均大于0.700，表明愤怒和表层表演量表具有较好信度。愤怒和表层表演的题项载荷均大于0.500，依据因子载荷计算平均提取方差（AVE），愤怒和表层表演AVE值为0.660、0.600均大于0.500，表明愤怒和表层表演量表具有较好的收敛效度。由于愤怒和表层表演各仅有一个因子，无须进行判别效度检验。

第3章 负面互动事件对服务员工情绪劳动的影响机理

表 3.3　　　　愤怒、表层表演信度和收敛效度检验结果

变量	题项	因子载荷	α值	AVE值	复合信度
AG	AG1	0.776	0.930	0.660	0.940
	AG2	0.762			
	AG3	0.881			
	AG4	0.858			
	AG5	0.808			
	AG6	0.797			
	AG7	0.804			
	AG8	0.787			
SA	SA1	0.850	0.780	0.600	0.850
	SA2	0.803			
	SA3	0.718			
	SA4	0.701			
	SA5	0.726			

（3）相关分析。

本章采用 Pearson 相关分析，检验归因顾客的负面事件、愤怒与表层表演之间的作用关系如表 3.4 所示。

表 3.4　　　　归因顾客相关系数矩阵

	归因顾客	愤怒	表层表演 a
归因顾客	1		
愤怒	0.551**	1	
表层表演 a	0.395**	0.238**	1

注：控制性别、年龄、婚姻、工作类型、学历、工作年限、月出勤天数、培训情况。
* 在 0.050 水平上显著，** 在 0.010 水平上显著。

从表 3.4 中可知，归因顾客与愤怒显著正相关，与表层表演呈显著正相关；愤怒与表层表演呈显著正相关。

（4）回归分析。

基于本章的研究目的，为了清晰地呈现归因顾客、愤怒情绪和表层表演之间

的因果关系，回归分析是检验变量间因果关系的良好工具。对归因顾客、愤怒和表层表演进行两两回归分析，如表 3.5 所示。

表 3.5　　　　　　　归因顾客情景变量间两两回归分析结果

模型		非标准化系数		标准系数 Beta	R^2	t	Sig.	F	Sig
		B	标准差						
方程一	（常量）	0.471	0.430						
	归因顾客	0.569	0.059	0.534	0.380	9.610	0.000	14.415	0.000
方程二	（常量）	2.382	0.341						
	归因顾客	0.294	0.047	0.379	0.269	6.268	0.000	8.651	0.000
方程三	（常量）	3.082	0.334						
	愤怒	0.171	0.048	0.235	0.182	3.564	0.000	5.244	0.000

注：控制性别、年龄、婚姻、工作类型、学历、工作年限、月出勤天数、培训情况。

从前面的分析结果，可以得到以下的回归方程：

方程一：愤怒 = 0.471 + 0.569 归因顾客。在这个回归模型方程中，R^2 为 0.380，F 检验的 P 值为 0.000 小于 0.050，表明接受该回归方程为直线的零假设。回归系数的 t 检验显著性水平 P 值为 0.000 小于 0.050，表明归因顾客对愤怒的正向影响作用显著。

方程二：表层表演 = 2.382 + 0.294 归因顾客。在这个回归模型方程中，R^2 为 0.269，F 检验的 P 值为 0.000 小于 0.050，表明接受该回归方程为直线的零假设。回归系数的 t 检验显著性水平 P 值为 0.000 小于 0.050，表明归因顾客对表层表演的正向影响作用显著，H3 - 1a 成立。

方程三：表层表演 = 3.082 + 0.171 愤怒。在这个回归模型方程中，R^2 为 0.182，F 检验的 P 值为 0.000 小于 0.050，表明接受该回归方程为直线的零假设。回归系数的 t 检验显著性水平 P 值为 0.000 小于 0.050，表明愤怒对表层表演的正向影响作用显著。

（5）中介作用检验。

借鉴 Spencer 等检验变量中介作用的方法来检验愤怒的中介作用[197]。Spencer 将 Baron 等推荐的中介作用方法和 Sabel 统计检验相结合作为中介作用检验的方法，从而克服传统中介作用检验方法的不足，提高中介作用检验的精度。依据 Spencer 检验中介作用的方法[197]，自变量显著影响因变量，自变量显著影响中介

第3章 负面互动事件对服务员工情绪劳动的影响机理

变量，中介变量显著影响因变量；控制中介变量后，自变量不显著影响因变量表明完全中介作用，自变量显著影响因变量且回归系数显著降低，表明部分中介作用。同时对自变量与中介变量、中介变量与因变量的回归系数做 Sobel 联合检验，判断两个系数是否同时显著，如果 Sobel 联合检验显著不为 0，则表明中介效用成立，从而提高中介作用的检验力。

归因顾客显著影响表层表演；归因顾客显著影响愤怒；愤怒显著影响表层表演。以归因顾客、愤怒为自变量，表层表演为因变量的多元回归，如表 3.6 所示。

表 3.6　归因顾客、愤怒和表层表演间多元回归分析结果

模型		非标准化系数		标准系数 Beta	t	Sig.	容差	VIF
		B	标准差					
方程一	（常量）	2.372	0.343					
	归因顾客	0.282	0.056	0.363	5.012	0.000	0.659	1.518
	愤怒	0.021	0.055	0.028	0.378	0.706	0.620	1.612

注：控制性别、年龄、婚姻、工作类型、学历、工作年限、月出勤天数、培训情况。

从表 3.6 的分析结果可知，控制愤怒后，归因顾客显著影响表层表演，回归系数由 0.294 降到 0.282，表明愤怒起部分中介作用。最后，Sabel 检验结果为 3.342。相应 P 值 0.000 小于 0.050，说明归因顾客—愤怒和愤怒—表层表演的联合检验显著不为 0，H3-1b 假设成立。

3.3.5　结果分析与管理启示

（1）结果分析。

在情景 1 中，服务员工将发生的负面互动事件归因顾客时，他/她会以表层表演应对顾客，愤怒起部分中介作用，H3-1a 和 H3-1b 都得到支持。这一结论在一定程度上支持并深化了 Rupp 等的观点[26]，Rupp 等通过实验模拟客服员工遇到顾客不公平对待时，证实了顾客不公平显著正向影响表层表演，愤怒起部分中介作用，我国学者谢礼珊也证实了顾客不公平和表层表演之间存在显著正相关关系，负面情感在其中起中介作用[28]。已有研究主要聚焦顾客的某类不当行为与情绪劳动策略之间的作用机制，本章则是运用 Weiner 归因理论[172]，揭示服务员工对顾客不当行为的心理归因与表层表演之间的作用机制。

（2）管理启示。

本章研究结论提示组织管理者应正确界定人际交互中员工顾客各自的权利范围。对于归因顾客的负面互动事件，不能顾客权利"无休止扩大化"，维护员工的正当权利，如香港航空公司允许空姐对酒醉乘客采取正当防卫措施，这样做不仅不会伤害顾客绩效，相反会抑制导游员工对事件进行顾客责任归因，避免愤怒情绪的出现。因为愤怒情绪一旦出现，员工的外表情绪反应只能以内外相分离的表层表演应对，甚至控制不住愤怒情绪会导致员工直接向顾客发泄出来，致使负面事件严重程度升级。合理界定双方的权利或一旦发生此类事件，对员工进行保护可以避免诱发愤怒情绪，进而抑制表层表演，从而提高员工的工作满意度、组织承诺等，最终提升导游员工的服务绩效。

3.4
归因自己与深层表演、真实表达间关系的检验

3.4.1 数据收集、归因自己情景模拟和变量测量

（1）数据收集。

按照情景1数据思路，正式调查共发放问卷100份，回收问卷86份，回收率86%，剔除掉不合格或者漏答过多的问卷15份，最后得到有效问卷71份，有效率82.559%。被调研对象（导游员工）统计信息如表3.7所示。

表3.7　　　　　　　　　　样本特征

人口统计变量	人数	百分比（%）	人口统计变量	人数	百分比（%）
性别			学历		
男	21	29.58%	初中及以下	4	5.63%
女	50	70.42%	高中（中专）	20	28.17%
			大专	41	57.75%
			本科	4	5.63%
			硕士及以上	2	2.82%
年龄			工作年限		
21~25岁	27	38.03%	1年以下	12	16.90%

续表

人口统计变量	人数	百分比（%）	人口统计变量	人数	百分比（%）
年龄			工作年限		
26~30 岁	28	39.44%	1~5 年	45	63.38%
31~40 岁	7	9.86%	6~10 年	8	11.27%
40 岁以上	9	12.67%	10 年以上	6	8.45%
婚姻			月出勤天数		
未婚	32	45.07%	天数 10~15	16	22.54%
已婚	39	54.93%	天数 16~20	13	18.31%
			天数 21~30	42	59.15%
工作类型			培训情况		
正式	58	81.69%	每季度一次	23	32.39%
兼职	13	18.31%	每月一次	38	53.52%
			每周一次	10	14.09%

（2）归因自己情景模拟。

依据情景 1 思路，通过对负面互动事件的相关文献进行梳理，与具有资深经验的导游（10 名）进行四次 1~2 小时的深度访谈，设计导游带团经常遇到的归因自己模拟情景，如表 3.8 所示，并经过试填，效果良好。

表 3.8   归因自己模拟情境

归因自己
"刚刚开始带团时，由于业务不太熟练，统计错男女人数，结果订房出现失误导致顾客无法按时就寝，顾客对我非常不满意，而且表示如果解决不好，将要投诉我"。

在导游阅读此情景后，让其判断这种情景归因自己程度大小（"1"表示非常低，"5"表示非常高），以及在这个情景中相应的情绪和行为反应。

（3）变量测量。

内疚（GT）情绪量表。改自 Spencer 等的量表[197]，内疚 3 个题项，如"在上述情景中，我感到很抱歉"。内疚采用 Likert 五分制量表，1 表示"非常低"，5 表示"非常高"。量表信效度较高。

深层表演和真实表达量表（DA，GE），采用 Diefendorff 等量表[2]，深层表演 3 个题项，真实表达 3 个题项。深层表演，典型测量题目为"我会主动体验旅行社要求表达的情绪，而不仅是改变表情""我会调节自己不好的心情，让高兴热情情绪发自内心"；真实表达，典型测量题目为"我在游客面前表达的情绪是真实的""我向游客表现的情绪是自然而然的"。深层表演和真实表达使用 Likert 五分制量表，1 表示"完全不同意"，5 表示"完全同意"。深层表演和真实表达量表信效度较高。

3.4.2 假设检验

（1）共同方法偏差检验。

依据情景 1 所采用共同方法偏差检验方法，运用 SPSS 探索因子方法情景 2 问卷题目进行主成分分析，第一主成分为 26.547%，并没有解释大部分变量，检验都表明本章的共同方法偏差并不严重。

（2）信度效度检验。

内疚、深层表演和真实表达信效度检验如表 3.9 所示。

表 3.9　　内疚、深层表演和真实表达信度和收敛效度检验结果

变量	题项	因子载荷	α 值	AVE 值	复合信度
GT	GT1	0.867	0.780	0.700	0.870
	GT2	0.862			
	GT3	0.770			
DA	DA1	0.753	0.710	0.520	0.810
	DA2	0.643			
	DA3	0.785			
GE	GE1	0.807	0.800	0.710	0.880
	GE2	0.866			
	GE3	0.847			

从表 3.9 可以看出，内疚、深层表演和真实表达的 α 值分别为 0.780、0.710 和 0.800，因此内疚、深层表演和真实表达量表通过信度检验。依据因子载荷计算平均提取方差（AVE），判断测量量表的收敛效度，内疚、深层表演和真实表达 AVE 分别为 0.700、0.520 和 0.710 均大于 0.500，表明三者量表均有较好的收敛效度。由于内疚仅有一个因子，因此无须进行判别效度检验。通过计算深层表演和真实表达 AVE 值的平方根与两者之间相关系数相比来检验判别效

第3章 负面互动事件对服务员工情绪劳动的影响机理

度。深层表演和真实表达之间的相关系数为 0.081,两者的 AVE 均方根均大于两者间的相关系数,表明深层表演和真实表达间有较好的判别效度。

(3) 相关分析。

表 3.10 表明归因自己与内疚、真实表达显著正相关;内疚与深层表演和真实表达呈显著正相关。因此,归因自己的负面事件与深层表演并不显著相关。进而内疚在归因自己的负面事件与深层表演之间的中介作用也不成立。H3-2a 和 H3-2c 不成立。

表 3.10　　　　　　　　　归因自己相关系数矩阵

	归因自己	内疚	深层表演 a	真实表达 a
归因自己	1			
内疚	0.135*	1		
深层表演 b	0.062	0.498**	1	
真实表达 b	0.145*	0.182*	0.103	1

注:控制性别、年龄、婚姻、工作类型、学历、工作年限、月出勤天数、培训情况。
* 在 0.050 水平上显著,** 在 0.010 水平上显著。

(4) 回归分析。

运用 SPSS 统计分析软件,对归因自己、内疚和真实表达进行两两回归分析,回归分析结果如表 3.11 所示。

表 3.11　　　　　　　归因自己情景变量间的回归分析结果

模型		非标准化系数		标准系数 Beta	R^2	t	Sig.	F	Sig
		B	标准差						
方程一	(常量)	1.022	0.512		0.131	1.976	0.049	3.553	0.000
	归因自己	0.180	0.091	0.141					
方程二	(常量)	3.075	0.420		0.089	2.695	0.008	2.289	0.018
	内疚	0.178	0.066	0.188					
方程三	(常量)	2.741	0.502		0.077	2.127	0.035	1.966	0.045
	归因自己	0.190	0.089	0.149					

注:控制性别、年龄、婚姻、工作类型、学历、工作年限、月出勤天数、培训情况。

从表 3.11 中的分析结果可以得到以下回归方程:

方程一：内疚 = 1.022 + 0.180 归因自己。在这个回归模型方程中，R^2 为 0.131，F 检验的 P 值为 0.000 小于 0.050，表明接受该回归方程为直线的零假设。回归系数的 t 检验显著性水平 P 值为 0.049 小于 0.050，表明归因自己对内疚的正向影响作用显著。

方程二：真实表达 = 3.075 + 0.178 内疚。在这个回归模型方程中，R^2 为 0.089，F 检验的 P 值为 0.018 小于 0.05，表明接受该回归方程为直线的零假设。回归系数的 t 检验显著性水平 P 值为 0.008 小于 0.050，表明内疚对真实表达的正向影响作用显著。

方程三：真实表达 = 2.741 + 0.190 归因自己。在这个回归模型方程中，R^2 为 0.077，F 检验的 P 值为 0.045 小于 0.050，表明接受该回归方程为直线的零假设。回归系数的 t 检验显著性水平 P 值为 0.035 小于 0.050，表明归因自己对真实表达的正向影响作用显著，H3 – 2b 成立。

（5）回归分析。

首先，归因自己显著影响真实表达，归因自己显著影响内疚，内疚显著影响真实表达。其次，以归因自己、内疚为自变量，真实表达为因变量进行多元回归分析，如表 3.12 所示。

表 3.12　　　归因自己、内疚和真实表达间多元回归分析结果

模型		非标准化系数		标准系数 Beta	t	Sig.	容差	VIF
		B	标准差					
方程一	（常量）	2.575	0.501					
	归因自己	0.161	0.089	0.126	1.804	0.073	0.874	1.145
	内疚	0.162	0.066	0.171	2.442	0.015	0.869	1.151

从表 3.12 的分析结果可知，控制内疚后，归因自己不显著影响真实表达（P 值为 0.073），表明内疚起完全中介作用。最后，Sabel 检验结果为 2.085 > 相应 P 值为 0.037 小于 0.050，说明归因自己—内疚和内疚—真实表达的联合检验显著不为 0，H3 – 2d 假设成立。

3.4.3　结果分析和管理启示

（1）结果分析。

在情景 2 中，当服务员工将负面互动事件归因于自己时，会显著影响真实表

达,内疚起完全中介作用,H3-2b 和 H3-2d 得到支持。这表明服务员工因自己的失误导致顾客抱怨时,其内疚情绪促使员工真实表达自己的歉意,真诚表达内心歉意作为一种心理补偿在一定程度上弥补因自己的失误给顾客带来的损失。这一结论与 Davidow 的研究一致[146]。H3-2a 和 H3-2c 没有得到支持,是由于归因自己和深层表演之间没有关联,导致内疚的中介作用也不成立。可能由于导游将服务失误归责自己,所表达自己的歉意是自然而发的。导游采取发自肺腑的表达歉意方式更加能在情感上打动顾客,让顾客从抱怨情绪中走出来,提升顾客满意度。

(2)管理启示。

本章的研究发现导游员工因自己的失误造成服务失败时,内心会有内疚之情,而且会真实表达这种情绪。但情绪表达是一项复杂的过程,需要肢体语言和面部表情之间的合理配合,因此建议旅游企业设计关于情绪表达技巧项目,通过提升员工的情绪表达技巧,在导游员工一旦发生服务失误,给顾客造成损失时,会合理表达出自己的愧疚之情绪,提升服务补救的效果。

3.5 归因第三方与表层表演、深层表演之间关系的检验

3.5.1 数据收集、归因第三方情景模拟和变量测量

(1)数据收集。

按照情景1数据思路,本部分研究正式调查共发放问卷100份,回收问卷84份,回收率为84%,剔除掉不合格或者漏答过多的问卷10份,最后得到有效问卷74份,有效率88.095%。被调研对象统计信息如表3.13所示。

表3.13　　　　　样本特征情况一览表

人口统计变量	人数	百分比(%)	人口统计变量	人数	百分比(%)
性别			学历		
男	30	40.54%	初中及以下	10	13.51%
女	44	59.46%	高中(中专)	25	33.78%
			大专	26	35.14%

续表

人口统计变量	人数	百分比（%）	人口统计变量	人数	百分比（%）
性别			学历		
			本科	9	12.16%
			硕士及以上	4	5.41%
年龄			工作年限		
21~25岁	35	47.30%	1年以下	14	18.92%
26~30岁	21	28.38%	1~5年	37	50.00%
31~40岁	11	14.86%	6~10年	21	28.38%
40岁以上	7	9.46%	10年以上	2	2.80%
婚姻			月出勤天数		
未婚	45	60.81%	天数10~15	9	12.16%
已婚	29	39.19%	天数16~20	20	27.03%
			天数21~30	45	60.81%
工作类型			培训情况		
正式	63	85.14%	每季度一次	15	20.27%
兼职	11	14.86%	每月一次	45	60.81%
			每周一次	14	18.92%

（2）归因第三方情景模拟。

依据情景1思路，通过对负面互动事件的相关文献进行梳理，与具有资深经验的导游（10名）进行四次1~2小时的深度访谈，设计导游带团经常遇到的归因第三方模拟情景，如表3.14所示，并经过试填，效果良好。

表3.14　　　　　　　　归因第三方模拟情景

归因第三方
"参观游览景点遇到暴雨，导致游客无法正常参观、导游无法正常讲解，双方情绪都比较低落，甚至有些人还因为淋雨而生病，回来途中，顾客议论纷纷，有的顾客抱怨天气不好没有玩尽兴，有的顾客大声嚷嚷向我说旅行社没做好预防措施，导致被雨淋湿并要求赔偿，有的顾客则比较理智跟我协商解决旅游中的问题"。

第3章 负面互动事件对服务员工情绪劳动的影响机理

在导游阅读此情景后,首先,让其判断这种情景归因第三方程度大小("1"表示非常低,"5"表示非常高)。在此基础上,让导游分别回答其受顾客情绪感染程度以及相应的情绪反应行为。

(3) 变量测量。

情绪感染(EC)量表,改自 Miller 等的量表[201],共有 4 道题目,如"当上述情景发生时,我的情绪几乎要失去控制",使用 Likert 五分制量表,1 表示"完全不同意",5 表示"完全同意"。量表信效度较高。

表层表演和深层表演量表(SA,DA),采用 Diefendorff 等量表[2],表层表演 5 个题项,典型测量题目"为了更好地服务游客,我要经常掩饰自己的真实情绪""我只是假装表达工作需要的情绪而已";深层表演 3 个题项,深层表演典型测量题目为"我会主动体验旅行社要求表达的情绪,而不仅是改变表情""我会调节自己不好的心情,让高兴热情情绪发自内心"。量表使用 Likert 五分制量表,1 表示"完全不同意",5 表示"完全同意"。量表信效度较高。

3.5.2 假设检验

(1) 共同方法偏差检验。

依据情景 1 共同方法偏差(CMV)检验思路,运用 SPSS 探索因子方法对全部问卷题目进行主成分分析,第一主成分为 25.124%,并没有解释大部分变量,以上检验都表明本章的共同方法偏差并不严重。

(2) 归因第三方情景下各变量信效度检验。

从表 3.15 可以看出,情绪感染、表层表演和深层表演的 α 值为 0.720、0.730 和 0.700,表明三者量表均有较好的信度。情绪感染、表层表演和深层表演 AVE 为 0.554、0.552 和 0.530 大于 0.500,表明三者量表都有较好的收敛效度。由于情绪感染仅有一个因子,无须进行判别效度检验。表层表演和深层表演 AVE 平方根大于两者的相关系数 0.102,表明表层表演、深层表演间有较好的判别效度。

表 3.15　情绪感染、表层表演和深层表演信度和收敛效度检验结果

变量	题项	因子载荷	α 值	AVE 值	复合信度
EC	EC1	0.818	0.720	0.554	0.831
	EC2	0.810			
	EC3	0.701			
	EC4	0.633			
SA	SA1	0.601	0.730	0.552	0.829
	SA2	0.799			
	SA3	0.846			
	SA4	0.703			
	SA5	0.746			
DA	DA1	0.773	0.700	0.530	0.810
	DA2	0.792			
	DA3	0.588			

注：EC 表示情绪感染；SA 表示表层表演；DA 表示深层表演。

（3）相关分析。

表 3.16 表明归因第三方与深层表演显著正相关，与表层表演不相关。因此，H3-3a 和 H3-3c 不成立。

表 3.16　　　　　　　　归因第三方相关系数矩阵

	归因第三方	情绪感染	表层表演 b	深层表演 b
归因第三方	1			
情绪感染	-0.170*	1		
表层表演 c	0.097	0.360**	1	
深层表演 c	0.215*	-0.237**	0.124	1

注：控制性别、年龄、婚姻、工作类型、学历、工作年限、月出勤天数、培训情况。
* 在 0.050 水平上显著，** 在 0.010 水平上显著。

（4）回归分析。

对归因第三方、情绪感染和深层表演进行两两回归分析，如表 3.17 所示。

第3章 负面互动事件对服务员工情绪劳动的影响机理

表 3.17 归因第三方情景变量间的回归分析结果

模型		非标准化系数 B	标准差	标准系数 Beta	R^2	t	Sig.	F	Sig
方程一	（常量）	3.730	0.473						
	归因第三方	-0.199	0.079	-0.170	0.100	-2.514	0.013	2.630	0.007
方程二	（常量）	1.886	0.439						
	归因第三方	0.235	0.073	0.215	0.110	3.198	0.002	2.926	0.003
方程三	（常量）	3.520	0.358						
	情绪感染	-0.222	0.062	-0.238	0.120	-3.555	0.000	3.213	0.001

注：控制性别、年龄、婚姻、工作类型、学历、工作年限、月出勤天数、培训情况。

从表 3.17 的分析结果可以看出：

方程一：情绪感染 = 3.730 - 0.199 归因第三方。在这个回归模型方程中，R^2 为 0.100，F 检验的 P 值为 0.007 小于 0.050，表明接受该回归方程为直线的零假设。回归系数的 t 检验显著性水平 P 值为 0.013 小于 0.050，表明归因第三方对情绪感染的负向影响作用显著。

方程二：深层表演 = 1.886 + 0.235 归因第三方。在这个回归模型方程中，R^2 为 0.110，F 检验的 P 值为 0.003 小于 0.050，表明接受该回归方程为直线的零假设。回归系数的 t 检验显著性水平 P 值为 0.002 小于 0.05，表明归因第三方对深层表演的正向影响作用显著，H3-3b 成立。

方程三：深层表演 = 3.520 - 0.222 情绪感染。在这个回归模型方程中，R^2 为 0.120，F 检验的 P 值为 0.001 小于 0.050，表明接受该回归方程为直线的零假设。回归系数的 t 检验显著性水平 P 值为 0.000 小于 0.050，表明情绪感染对深层表演的负向影响作用显著。

（5）情绪感染的中介检验。

首先，归因第三方显著正向影响深层表演；归因第三方显著负向影响情绪感染；情绪感染显著负向影响深层表演。其次，以归因第三方、情绪感染为自变量，深层表演为因变量进行多元回归，如表 3.18 所示。

表 3.18　归因第三方、情绪感染和深层表演间多元回归分析结果

模型		非标准化系数		标准系数 Beta	t	Sig.	容差	VIF
		B	标准差					
方程一	（常量）	2.608	0.490					
	归因第三方	0.196	0.073	0.180	2.688	0.008	0.900	1.112
	情绪感染	−0.194	0.063	−0.207	−3.097	0.002	0.900	1.112

注：控制性别、年龄、婚姻、工作类型、学历、工作年限、月出勤天数、培训情况。

从表 3.18 的分析结果可知，在控制情绪感染后，归因第三方显著影响深层表演，回归系数由 0.235 降到 0.196，表明情绪感染在其间起部分中介作用。与此同时，Sabel 检验结果为 2.063，相应 P 值为 0.039 小于 0.050，说明归因第三方与情绪感染之间和情绪感染与深层表演之间的联合检验显著不为 0，H3−3d 假设成立。

3.5.3　结果分析与管理启示

（1）结果分析。

通过对 Diefendorff 的探索性研究数据进行整理[2]，发现因技术故障、高负荷工作等第三方原因导致的负面互动事件发生也较为频繁，面对此类负面互动事件，服务员工以何种情绪劳动策略应对和其间的中介机制？现有情绪劳动理论也未涉及。本章证实导游员工将负面互动事件归因第三方时，会显著正向影响深层表演而不是表层表演，情绪感染在归因第三方和深层表演之间起中介作用，H3−3b 和 H3−3d 得到支持。其中归因第三方与情绪感染、情绪感染与深层表演之间是负向关联的，说明人际交互员工越将负面互动事件归因外部第三方时，自己与此负面互动事件越没有关联，对顾客的情绪越能免疫，内心感受越不受顾客负面情绪的影响，也就较易通过换位思考等深层表演方式与顾客交互，安抚顾客的沮丧情绪。研究结果完善了情绪劳动理论成果，也为旅游企业导游员工管理实践提供一定理论指导。H3−3a 和 H3−3c 没有得到支持，可能由于旅行社事先在与游客签订的合同中，将各种意外不可抗拒力情况一一列明，即使出现外部第三方原因引起的负面互动事件，由于合同的明确规定致使游客很难无理地归责导游和旅行社，因此在人际交互中顾客言语侵犯等不当行为频率很低，导致导游内心体验愤怒频率也较低，进而较少以保持内心负面感受的表层表演应对顾

第3章 负面互动事件对服务员工情绪劳动的影响机理

客,情绪感染在两者之间的中介作用也就不成立。

(2) 管理启示。

本章的研究结论建议旅游企业设置相应补救机制,当此种情况出现时,为顾客提供专业补救意见,防止顾客为索要高额补偿而对员工进行要挟,从而通过情绪感染机制,诱发员工内心负面感受,从而影响导游员工服务质量。同时教育员工面对顾客的抱怨时,自己不仅代表个人而且代表组织,服务员工应多以顾客视角应对寻求支持的顾客抱怨,并对顾客积极提供力所能及帮助,进而提升顾客满意度和忠诚度。

3.6 本章小结

本章研究旨在揭示负面互动事件对情绪劳动的作用机理。首先依据归因理论将负面互动事件进行分类,分为归因顾客负面互动事件、归因员工负面互动事件和归因第三方负面互动事件等三类负面互动事件。在此基础上,分别探讨了三类负面互动事件与情绪劳动之间的作用机理。通过设计三种模拟情景(归因顾客、归因自己和归因第三方)。在归因顾客负面事件中获取 77 名导游数据,归因自己负面事件中获取 71 名导游员工数据,在归因第三方负面事件中获取了 74 名员工数据。运用多元回归统计工具对这三组调研数据进行分析,研究结果表明:归因顾客显著影响表层表演,愤怒在归因顾客和表层表演之间起部分中介作用;归因自己显著影响真实表达,内疚在归因自己和真实表达之间起完全中介作用;归因第三方显著影响深层表演,情绪感染在归因第三方和深层表演之间起部分中介作用。本章假设验证情况如表 3.19 所示。

表 3.19　　　　　研究假设检验结果

研究假设	检验情况
H3-1a:服务员工将负面互动事件归因于顾客时,倾向于选择表层表演	成立
H3-1b:愤怒在归因顾客和表层表演之间起中介作用	成立
H3-2a:服务员工将负面互动事件归因于自己时,倾向于选择深层表演	不成立
H3-2b:服务员工将负面互动事件归因于自己时,倾向于选择真实表达	成立
H3-2c:内疚情绪在归因自己和深层表演之间起中介作用	不成立

续表

研究假设	检验情况
H3-2d：内疚情绪在归因自己和真实表达之间起中介作用	成立
H3-3a：服务员工将负面互动事件归因于情境时，倾向于选择表层表演	不成立
H3-3b：服务员工将负面互动事件归因于情境时，倾向于选择深层表演	成立
H3-3c：情绪感染在归因第三方和表层表演之间起中介作用	不成立
H3-3d：情绪感染在归因第三方和深层表演之间起中介作用	成立

第4章

家庭工作界面因素对服务员工情绪劳动的影响机理

4.1 理论模型的构建与基本假设的提出

4.1.1 理论模型来源

家庭是员工生命中重要的一部分,有时家庭的重要性甚至超过了工作。但最近前程无忧网站的一项调查结果显示:半数的被调查者很难做到"工作家庭两不误",而且随着职位的提升,工作家庭之间的平衡将更加难以保证。这是由于服务员工在工作岗位上的竞争越来越激烈,员工不仅需要做好本职工作,而且还要坚持学习专业知识,提升自己的职业地位与职业竞争力;另外,员工作为父母的子女和作为子女的父母要承担着家庭责任(如照顾年迈父母和子女)。所以家庭与工作两个领域的角色种类越来越多,内容也越来越丰富。员工不可避免地将自己有限的精力、资源分配到这两个领域中。家庭与工作之间可能如同跷跷板,过多关注家庭,就可能会限制在工作上的发挥,即家庭对工作产生冲突。在家庭里,员工可获得有益的经验、技能,如在家里照顾孩子和老人,培养出的耐心,帮助员工服务顾客时,更为细致和耐心,家庭对工作也产生有益的影响。在家庭工作界面研究中,这两者分别称为家庭工作冲突、家庭工作增益[126,127]。探讨家庭工作冲突和家庭工作增益对工作领域中情绪劳动的影响,可以引导管理者的目光从员工的个人和组织因素方面转移到家庭领域,在更大程度上提升员工的情绪劳动水平。从家庭领域视角关注情绪劳动,在理论上也丰富和完善了现有情绪劳动的前因理论。再者,家庭工作冲突和家庭工作增益与情绪劳动之间的关系可能存在一定的理论边界，即随着其他因素的变化而产生正向或负向变动。研究认为家庭工作冲突和增益与情绪劳动之间的关系可能受员工能力差异的影响。核心自我评价作为员工对自我能力和价值的基本评价，是员工的一项核心人格特质[202]。家庭工作平衡反映员工满足家庭和工作相关成员的期望程度，可能是核心自我评价在员工平衡家庭和工作能力上的具体体现[144]。换句话说，核心自我评价可能通过家庭工作平衡调节家庭工作冲突、增益与情绪劳动之间的关系。这同时考虑了核心自我评价的调节作用和家庭工作平衡的中介作用，是一个被中介的调节作用模型。它能在更深层上揭示事物间的复杂作用规律，是对目前主流实证研究方法（单一考虑变量的中介作用或调节作用）的进一步完善。

于是，本章立足于我国服务业情境，探讨了家庭工作界面因素（包括家庭工作冲突和家庭工作增益）对情绪劳动三个维度（表层表演、深层表演和真实表达）的影响，以及揭示核心自我评价是否通过家庭工作平衡在家庭工作界面和情绪劳动之间起调节作用（即以家庭工作平衡为中介的调节作用）。以期将情绪劳动影响因素延伸到家庭工作界面领域，进一步丰富和完善情绪劳动前因理论，为管理者提升服务质量的实践提供理论指导。本章理论模型如图 4.1 所示。

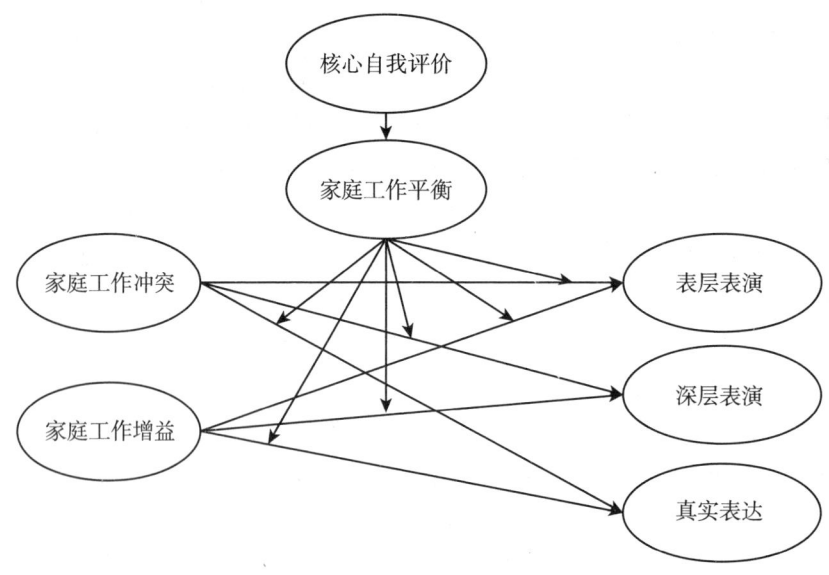

图 4.1　理论模型

第4章 家庭工作界面因素对服务员工情绪劳动的影响机理

4.1.2 基本假设

在本章的理论模型之中，家庭工作冲突、家庭工作增益是前因变量，核心自我评价和家庭工作平衡属于调节变量，情绪劳动属于因变量。按照变量间的逻辑关系，首先论证家庭工作冲突、家庭工作增益各自与情绪劳动之间的作用关系；其次，论证核心自我评价在家庭工作冲突、家庭工作增益与情绪劳动之间的调节作用；最后，论证核心自我评价在家庭工作冲突、家庭工作增益与情绪劳动之间的调节作用中，家庭工作平衡是否起中介传递作用。

（1）家庭工作冲突对情绪劳动的影响。

作为社会中的个体，家庭和工作是员工最为主要的两类角色。员工要在这两类角色之间分配资源，以满足家庭成员（如父母、配偶）和工作成员（领导、同事）的期望。依据资源稀缺理论观点[125]，家庭和工作角色之间相互竞争，互不兼容。而员工的个体资源是有限的，在某一角色（家庭或工作）投入过多精力，势必造成满足另一角色期望的程度降低。例如，服务员工为了回家陪孩子，与加班工作之间产生了角色间冲突和压力。压力越大，员工在工作之中的负面情绪越多，员工调节负面情绪的难度就越大。服务员工可能较多运用表层表演（不改变内心负面感受，仅通过改变外部表情应付顾客），而不是采取深层表演和真实表达方式与顾客互动。再者，已有研究证实家庭工作冲突负向影响工作满意[132,134]。心中对工作不满意和具有抵触情绪的服务员工，很难以"好信念"服务顾客（深层表演和真实表达），更倾向于以"坏信念"服务顾客（表层表演）。于是，提出假设：

H4-1a：家庭工作冲突正向影响表层表演。

H4-1b：家庭工作冲突负向影响深层表演。

H4-1c：家庭工作冲突负向影响真实表达。

（2）家庭工作增益对情绪劳动的影响。

资源获取发展观点认为[138]，员工在家庭角色表现中积累的资源（如轻松愉快的心情、人际关系技能等）会促进员工在工作中的表现和绩效。依据这一观点，家庭工作增益可以让服务员工通过两种途径在家庭领域获得资源：工具性途径和情感性途径。前者是指在家庭积累的技能、经验等直接提升在工作之中的角色表现，如培养孩子锻炼出的耐心，让员工在服务顾客时更加耐心、细致；后者是指员工在家庭积累的积极情感间接提升在工作之中的角色表现。例如，在家庭中，孩子给作为母亲或父亲的服务员工带来了欢乐，这种欢乐让员工以高兴愉快的心情服务顾客。因而员工的家庭工作增益越高，表明员工在家庭积累的技能、经验和积极情感越高，在顾客面前，越可能真实表达出自己的快乐心情。或者即使面对工作的困难和挫折，也能采取积极的方式调整自己的情绪，如回忆家庭发生快乐的事情，使自己消除负面感受，更多以深层表演方式服务顾客。此外，研究证实家庭工作增益促进工作满意、积极工作行为[138,142]。表明员工会较多从事利于工作的深层表演和真实表达，较少从事不利于工作的表层表演。于是，提出假设：

H4-2a：家庭工作增益负向影响表层表演。

H4-2b：家庭工作增益正向影响深层表演。

H4-2c：家庭工作增益正向影响真实表达。

（3）核心自我评价的调节作用。

核心自我评价是服务员工在普适情境下的一项稳定、核心的人格特征。Judge 在研究促进工作满意的人格特征时，发现自尊、自我效能感、控制源与神经质等性格特征组合能稳定地影响员工的工作满意水平[202]。于是，将这四项人格特质概括为核心自我评价，是指个体对自身能力和价值的评价。资源保存理论认为员工具有获取、保持和保护个体资源的基本动机[141]。服务员工的自我核心评价程度越高，表明员工越相信自己是出色的、有能力的，对待工作越乐观、自信、富有激情。依据资源保存理论观点，核心自我评价是一项个体资源，能在一定程度上弱化家庭工作冲突对表层表演的正向效应，对深层表演和真实表达的负面效应。家庭工作增益也是员工的个体资源，自我核心评价能够与家庭工作增益共同补充员工因情绪劳动而付出的个体资源，进一步减少员工采取表层表演的频率和强度，提高深层表演、真实表达的频率和强度。于是，提出假设：

H4-3a：核心自我评价调节家庭工作冲突与表层表演之间的关系，核心自我评价越高，两者之间的正向关系越弱。

H4-3b：核心自我评价调节家庭工作冲突与深层表演之间的关系，核心自我评价越高，两者之间的负向关系越弱。

H4-3c：核心自我评价调节家庭工作冲突与真实表达之间的关系，核心自我评价越高，两者之间的负向关系越弱。

H4-4a：核心自我评价调节家庭工作增益与表层表演之间的关系，核心自我评价越高，两者之间的负向关系越强。

H4-4b：核心自我评价调节家庭工作增益与深层表演之间的关系，核心自我评价越高，两者之间的正向关系越强。

第4章 家庭工作界面因素对服务员工情绪劳动的影响机理

H4-4c：核心自我评价调节家庭工作增益与真实表达之间的关系，核心自我评价越高，两者之间的正向关系越强。

(4) 以家庭工作平衡为中介的调节作用。

工作家庭平衡强调员工同时满足家庭和工作相关成员对其角色期望的程度[135]。家庭工作平衡程度越高，表明员工平衡家庭和工作的能力越高，无论处理家庭事务还是工作事务的技能水平越高，员工越具有较高的组织承诺和工作满意度[144]。因而，家庭工作平衡也是员工的一项资源。员工的家庭工作平衡程度越高，越能补充家庭工作冲突与情绪劳动耗费的个体资源。也就能够弱化家庭工作冲突与表层表演之间的正向关系，与深层表演和真实表达的负面效应。同样，与核心自我评价的功能相似，与家庭工作增益共同补充员工因情绪劳动付出的个体资源，强化对情绪劳动的积极效应。

关于核心自我评价与家庭工作平衡之间的关系。依据特质层次理论[203]，核心自我评价是员工一项深层、稳定的人格特质，反映员工在所有情境中一致、积极地评价自己的能力。它通过员工的次要特质发挥作用（即具体情境中员工特质变量，如家庭工作平衡）。家庭工作平衡作为员工一项平衡家庭和工作之间关系的能力，属于员工的次要特质范畴。在调节家庭工作冲突、家庭工作增益与情绪劳动关系过程中，核心自我评价较高的员工认为自己有较高的平衡家庭工作的能力，体验到有效平衡家庭与工作而带来的愉悦心情，进而抑制家庭工作冲突对情绪劳动的负面效应，强化家庭工作增益对情绪劳动的正面效应。也就是说，核心自我评价通过家庭工作平衡调节家庭工作冲突、增益与情绪劳动之间的关系。即以家庭工作平衡为中介的调节作用。于是，提出假设：

H4-5a：核心自我评价通过家庭工作平衡调节家庭工作冲突与表层表演之间的关系。

H4-5b：核心自我评价通过家庭工作平衡调节家庭工作冲突与深层表演之间的关系。

H4-5c：核心自我评价通过家庭工作平衡调节家庭工作冲突与真实表达之间的关系。

H4-6a：核心自我评价通过家庭工作平衡调节家庭工作增益与表层表演之间的关系。

H4-6b：核心自我评价通过家庭工作平衡调节家庭工作增益与深层表演之间的关系。

H4-6c：核心自我评价通过家庭工作平衡调节家庭工作增益与真实表达之

间的关系。

4.2 研究设计

4.2.1 研究样本与数据收集

本研究小组与金融服务业的人力资源经理或者客户经理取得联系，在他/她们的帮助下，向金融服务业的从业人员收集调研信息。在正式发放调查问卷之前，对问卷发放的人员进行调研程序培训。培训调查人员向金融服务业从业人员解释：本次调查问卷仅用于学术研究，个人自愿匿名填写。研究小组人员事先将问卷装进封口有双面胶的信封里。当金融服务从业人员填写完问卷后，封好信封，交给问卷调查人员。整个调研过程，问卷发放人员不直接接触问卷信息。被调研的员工所在企业位于河北秦皇岛、石家庄等地。

如果金融服务从业人员一次性填写所有变量信息，可能会形成较高的共同方法偏差。为了减少共同方法偏差，研究采用多个阶段收集研究涉及的变量信息（每个阶段间隔4个星期）。第一阶段，向390名金融服务从业人员调研，填写家庭工作冲突、家庭工作增益和家庭工作平衡等变量和个人信息。第一阶段获得347名员工的有效问卷信息，有效率为88.974%。第二阶段，向347名员工收集核心自我评价变量信息，获得336份有效调查问卷，有效率为96.830%。第三个阶段，向336名员工收集情绪劳动变量信息，最终获得318名金融服务从业人员的有效调查问卷，有效率94.642%。

将最终的318份有效问卷与最初的390份调查问卷进行对比，发现在金融从业人员的个体统计变量信息方面，两者之间并无显著差异。员工的样本特征如表4.1所示。

表4.1　　　　　　　　样本特征情况一览表

个体变量	项目	人数	百分比（%）	个体变量	项目	人数	百分比（%）
性别	男	119	37.421%	婚姻	已婚	254	79.900%
	女	199	62.579%		未婚	64	20.100%

第4章 家庭工作界面因素对服务员工情绪劳动的影响机理

续表

个体变量	项目	人数	百分比（%）	个体变量	项目	人数	百分比（%）
年龄	18～20岁	5	1.600%	工作年限	<1年	4	1.300%
	21～25岁	22	6.900%		1～5年	123	38.700%
	26～30岁	106	33.300%		6～10年	95	29.800%
	31～35岁	65	20.400%		11～15年	29	9.100%
	36～40岁	51	16.000%		>16年	67	21.100%
	41岁以上	69	21.800%				
学历	初中及以下	9	2.800%	月收入（元）	2000以下	9	2.800%
	高中或中专	33	10.400%		2000～3499	73	23.000%
	大专	95	29.900%		3500～4999	153	48.100%
	大学本科	173	54.400%		5000以上	83	26.100%
	硕士	8	2.500%				
工作类型	全职	284	89.300%	行业分布	银行	264	83.000%
	兼职	34	10.700%		保险	54	17.000%

4.2.2 变量测量

在本章的研究中，家庭工作冲突、家庭工作增益、家庭工作平衡、核心自我评价和情绪劳动变量的测量均源自英文量表。通过翻译－回译程序将英文量表译成适合中国服务业情境的中文量表。具体过程如下：邀请两位精通中英双语的外语学院博士研究生，一位将英文量表翻译成中文；另一位再将中文量表回译成英文量表。对于原英文、中文和回译的英文三个版本量表中的不一致内容，由作者、两位服务管理研究方向的教授以及两位资深客服经理组成讨论小组，经过五次、每次1～2小时的讨论，对不一致的内容达成共识。最后让3家银行的45名员工对问卷进行了试填，效果良好，保证了问卷的内容效度。全部量表均采用5级Likert量表，"1代表完全不同意，5代表完全同意"。

家庭工作冲突。家庭工作冲突改自Carlson等量表[204]。量表共9个题项，典型题目"我在家庭上花费很多时间，这在一定程度上影响了我的工作""我要花费很多时间在家庭上，这影响了我的职业发展"。

家庭工作增益。家庭工作冲突改自 Hanson 等量表[205]。量表共 7 个题项，典型题目"与家人的相处让我更懂得如何关心、体谅他人，更好地处理工作中的问题""与家人的相处经验，能够帮助我在工作中成为一个更平易近人，受欢迎的合作者"。

家庭工作平衡。家庭工作平衡改自 Carlson 等量表[206]。量表共 6 个题项，典型题目"我有能力将家庭和工作协调得很好""我有能力同时完成上级领导和家庭对我的殷切期望"。

核心自我评价。核心自我评价量表改自 Judge 等量表[202]。量表共 12 个题项，典型题目"在我的一生中，我确信可以获得成功""只要我想要做某事，一般都会做成"。

情绪劳动。情绪劳动量表选取 Diefendorff 等量表[2]。量表包括表层表演、深层表演和真实表达三个维度，共 11 个题项。表层表演，5 个题项，典型题目为"我只是假装表达工作所需要的情绪而已"；深层表演，3 个题项，典型题目为"我不仅外表看起来高兴热情，也会让内心高兴愉快起来"。真实表达，3 个题项，典型题目"我向顾客表达的情绪是真实的"。采用 5 级 Likert 量表，"1 代表完全不同意，5 代表完全同意"。

控制变量。依据相关文献做法[20]，包括性别、年龄、婚姻、收入、学历、工作年限、工作类型与行业分布等统计变量。

4.2.3 共同方法偏差与信效度检验

（1）共同方法偏差检验。

共同方法偏差是指由于同一数据来源、测量环境、项目语境导致自变量与因变量之间的人为共变[198]。研究在数据收集程序环节采取一定方法来降低共同方法偏差，如采取多阶段数据收集，降低变量之间人为因素造成的虚假相关；用信封密封方式，让员工感到个人的问卷信息不被泄露。此外，依据彭正龙检验共同方法偏差的方式[200]，对调查问卷所有题项进行因子分析，第一主成分为 20.600%，并没有解释大部分方差，表明本章研究的共同方法偏差并不严重。

（2）信度效度检验。

信度检验。对家庭工作冲突、家庭工作增益、家庭工作平衡、核心自我评价与情绪劳动进行信度检验。其中，家庭工作冲突 α 系数为 0.803，家庭工作冲突变量通过信度检验；家庭工作增益 α 系数为 0.905，家庭工作增益变量通过信度检验；家庭工作平衡 α 系数为 0.899，家庭工作平衡变量通过信度检

第4章 家庭工作界面因素对服务员工情绪劳动的影响机理

验;核心自我评价 α 系数为 0.821,核心自我评价变量通过信度检验;表层表演 α 系数为 0.831,表层表演变量通过信度检验;深层表演 α 系数为 0.701,深层表演变量通过信度检验;真实表达 α 系数为 0.867,真实表达变量通过信度检验。

收敛效度检验。家庭工作冲突、家庭工作增益、家庭工作平衡、情绪劳动与核心自我评价的因子载荷分别如表 4.2 和表 4.3 所示。研究中所有变量的因子载荷均大于 0.5,表明所有构念均通过收敛效度检验。

表 4.2　　　　　　　　　　收敛效度检验结果

变量名称	题项	因子载荷
家庭工作冲突	我在家庭上花费很多时间,这在一定程度上影响了我的工作	0.717
	我要花费很多时间在家庭上,这影响了我的职业发展	0.733
	在家庭中花费的大量时间会使我错过一些与工作相关的活动	0.629
	家庭的压力使我经常在工作时想着家里的事情	0.763
	家庭责任带来的压力让我很难聚精会神地工作	0.697
	家庭生活带来的紧张和焦虑会降低我的工作能力	0.793
	家庭中有效的行事风格在工作中并没有用	0.607
	家庭中有效的行为对工作适得其反	0.706
	解决家庭问题的有效方法对我的工作没多大用处	0.519
家庭工作增益	与家人的相处让我更懂得如何关心、体谅他人,更好地处理工作中的问题	0.771
	与家人(如年幼小孩)相处让我学会耐心和宽容,帮助我在工作中表现更好	0.891
家庭工作增益	与家人的相处经验,帮助我在工作中成为一个更平易近人,受欢迎的合作者	0.823
	在家产生的好心情会保持到工作中,让我在工作中更有激情、更加用心投入	0.783
	为了实现家庭的需要和愿望,我会更努力工作,提升工作业绩	0.840
	家人的理解、信任和支持让我在工作中更加自信,更有动力	0.883
	家庭生活让我在身心各方面得到放松,为第二天的工作做好准备	0.680

续表

变量名称	题项	因子载荷
家庭工作平衡	我有能力将家庭和工作协调得很好	0.730
	在家庭和工作中对我有关键影响的人（如领导、父母妻子等），我能很好地完成他们的期望	0.726
	周围的人都认为我是一个能平衡好家庭和工作的人	0.835
	我有能力同时完成上级领导和家庭对我的殷切期望	0.789
	同事和家庭成员都说我是一个能满足他们殷切期望的人	0.879
	从同事和家庭成员的反响来看，无论在工作上还是家庭中，我都很称职	0.808
表层表演	服务顾客时，我经常装出高兴热情的样子	0.785
	为了更好地服务顾客，要经常掩饰内心的真实感受	0.757
	与顾客交流时，我好像在演戏作秀	0.794
	我只是假装表达工作所需要的情绪而已	0.783
	为了表达工作所需要的情绪，我好像带上某种"面具"	0.745
深层表演	我会主动感受公司要求表达的情绪，而不仅是改变表情	0.548
	我不仅外表看起来高兴热情，也会让内心高兴愉快起来	0.757
	我会调节自己不好的心情，让高兴热情是发自内心的	0.863
真实表达	我向顾客表达的高兴热情是真实的	0.855
	我向顾客表达的情绪是自然而然的	0.791
	我向顾客表达的情绪与内心感受是一致的	0.822

表 4.3　　核心自我评价的收敛效度检验

变量名称	题项	因子载荷
核心自我评价	在我的一生中，我确信可以获得成功	0.781
	我经常沮丧（R）	0.505
	只要我想要做某事，一般都会做成	0.733
	有时我会觉得自己一无是处（R）	0.556
	我能够圆满地完成任务	0.607

续表

变量名称	题项	因子载荷
核心自我评价	有时我会觉得不能胜任我的工作（R）	0.671
	总体上我对自己很满意	0.673
	我对自己的才能没有信心（R）	0.764
	我可以掌控自己的命运	0.632
	我没有把握可以取得事业的成功（R）	0.779
	我可以解决遇到的大部分问题	0.528
	我经常觉得生活没有希望（R）	0.669

注：R 表示测量题项为反向题项。

区别效度检验。本章对家庭工作冲突、家庭工作增益、家庭工作平衡、表层表演、深层表演、真实表达与核心自我评价进行组合，分别组合成一因子模型、三因子模型、五因子模型和七因子模型，如表4.4所示。其中七因子模型结构拟合指标都达到了理想水平，依据 Medsker 的观点[207]，GFI 接近0.9 也在可接受的范围内。表明本章的变量之间具有较好的区别效度。

表4.4　　　　　　　　　　验证性因子分析

模型	χ^2	df	χ^2/df	CFI	IFI	TLI	GFI	RMSEA
单因子模型	2588.173	209	12.384	0.432	0.435	0.372	0.535	0.190
三因子模型	1170.029	201	5.823	0.769	0.770	0.734	0.751	0.123
五因子模型	708.820	193	3.673	0.877	0.878	0.853	0.834	0.092
七因子模型	478.776	184	2.602	0.930	0.930	0.912	0.884	0.071

注：单因子模型：家庭工作冲突＋家庭工作增益＋家庭工作平衡＋表层表演＋深层表演＋真实表达＋核心自我评价；三因子模型：家庭工作冲突＋家庭工作增益＋家庭工作平衡，表层表演＋深层表演＋真实表达，核心自我评价；五因子模型：家庭工作冲突，家庭工作增益，家庭工作平衡，表层表演＋深层表演＋真实表达，核心自我评价；七因子模型：家庭工作冲突，家庭工作增益，家庭工作平衡，表层表演，深层表演，真实表达，核心自我评价。

4.3 假设验证

4.3.1 相关分析

本章采用 Pearson 相关分析,在控制性别、年龄、学历、工作年限、婚姻、收入、工作类型与行业分布等变量后,本章变量之间的相关关系如表 4.5 所示。

表 4.5 相关系数矩阵

	FWC	FWF	FWB	CSV	SA	DA	GE
FWC	1.000						
FWF	-0.140*	1.000					
FWB	-0.198***	0.506***	1.000				
CSV	-0.318***	0.396***	0.612***	1.000			
SA	0.039	-0.073	-0.204***	-0.124*	1.000		
DA	-0.191**	0.100*	0.250***	0.279***	-0.071	1.000	
GE	-0.229***	0.472***	0.472***	0.472***	-0.087	0.500***	1.000

注:FWC:家庭工作冲突;FWF:家庭工作增益;FWB:家庭工作平衡;CSV:核心自我评价;SA:表层表演;DA:深层表演;GE:真实表达;***0.001 水平显著;**0.01 水平显著;*0.05 水平显著。

在表 4.5 中,除了家庭工作冲突、家庭工作增益与表层表演之间不显著相关外,其他变量之间都显著相关。为研究假设提供初步数据结果支持。

4.3.2 路径分析

(1) 家庭工作冲突、家庭工作增益与情绪劳动的路径分析。

采用 AMOS 17.0 构建结构模型,控制性别、年龄、学历、工作年限、婚姻、收入、工作类型与行业分布等变量后,家庭工作冲突、家庭工作增益与情绪劳动之间的路径系数如图 4.2 所示。

在图 4.2 中,家庭工作冲突与表层表演、深层表演和真实表达之间的路径系数分别为 0.070($p>0.05$)、-0.260($p<0.05$)、-0.490($p<0.05$),H4-1a 不成立、H4-1b 和 H4-1c 均成立;家庭工作增益与表层表演、深层表演和真实表达之间的路径系数分别为 -0.100($p>0.05$)、0.120($p<0.05$)、

第4章 家庭工作界面因素对服务员工情绪劳动的影响机理

0.370（p<0.05），H4-2a 不成立、H4-2b 和 H4-2c 均成立。

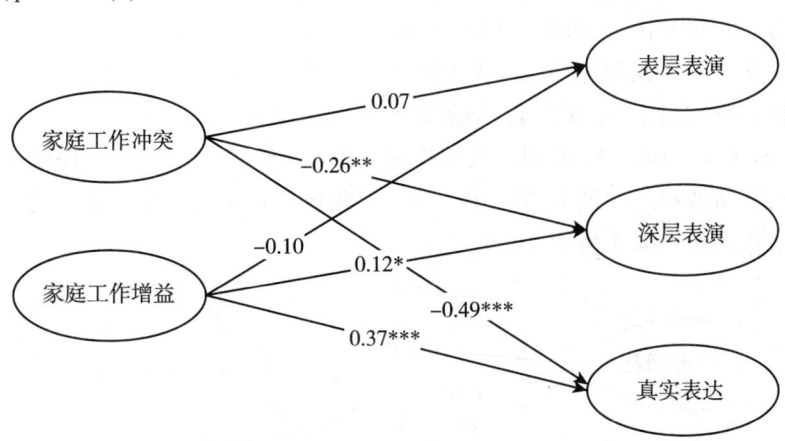

图 4.2 家庭工作冲突、家庭工作增益对情绪劳动的作用路径模型

注：*** 在 0.001 水平显著；** 在 0.01 水平显著；* 在 0.05 水平显著 $\chi^2 = 270.656$，df = 95，$\chi^2/df = 2.849$；GFI = 0.911；IFI = 0.933；TLI = 0.915；CFI = 0.933；PNFI = 0.713；RSMEA = 0.076。

（2）核心自我评价和家庭工作平衡的调节作用。

核心自我评价在家庭工作冲突与情绪劳动之间的调节作用。核心自我评价在家庭工作冲突与情绪劳动之间的调节作用如图 4.3 所示。

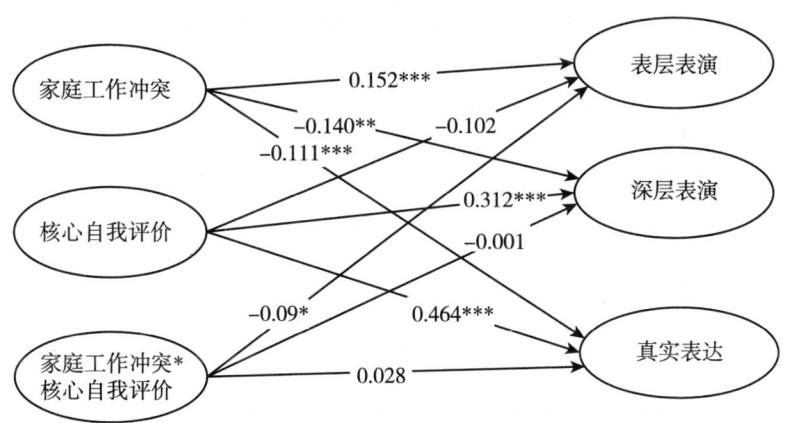

图 4.3 核心自我评价在家庭工作冲突与情绪劳动之间的调节作用

注：*** 在 0.001 水平显著；** 在 0.01 水平显著；* 在 0.05 水平显著 $\chi^2 = 280.646$，df = 90，$\chi^2/df = 3.118$；GFI = 0.903；IFI = 0.945；TLI = 0.926；CFI = 0.944；PNFI = 0.691；RSMEA = 0.082。

在图 4.3 的模型中，家庭工作冲突与核心自我评价对表层表演的交互作用路径系数为 -0.09（p<0.05），H4-3a 成立；家庭工作冲突与核心自我评价对深层表演的交互作用路径系数为 -0.001（p>0.05），H4-3b 不成立；家庭工作冲突与核心自我评价对真实表达的交互作用路径系数为 -0.028（p>0.05），H4-3c 不成立。H4-3a 的调节效应作用如图 4.5 所示。核心自我评价在家庭工作增益与情绪劳动之间的调节作用。核心自我评价在家庭工作增益与情绪劳动之间的调节作用如图 4.4 所示。

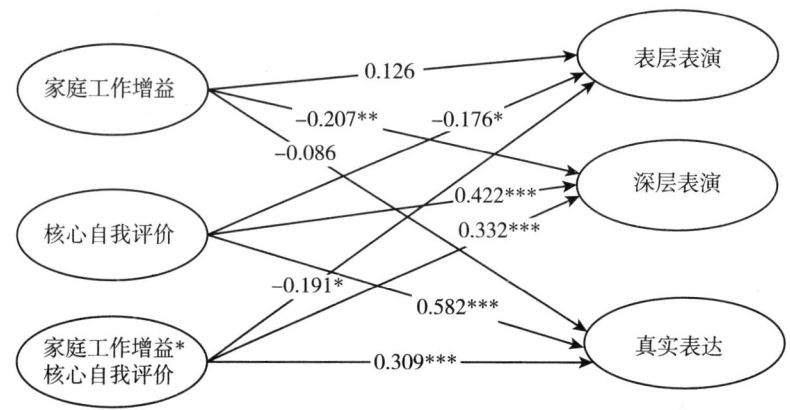

图 4.4 核心自我评价在家庭工作增益与情绪劳动三个维度之间的调节作用

注：*** 在 0.001 水平显著；** 在 0.01 水平显著；* 在 0.05 水平显著 $\chi^2 = 311.530$，df = 103，$\chi^2/df = 3.025$；GFI = 0.901；IFI = 0.954；TLI = 0.939；CFI = 0.954；PNFI = 0.707；RSMEA = 0.080。

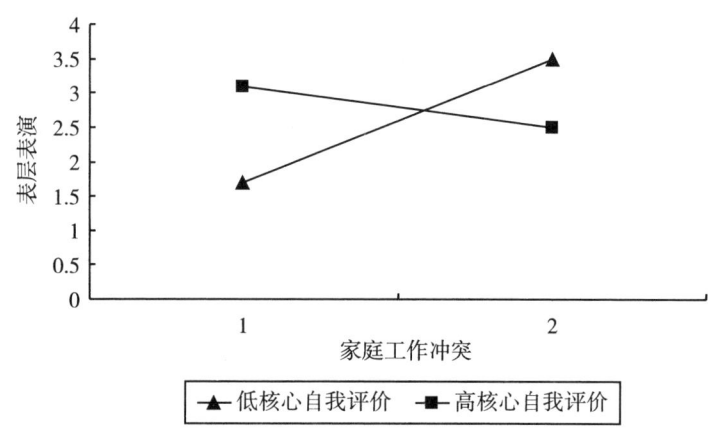

图 4.5 核心自我评价在家庭工作冲突与表层表演之间的调节效应

第4章 家庭工作界面因素对服务员工情绪劳动的影响机理

在图 4.4 的模型中,家庭工作增益与核心自我评价对表层表演的交互作用路径系数为 $-0.191(p<0.05)$,H4-4a 成立;家庭工作增益与核心自我评价对深层表演的交互作用路径系数为 $0.332(p<0.05)$,H4-4b 成立;家庭工作增益与核心自我评价对真实表达的交互作用路径系数为 $0.309(p<0.05)$,H4-4c 成立。H4-4a、H4-4b、H4-4c 的调节效应图如图 4.6、图 4.7 和图 4.8 所示。

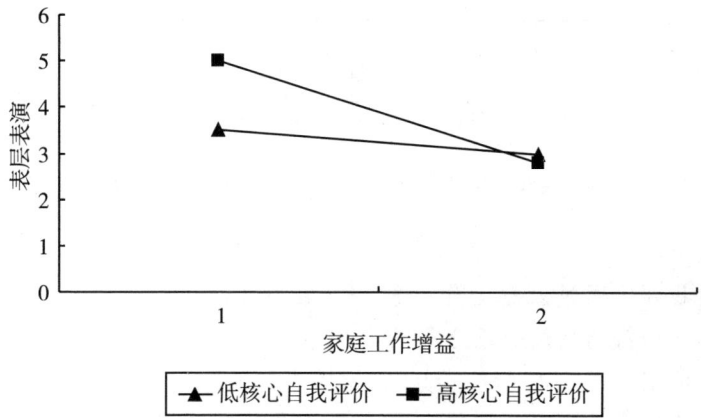

图 4.6 核心自我评价在家庭工作增益与表层表演之间的调节效应

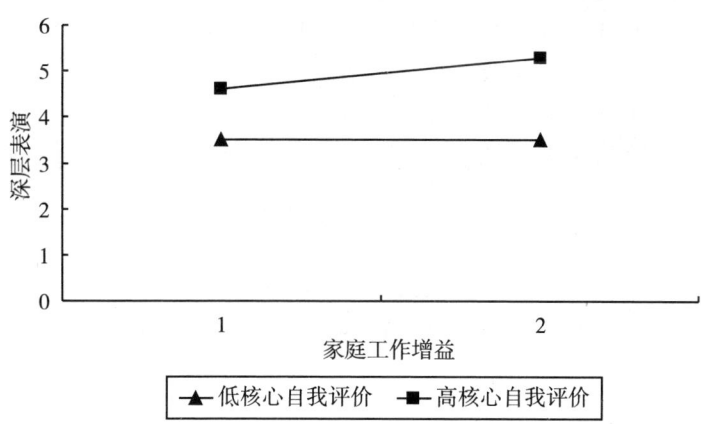

图 4.7 核心自我评价在家庭工作增益与深层表达之间的调节效应

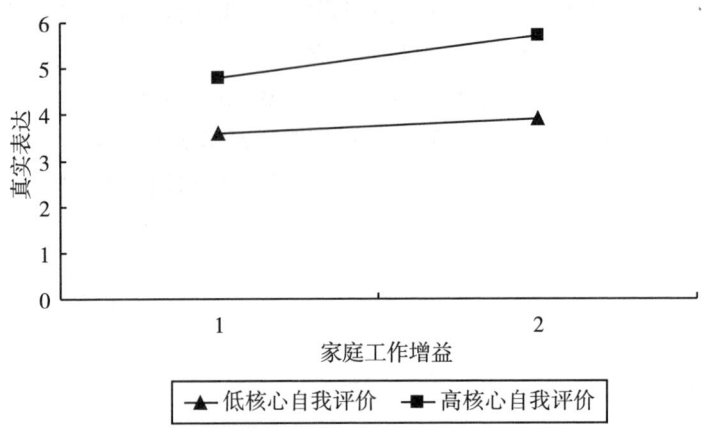

图 4.8 核心自我评价在家庭工作增益与真实表达之间的调节效应

以家庭工作平衡为中介的调节作用。本章依据 Grant 等的主张方法[208]，验证核心自我评价通过家庭工作平衡调节家庭工作冲突与情绪劳动之间的关系；家庭工作增益与情绪劳动之间的关系，需满足如下条件：条件一，核心自我评价在家庭工作冲突与情绪劳动（包括表层表演、深层表演与真实表达）之间起调节作用；核心自我评价在家庭工作增益与情绪劳动（包括表层表演、深层表演与真实表达）之间起调节作用。条件二，家庭工作平衡在家庭工作冲突与情绪劳动（包括表层表演、深层表演与真实表达）之间起调节作用；家庭工作平衡在家庭工作增益与情绪劳动（包括表层表演、深层表演与真实表达）之间起调节作用。条件三，核心自我评价显著影响家庭工作平衡。上述三者都成立，表明核心自我评价通过家庭工作平衡调节家庭工作冲突与情绪劳动（包括表层表演、深层表演与真实表达）之间的关系；核心自我评价通过家庭工作平衡调节家庭工作增益与情绪劳动（包括表层表演、深层表演与真实表达）之间的关系。

条件一检验：核心自我评价在家庭工作冲突与表层表演之间起调节作用；核心自我评价在家庭工作增益与表层表演之间起调节作用；核心自我评价在家庭工作增益在深层表演之间起调节作用；核心自我评价在家庭工作增益与真实表达之间起调节作用。

条件二检验：家庭工作平衡在家庭工作冲突与情绪劳动之间的调节作用，家庭工作增益与情绪劳动之间的调节作用如图 4.9 和图 4.10 所示。

第4章 家庭工作界面因素对服务员工情绪劳动的影响机理

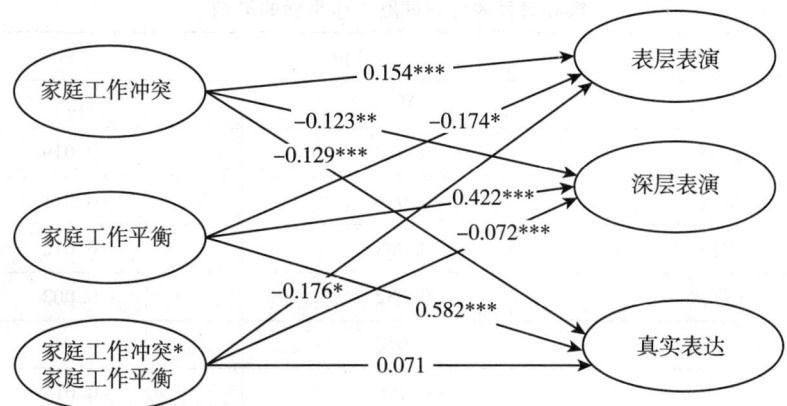

图 4.9 家庭工作平衡在家庭工作冲突与情绪劳动之间的调节作用

注：*** 在 0.001 水平显著；** 在 0.01 水平显著；* 在 0.05 水平显著 χ^2 = 273.275，df = 92，χ^2/df = 2.970；GFI = 0.906；IFI = 0.938；TLI = 0.918；CFI = 0.937；PNFI = 0.697；RSMEA = 0.079。

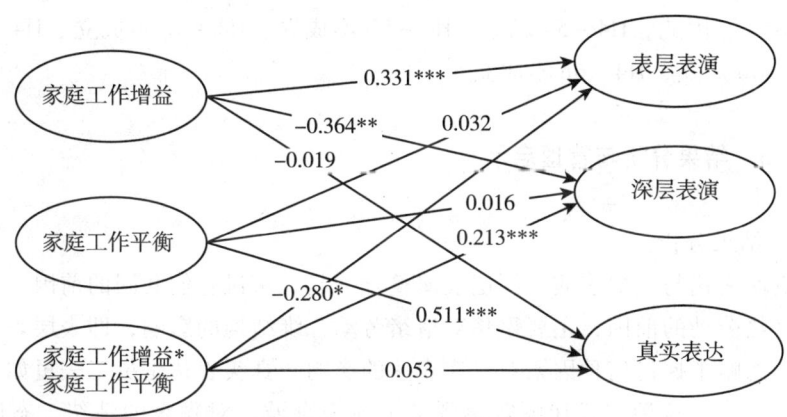

图 4.10 家庭工作平衡在家庭工作增益与情绪劳动之间的调节作用

注：*** 在 0.001 水平显著；** 在 0.01 水平显著；* 在 0.05 水平显著 χ^2 = 302.354，df = 106，χ^2/df = 2.852；GFI = 0.905；IFI = 0.958；TLI = 0.945；CFI = 0.957；PNFI = 0.730；RSMEA = 0.076。

从图 4.9 和图 4.10 可知，家庭工作平衡在家庭工作冲突与表层表演之间，家庭工作增益与表层表演、深层表演之间起调节作用。

条件三检验：核心自我评价对家庭工作平衡的系数如表 4.6 所示。

表 4.6　　　　　核心自我评价对家庭工作平衡的影响

模型	M1	M2
家庭工作平衡		
性别	0.017	-0.019
年龄	-0.036	-0.011
学历	-0.068	-0.012
月收入	0.082	-0.002
工作年限	0.052	-0.046
工作类型	-0.199	-0.014
行业分布	-0.026	-0.021
婚姻	-0.028	-0.017
核心自我评价		0.629***

从表 4.6 可知，核心自我评价与家庭工作平衡之间的路径系数为 0.629（$p<0.05$）。因此，H4-5a 成立、H4-5b 不成立、H4-5c 不成立、H4-6a 成立、H4-6b 成立、H4-6c 不成立。

4.3.3　结果分析与管理启示

（1）结果分析。

将真实表达与表层表演、深层表演整合一起，探讨它们共同的前因。已有文献探讨情绪劳动的前因，主要聚焦对情绪劳动二维结构的影响，即表层表演和深层表演，忽略了探讨何种因素对真实表达的影响。真实表达是员工表里如一的情绪表达方式[2]。这种方式让顾客感到员工最为真诚，对顾客的情绪、态度和行为的影响也最深刻[20]。研究将真实表达与表层表演、深层表演整合一起，探讨它们共同的前因，证实家庭工作增益和家庭工作冲突对真实表达分别具有正负效应，使得情绪劳动前因理论认识更加完整。

从家庭工作界面因素视角，研究情绪劳动的影响因素。在现有的情绪劳动前因研究中，研究者主要侧重个体特征或组织环境的员工感知等因素的影响，如大五格或组织公平的员工感知[13,30]。研究依据资源稀缺理论和资源获取发展理论观点，从家庭工作界面视角考虑，证实家庭工作冲突和家庭工作增益对情绪劳动中深层表演和真实表达的截然不同影响。将情绪劳动前因研究视角延伸到了家庭

第4章 家庭工作界面因素对服务员工情绪劳动的影响机理

工作界面领域，扩展了情绪劳动前因理论知识范围。

揭示核心自我评价在家庭工作界面因素与情绪劳动之间的调节作用。家庭工作冲突、家庭工作增益在影响情绪劳动过程中，其影响程度可能因员工个体素质的不同而存在差异。核心自我评价是员工在普适性情境中具有的一项核心个体特质[206]，对工作满意预测力较高。研究在资源保存理论基础上，认为核心自我评价可能弱化家庭冲突对情绪劳动的负向效应，强化家庭工作增益对情绪劳动的正向效应。数据结果表明，核心自我评价能够弱化家庭工作冲突和表层表演之间的关系强度，强化家庭工作增益与表层表演之间的负向关系强度，家庭工作增益与深层表演、真实表达之间的关联强度。研究识别了家庭工作界面因素与情绪劳动之间的理论边界。

以家庭工作平衡为中介的调节作用。被中介的调节作用检验方法最近才得以发展。这种方法可以检验理论模型中同时存在中介作用和调节作用的情况。目前运用这一方法的研究并不多，还十分有限。本章以多数据源、多阶段收集的大样本方式揭示核心自我评价通过家庭工作平衡调节家庭工作界面因素与情绪劳动之间的关系。运用此方法使核心自我评价、家庭工作界面因素与情绪劳动之间的作用规律进一步深化，也在一定程度上推动组织领域此类研究方法研究的进一步发展。

虽然研究得到了有趣的理论启示，一些假设并未得到证实，可能由多方面原因所致。首先，假设H4-1a并未成立（家庭工作冲突并未对表层表演产生显著影响）。可依据张勉等的观点解释[209]。该研究认为：在中国，家庭血缘关系是最为重要的社会关系。一方面，在职的服务员工在家庭方面事务，如抚育幼儿会受到老人帮助，这使得中国的服务员工受到家庭对工作的冲击较弱；另一方面，中国传统价值观表明勤奋工作是一种有家庭责任感的表现。出于工作需要而牺牲自己的业余时间、放弃与家人的团聚是容易获得家庭成员理解和支持的。并能得到家庭成员的帮助，减轻其家务负担，以便其全心工作。于是，家庭工作冲突不会对表层表演产生显著影响。其次，H4-2a并未成立（家庭工作增益并未对表层表演产生显著影响）。可能的原因在于表层表演在不同的企业，其性质存在较大差异。一些企业特别重视员工的真实情绪表达，认为表层表演中虚假的成分并不是优质服务，并不鼓励员工面对顾客时，采用表层表演行为。在这些企业中，家庭工作增益负向影响表层表演。也有一些企业仅要求员工微笑服务顾客，不管员工内心是如何感受。在这些企业中，家庭工作增益可能正向影响表层表演。因此，在本章全部数据中，家庭工作增益和表层表演之间的关系并不显著。再次，假设H4-3b、H4-3c并未成立。可能由于家庭工作冲突形成的员工负面感受较高，如家庭工作冲突会导致员工的抑郁情绪。服务员工对此很难进行积极调节。

即使核心自我评价较高的员工，也难以调节这种抑郁的心情。由于核心自我评价的没有在家庭工作冲突与深层表演、真实表达之间起调节作用，也就无法通过家庭工作平衡调节它们之间的关系，结果 H4-5b、H4-5c 也没有成立。最后，同样因为家庭工作增益对真实表达的影响强度较高。在这种情况下，员工真实表达水平主要来自在家庭领域里积极情感的溢出影响，而家庭工作平衡反映员工平衡家庭与工作冲突的能力，这种能力提升员工在家庭中积累积极情感、心情的程度较弱，所以导致 H4-6c 也没有成立。

（2）管理启示。

研究结论对服务企业的管理实践也具有一定理论指导。家庭工作冲突会抑制服务员工的深层表演和真实表达。这两种情绪表达方式能够带来积极的顾客绩效。这一结论建议服务企业不仅支持员工的工作，而且将支持范围扩展到家庭领域，出台一些家庭友好政策，如春节向员工的父母送红包等，以取得家庭成员的理解和支持，避免家庭与工作出现冲突，影响员工的工作表现。

家庭工作增益会促进员工的深层表演和真实表达。这一结论建议金融服务企业管理者注重员工的家庭氛围是否和谐、家庭成员素质是否较高。家庭氛围和谐、家庭成员素质较高的员工因受到家庭环境良好的熏陶，其素质也相应较高。在企业的培训项目设计方面，也应增加相应的家庭领域人际处理技能的项目，提升员工处理家庭事务的能力，也会相应提升工作水平。

核心自我评价会强化家庭工作增益与深层表演、真实表达之间的关系，弱化家庭工作冲突、家庭工作增益与表层表演之间的关联。这一结论建议企业管理者招聘核心自我评价较高的员工，这些员工有较高的自尊心、较高的自我效能感。愿意主动改变周围不利的环境，以取得较高的服务绩效。

最后，核心自我评价通过家庭工作平衡调节家庭工作增益与深层表演、真实表达，家庭工作冲突与表层表演之间的关系。这一结论建议金融服务企业管理者除了重视员工的核心自我评价特质外，也应培养员工平衡家庭和工作之间关系的能力，以提升核心自我评价积极作用发挥的程度。

4.4
本章小结

本章研究旨在揭示家庭工作冲突、家庭工作增益对情绪劳动的作用机理，提出家庭工作冲突会促进工作领域情绪劳动中的表层表演，抑制深层表演和真实表

第4章 家庭工作界面因素对服务员工情绪劳动的影响机理

达;与之相反,家庭工作增益会抑制情绪劳动中的表层表演,促进深层表演和真实表达。在此基础上,提出核心自我评价通过家庭工作平衡调节家庭工作冲突、家庭工作增益与情绪劳动之间的关系。再者,本章通过多个阶段的问卷调研,最终获得 318 份有效服务员工数据。运用 SPSS 和 AMOS 分析工具分析上述数据,数据结果证实了本章研究提出的理论主张有:家庭与工作产生冲突的员工会减少深层表演和真实表达的频率和强度;在家庭领域获得有益经验的员工会促进深层表演和真实表达的频率和强度;核心自我评价在家庭工作冲突与表层表演之间起负向调节作用;核心自我评价在家庭工作增益与表层表演之间起负向调节作用。在上述调节作用中,家庭工作平衡起中介传递作用。综上所述,本章提出的假设检验结果如表 4.7 所示。

表 4.7 假设检验结果

假设	检验结果
H4-1a:家庭工作冲突正向影响表层表演。	不成立
H4-1b:家庭工作冲突负向影响深层表演。	成立
H4-1c:家庭工作冲突负向影响真实表达。	成立
H4-2a:家庭工作增益负向影响表层表演。	不成立
H4-2b:家庭工作增益正向影响深层表演。	成立
H4-2c:家庭工作增益正向影响真实表达。	成立
H4-3a:核心自我评价调节家庭工作冲突与表层表演之间的关系,核心自我评价越高,两者之间的正向关系越弱。	成立
H4-3b:核心自我评价调节家庭工作冲突与深层表演之间的关系,核心自我评价越高,两者之间的负向关系越弱。	不成立
H4-3c:核心自我评价调节家庭工作冲突与真实表达之间的关系,核心自我评价越高,两者之间的负向关系越弱。	不成立
H4-4a:核心自我评价调节家庭工作增益与表层表演之间的关系,核心自我评价越高,两者之间的负向关系越强。	成立
H4-4b:核心自我评价调节家庭工作增益与深层表演之间的关系,核心自我评价越高,两者之间的正向关系越强。	成立
H4-4c:核心自我评价调节家庭工作增益与真实表达之间的关系,核心自我评价越高,两者之间的正向关系越强。	成立

续表

假设	检验结果
H4-5a：核心自我评价通过家庭工作平衡调节家庭工作冲突与表层表演之间的关系。	成立
H4-5b：核心自我评价通过家庭工作平衡调节家庭工作冲突与深层表演之间的关系。	不成立
H4-5c：核心自我评价通过家庭工作平衡调节家庭工作冲突与真实表达之间的关系。	不成立
H4-6a：核心自我评价通过家庭工作平衡调节家庭工作增益与表层表演之间的关系。	成立
H4-6b：核心自我评价通过家庭工作平衡调节家庭工作增益与深层表演之间的关系。	成立
H4-6c：核心自我评价通过家庭工作平衡调节家庭工作增益与真实表达之间的关系。	不成立

第5章

服务型领导力对服务员工情绪劳动的多层次影响机理

5.1 理论模型的构建与基本假设的提出

5.1.1 理论模型来源

伟大的领导者应该把服务他人、服务组织和服务社会置于自身利益之上。在2000多年前,儒家思想的代表人物孟子就提出了民贵君轻的思想;在近代,为人民服务的思想早在党的七大上得到了全面论述,并且成为共产党始终坚持和强调的根本宗旨。可见,服务型领导力在中国有着深刻的思想渊源和丰富的实践应用。目前服务型领导力在服务企业之中也受到越来越广泛的关注。服务型领导力是一种新型领导风格,与传统领导依赖权威确立领导地位的方式不同,服务型领导以服务他人为本,尽其所能来为下属排忧解难,并用真诚与热情来鼓励下属,从而赢得下属的尊重和支持。服务型领导力强调以下属为中心开展工作,不但致力于促进下属知识和技能的提升,而且不断为下属的工作创造意义,激发其工作的内在动力。服务型领导力不仅注重与下属之间的互动,服务于组织中的员工,而且还积极投身于更大范围的实践,为社会创造价值,通过良好的服务行为回馈社会,从而对下属起到了良好的示范效应。

作为影响服务员工服务行为的重要环境因素——服务型领导力对服务员工的情绪劳动产生何种影响?服务型领导力在员工自主动机驱动情绪劳动过程中扮演何种角色?上述研究问题揭示,可以从企业环境视角识别促进情绪劳动中深层表演、真实表达,抑制表层表演的影响因素,也可以为服务企业管理者提供更多的管理手段提升服务员工情绪表达水平，进而提升服务绩效。

于是，本章主要聚焦我国服务业背景，揭示服务型领导力与自主动机如何共同影响情绪劳动（包括表层表演、深层表演和真实表达）。在此基础上，将员工工作投入视为一个重要的转化变量，将员工外部资源（服务型领导力）、个体资源（自主动机）转化为情绪劳动。本章研究的理论模型如图5.1所示。

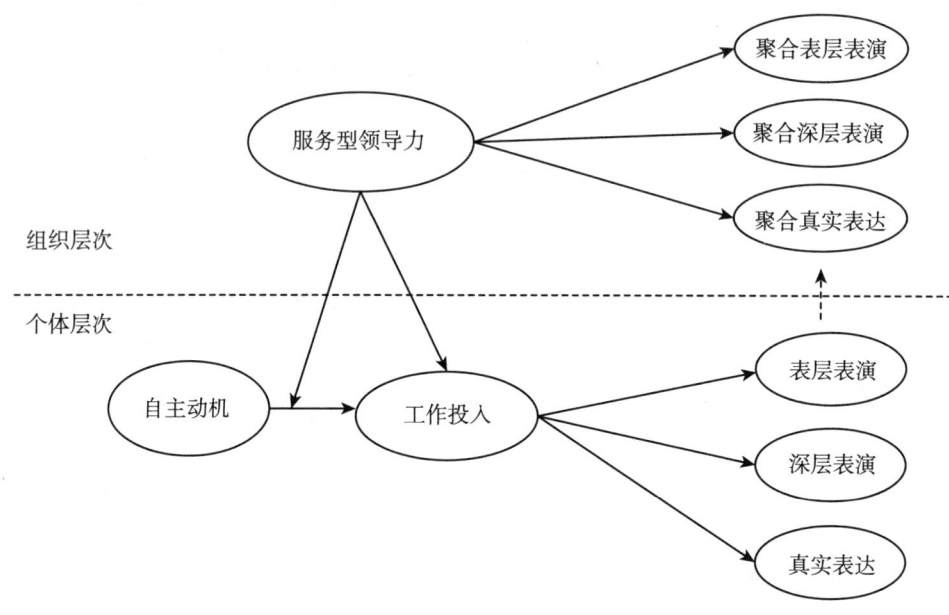

图 5.1　理论模型

注：图中虚线代表个体层次的情绪劳动聚合为组织层次的情绪劳动。

5.1.2　基本假设

在本章理论模型之中，自主动机和服务型领导力是前因变量，工作投入属于中介变量，情绪劳动属于因变量。按照变量间的逻辑关系，首先，论证自主动机与服务型领导力各自与工作投入之间的作用关系；其次，论证工作投入与情绪劳动之间的作用关系、论证服务型领导力在自主动机与工作投入之间的调节作用，以及论证工作投入在服务型领导力与自主动机对情绪劳动交互作用中的中介传递作用；最后，在组织层面，论证服务型领导力对聚合为组织层次的情绪劳动产生何种影响。

（1）自主动机、服务型领导力和工作投入。

工作投入是指"员工在工作之中，同时付出体力、情绪、认知资源的程

第5章 服务型领导力对服务员工情绪劳动的多层次影响机理

度"[210]。服务员工的自主动机程度越高,意味着他/她将工作要求(为顾客提供优质服务)所蕴涵的价值和意义内化为自我价值、信念,内化的程度越高,越会感到服务行为是来自"自我"的意志和选择。结果越会感到自己胜任这项工作,体验到工作的乐趣[104]。进而越愿意在服务工作之中投入更多的个人精力,付出更多的情绪资源、体力资源和认知资源。另外,自主动机会促进组织承诺、满意、工作成就感[102,211]。工作满意、组织承诺越高的员工,越可能愿意在工作之中投入更多的个人资源(情绪资源、认知资源和身体资源),以取得优质服务绩效。于是,提出假设:

H5-1a:自主动机正向影响工作投入。

服务型领导力表明管理者愿意"甘为孺子牛",为员工服务,支持员工的工作。以提升员工的工作能力和满足员工的个人需求为目标。服务型领导力可通过三种方式影响下属的工作态度和行为[120]。其一,激励视角,服务型领导者支持员工,满足员工个人需求和愿望。员工个人的需求和愿望得到满足,则会更愿意努力工作,在工作之中投入更多的个体资源。其二,社会交换视角,依据社会交换理论,服务型领导者愿意服务员工,在员工身上投入更多的个人资源,员工也会投桃报李,从事领导期望的行为,如向顾客提供优质的服务。其三,社会化学习视角,即模范带头作用,服务型领导者凭借自身的行为,给下属起到示范作用。Liden最近一项研究证实服务型领导者所在的团队,其服务型文化较高[121]。这种文化促进全团队成员的服务绩效。于是,提出假设:

H5-1b:服务型领导力正向影响工作投入。

(2)服务型领导力的调节作用。

个体-环境匹配理论认为,当个人特征(动机、性格)与组织环境一致时,个人特征与工作态度和行为间的关联程度更强。相反,个人特征激发的工作态度和行为会受到组织环境的限制[212]。自主动机理论研究者依据此理论逻辑证实自主动机的员工面临自主支持性的组织环境时,由于自主支持性的环境能够产生情景线索,当促使员工从事工作时,易于找出支持他们自主的条件,自主动机所激发的工作相关行为更易发生、频率更高、强度更强[213]。在服务员工所处的部门或团队中,其领导者具有较高的服务型领导力,会在部门或团队中形成较高的服务型氛围。这种氛围具有如下特征:员工将同事和集体利益放在自己利益之前,领导信任下属,并且对下属充分授权,让服务员工自主决定如何更好地服务顾客,充分考虑员工个人的需求,努力让员工更明智、工作能力更高、身心更健康[124]。这种组织环境与自主动机类型的员工特别匹配。具有自主动机的员工，其内心能力、自由和成长需求得到满足，更加愿意在工作中之中投入自己的个体资源，以取得更高的服务绩效。而当服务员工在较低的服务型领导力环境中时，管理者缺乏对自主动机员工的帮助，甚至限制自主动机对工作投入的驱动，如缺少员工授权，教导和培训。在这种情况下，自主动机激发投入更多的个体资源过程中，很可能受到上述不利的组织环境妨碍或阻止。于是，提出假设：

H5-2：服务型领导力调节自主动机和工作投入之间的关系，当服务型领导力增强时，两者间的关系变得更强。

（3）工作投入对情绪劳动的影响。

服务工作是一项创造顾客愉快感受的职业。服务员工通过情绪劳动来表现出热情、友善周到的情绪，以创造顾客的愉快感受。情绪劳动中的表层表演是员工以"坏信念"进行的情绪表达方式，内心仍具有愤怒、沮丧负面情绪，表面伪装出高兴、热情。这种情绪表达方式极易引起顾客的察觉，对顾客情绪、满意和忠诚具有负面影响[21]。深层表演和真实表达是员工"好信念"下的情绪表达方式，能够提升顾客情绪、满意和忠诚[20]。服务员工的工作投入越高，表明员工越愿意取得较高的服务绩效和顾客绩效。因而工作投入较高的员工会减少表层表演的频率（表层表演对顾客有负面影响），增加深层表演和真实表达的频率（两者对顾客绩效有积极影响）。此外，已有研究证实工作投入会促进员工的服务绩效（包括任务绩效和周边绩效）[214]。情绪劳动是员工按照企业要求进行的情绪表达行为，属于任务绩效范畴。于是，提出假设：

H5-3a：工作投入负向影响表层表演。

H5-3b：工作投入正向影响深层表演。

H5-3c：工作投入正向影响真实表达。

（4）以工作投入为中介的调节作用。

当调节变量和自变量交互影响中介变量，进而影响结果变量时，被中介的调节作用就产生了[215]。自主动机是服务员工个体资源；服务型领导力是员工的外部资源。工作投入可能将这两种资源转化为优质服务绩效，即情绪劳动。依据这一逻辑，本章认为在服务型领导力与自主动机对情绪劳动的交互作用之间，工作投入起中介作用，即被中介的调节作用（mediated moderation effect）。

工作投入之所以具有被中介的调节作用，存在如下的原因：依据资源保存理论观点[216]，人们具有保存、保护个体资源的基本动机。当个体付出资源而没有资源回报时，会导致倦怠、精神麻木，进而减少后续个体资源的付出。情绪劳动要求员工调节自己内心的负面感受，表达积极情绪。这个过程要耗掉大

第5章 服务型领导力对服务员工情绪劳动的多层次影响机理

量员工的个体资源,包括体力、情绪和认知资源。服务型领导力和自主动机作为来自员工内外部的两种资源,可以补充因从事情绪劳动而付出的个体资源。即工作投入将来自员工内外部的两种资源转化为情绪劳动,以取得优质顾客绩效。

此外,遵循 H5-2~H5-3c 的推理,服务型领导力与自主动机交互影响工作投入,工作投入显著影响情绪劳动。于是,提出假设:

H5-4a:在服务型领导力与自主动机交互影响表层表演之间,工作投入为中介。

H5-4b:在服务型领导力与自主动机交互影响深层表演之间,工作投入为中介。

H5-4c:在服务型领导力与自主动机交互影响真实表达之间,工作投入为中介。

(5)服务型领导力对聚合情绪劳动的影响。

顾客的服务体验由顾客走进服务场所接触到的所有员工共同决定,如顾客走进服务场所,他/她的服务体验受前台服务员、餐饮服务员、收银员等所有人员共同决定。通过服务企业的选拔、社会化以及培训,同一组织内服务员工的行为倾向于同质化。员工的工作行为可能"自下而上"成为组织整体现象。对于情绪劳动,虽然没有直接证据表明情绪劳动作为组织层次变量存在于组织中,但 Ashakanasy 认为情绪劳动作为整体情绪氛围现象存在于组织中[217]。依此,本章认为情绪劳动作为组织层次变量存在于服务企业中。

如前所述,服务型领导力越高,领导者越会对自己下属设置工作期望,激励和支持员工的优质服务行为。同时,依据社会化学习理论,下属会模仿领导的行为,进而在整个部门或团队中,形成一种服务型氛围。这种氛围对员工整体的情绪表达行为起到引导和塑造作用。致使整个部门和团队的员工以相似的方式调节自己内心不适宜的感受,表达适宜的情绪。Liden 也证实服务型领导力通过服务型文化提升整体员工的认同感,进而提高员工整体的服务绩效[121]。情绪劳动属于服务绩效,服务型领导力越高,越可能促进整个部门或团队员工的深层表演和真实表达水平,抑制整个部门或团队员工的表层表演水平。于是,提出假设:

H5-5a:服务型领导力负向影响聚合表层表演。

H5-5b:服务型领导力正向影响聚合深层表演。

H5-5c:服务型领导力正向影响聚合真实表达。

5.2 研究设计

5.2.1 数据收集

通过单一数据源收集本章研究的所有变量，可能产生较高的共同方法偏差。本章采取多阶段、多数据源方式收集数据。通过联系作者所在的学校校友、EMBA 和 MBA 中从事服务业经营管理的校友、学员，共有 35 位高层或中层管理者愿意为本次研究数据提供帮助。为了保证数据收集的质量，事前对调研人员进行调研程序和注意事项培训。指导调研人员在向管理者和员工发放调研问卷时，解释研究目的仅用于学术研究。并且强调自愿填写，管理者和员工填写的问卷信息绝对保密。同时，问卷装在信封中，信封口处贴好易撕带，当管理者和员工填好问卷后，调研人员让其对信封进行密封，全过程调研人员不直接接触问卷信息内容，保证问卷信息的私密性。

数据的收集共经过三个阶段，每个阶段间隔 4 个星期。在第一阶段，有 35 家住宿、餐饮与旅游企业中的 35 名中层管理者填写管理者问卷，问卷内容包括服务型领导力及组织信息；有 1050 名服务员工（每家企业员工数量在 10~40 名之间）填写员工问卷，问卷内容包括自主动机和个人信息。第一阶段最终得到 33 家企业，33 名中层经理和 890 名员工的有效信息。其中，管理者问卷有效率为 94.286%，员工问卷有效率为 84.476%。第二阶段问卷收集，向前一阶段获得有效信息的员工发放问卷，问卷内容包括工作投入变量信息，第二阶段最终得到 32 家 687 名员工有效问卷，有效率为 77.191%。第三阶段，向第二阶段获得有效信息的员工发放问卷，问卷内容包括情绪劳动变量信息，第三阶段最终得到 31 家的 586 名员工有效问卷，有效率为 85.300%。

将最终有效的 31 家企业，31 名中层经理和 586 名员工问卷与最初目标样本进行对比，最终样本和目标样本之间的组织和个体样本特征并没有显著差异，表明最终有效样本具有代表性。最终有效样本的特征信息如表 5.1 和表 5.2 所示。

第5章 服务型领导力对服务员工情绪劳动的多层次影响机理

表 5.1　　　　　　　　　个体样本特征

个体样本特征

人口统计变量		人数	百分比（%）	人口统计变量	人数	百分比（%）
性别				学历高中以下	135	23.000%
	男	192	32.800%	高中（中专）	168	28.700%
	女	394	67.200%	大专	162	27.600%
婚姻	已婚	314	53.600%	本科	104	17.700%
	未婚	272	46.400%	硕士及以上	17	3.000%
年龄	18~20 岁	53	9.100%	每月收入（元）		
	21~25 岁	158	27.000%	1500 以下	39	6.700%
	26~30 岁	198	33.700%	1501~2499	262	44.700%
	31~35 岁	108	18.400%	2500~3499	182	31.000%
	36~40 岁	49	8.400%	3500~4499	64	11.000%
	41 岁以上	20	3.400%	4500 以上	39	6.600%
工作年限	1 年以下	82	14.100%	11~15 年	22	3.800%
	1~5 年	377	64.300%	15 年以上	9	1.400%
	6~10 年	96	16.400%			

表 5.2　　　　　　　　　组织样本特征

组织样本特征

统计变量		个数	百分比（%）	统计变量		个数	百分比（%）
企业性质	国有	21	67.700%	企业类型	住宿	12	38.700%
	私营	10	32.300%		餐饮	9	29.000%
					旅游	10	32.300%
成立年限				公司规模			
1 年以下		1	3.200%	10 以下		0	0.00%
1~5 年		4	12.900%	10~50 人		7	22.500%
6~10 年		9	29.000%	51~100 人		3	9.700%
11~15 年		11	35.500%	101~500 人		15	48.400%
15 年以上		6	19.400%	500 以上		6	19.400%

5.2.2 变量测量

在本章的研究中，由于所选取的构念量表均为英语量表，采取翻译—回译方法，将英文的量表翻译成中文量表，以适合中国服务业文化情境。具体过程如下：邀请两位精通中英双语的外语学院的博士研究生。其中一位将英文量表翻译成中文，另一位在将中文回译成英文。然后由本研究小组成员、两位服务管理领域副教授和两位在服务业具有多年管理经验的管理者，一起讨论原英文、中文和回译的英文三者之间的差异，经过三次、每次 1~2 小时的交流与讨论，最终达成一致。让 2 家中档餐饮企业 5 名中层经理和 63 名服务员工分别对组织层次和个体层次量表进行填写，效果良好，有效保证了量表的内容效度。

个体层次变量包括自主动机、工作投入和情绪劳动以及员工个人统计变量。

自主动机量表改自 Gagné 等量表[102]，共 9 个题项。量表包括 9 个题项，典型题目"从事这份工作；我很快乐""这份工作体现了我的身份""这份工作很有价值"。量表采用 7 级 Likert 量表，"1 代表完全同意，7 代表完全同意"。

工作投入。工作投入采用 Rirch 等测量量表[210]，共 18 个题项。典型题目包括"我在工作上很努力""在工作中，我精力充沛"。采用 5 级 Likert 量表，"1 代表完全不同意，5 代表完全同意"。

情绪劳动。情绪劳动量表选取 Diefendorff 等量表[2]。量表包括表层表演、深层表演和真实表达三个维度，共 11 个题项。表层表演，5 个题项，典型题目为"我只是假装表达工作所需要的情绪而已"；深层表演，3 个题项，典型题目为"我不仅外表看起来高兴热情，也会让内心高兴愉快起来"；真实表达，3 个题项，典型题目"我向顾客表达的情绪是真实的"。采用 5 级 Likert 量表，"1 代表完全不同意，5 代表完全同意"。

个体层次控制变量，包括员工性别、年龄、婚姻、收入、学历和工作年限等。

组织层次量表包括服务型领导力和组织层次控制变量。

服务型领导力。服务型领导力量表选自 Lytle 等量表[218]，共 6 个题项，典型题项为"我会定期与服务员工沟通交流""为确保员工的优质服务，我会提供各种资源用于提高员工的服务能力，而不只是口头上的"。量表采用 7 级 Likert 量表，"1 代表完全同意，7 代表完全同意"。

第5章　服务型领导力对服务员工情绪劳动的多层次影响机理

聚合情绪劳动。通过计算情绪劳动中的表层表演、深层表演和真实表达每组平均值测量聚合表层表演、聚合深层表演和聚合真实表达。个体层次的情绪劳动能够聚合成为组织层次的情绪劳动，必须符合 rwg(j)、ICC(1) 和 ICC(2) 指标的标准。本章通过对样本数据的计算，表层表演的 rwg(j) 的中位数为 0.867 大于 0.7，且平均数为 0.775，7 组的 rwg(j) 小于 0.7；ICC(1) 为 0.226 大于 0.12，ICC(2) 为 0.901 大于 0.7，表明个体层次表层表演的组均值可以聚合为组织层次的表层表演；深层表演的 rwg(j) 的中位数为 0.904 大于 0.7，且平均数为 0.865，2 组的 rwg(j) 小于 0.7；ICC(1) 为 0.176，ICC(2) 为 0.869 大于 0.7，表明个体层次深层表演的组均值可以聚合为组织层次的深层表演；真实表达的 rwg(j) 的中位数为 0.895 大于 0.7，且平均数为 0.873，2 组的 rwg(j) 小于 0.7；ICC(1) 为 0.166，ICC(2) 为 0.861 大于 0.7，表明个体层次真实表达的组均值可以聚合为组织层次的真实表达。

组织层次控制变量。将企业类型、成立年限、企业性质和规模作为组织层次控制变量。

5.2.3　数据分析工具

采用的数据分析工具包括 SPSS 18.0、AMOS 17.0 和 HLM 7.0 三种软件。首先，运用 AMOS 17.0 结构方程分析工具，进行验证性因子分析（CFA）。其次，运用层次线性模型 HLM 7.0 检验服务型领导和自主动机对工作投入的跨层次直接和调节效应。同时运用 HLM 的结果数据，计算 rwg(j)、ICC(1) 和 ICC(2) 指标，检验个体层次的情绪劳动是否可聚合为组织层次的情绪劳动。由于 HLM 7.0 能够区分和估计组内（Level 1）和组间（Level 2）的方差，通过影响 Level 1 的截距独立影响因变量，也可通过影响 Level 1 的斜率，与个体层次自变量交互影响因变量。相对于最小普通二乘法回归[219]，HLM 方法更合适分析多层次研究。运用 HLM 7.0 的零模型，Level 1 和 Level 2 以零自变量运行，分别以工作投入和情绪劳动为因变量。结果表明组间方差与组内方差存在显著差异，工作投入，$\chi^2(30, N=586) = 196.681$，$p<0.001$，$ICC(1) = 0.288$，表明 28.800% 方差来源于组间方差，情绪劳动中的表层表演，$\chi^2(30, N=586) = 150.122$，$p<0.001$，$ICC(1) = 0.226$，表明 22.60% 方差来源于组间方差；深层表演，$\chi^2(30, N=586) = 144.783$，$p<0.001$，$ICC(1) = 0.176$，表明 17.600% 方差来源于组间方差；真实表达，$\chi^2(30, N=586) = 140.973$，$p<0.001$，$ICC(1) = 0.166$，表明 16.600% 方差来源于组间方差。因此，上述数据结果表明本章的多层次理论模型

适合运用 HLM 7.0 进行验证。最后,采用 SPSS 的相关和回归分析工具检验服务型领导力对聚合情绪劳动(包括聚合表层表演、聚合深层表演和聚合真实表达)的影响。

本章依据 Hofmann 和 Gavin 观点[219],为了降低共线性的影响,在检验跨层次直接效应时,采用总体中心化方法处理相关变量数据。在验证跨层次交互作用时,采用组间中心化方法处理相关变量数据,此外,本章也运用总体平均中心化方法估计变量间的跨层次交互作用,结果表明团队层次变量和个体层次变量对因变量的交互作用系数几乎相同。

5.3 数据处理及结果分析

5.3.1 信效度检验和相关分析

(1)信度和效度检验。

信度检验。自主动机的信度为 0.922,工作投入的信度为 0.947,表层表演的信度为 0.848,深层表演的信度为 0.753,真实表达的信度为 0.861。服务型领导力的信度为 0.883。表明自主动机、工作投入、表层表演、深层表演、真实表达、服务型领导力的信度均通过检验。

效度检验。本章个体层次自主动机、工作投入、表层表演、深层表演、真实表达等变量的收敛效度如表 5.3、表 5.4 所示。

在表 5.3 和表 5.4 中,自主动机、工作投入、表层表演、深层表演、真实表达等变量的因子载荷均大于 0.5,表明自主动机、工作投入、表层表演、深层表演、真实表达的收敛效度较好,通过检验。由于本章采用的是管理者和员工多数据来源收集变量,管理者仅回答服务型领导力一个变量且该变量代表组织层次变量,无须进行收敛效度检验。

对本章涉及构念进行 CFA(Amos17.0)验证性因子分析,测量涉及变量区别效度。依据员工数据来源,对自主动机、工作投入和情绪劳动(表层表演、深层表演和真实表达)构建测量模型(见表 5.5)。

第5章 服务型领导力对服务员工情绪劳动的多层次影响机理

表 5.3　　自主动机和情绪劳动的收敛效度检验结果

变量名称	题项	因子载荷
自主动机	我非常喜欢这份工作	0.803
	从事这份工作,我很快乐	0.836
	这份工作给我带来愉悦	0.853
	从事这份工作与我的人生目标是一致的	0.710
	这份工作是我生活中一个重要部分	0.671
	这份工作体现了我的身份	0.643
	这份工作是很有价值的	0.792
	我的工作是重要的	0.735
	我很珍惜这份工作	0.744
表层表演	服务顾客时,我经常装出高兴热情的样子	0.589
	为了更好地服务服务顾客,要经常掩饰内心的真实感受	0.556
	与顾客交流时,我好像在演戏作秀	0.836
	我只是假装表达工作所需要的情绪而已	0.808
	为了表达工作所需要的情绪,我好像带上某种"面具"	0.807
深层表演	我会主动感受公司要求表达的情绪,而不仅是改变表情	0.539
	我不仅外表看起来高兴热情,也会让内心高兴愉快起来	0.859
	我会调节自己不好的心情,让高兴热情是发自内心的	0.847
真实表达	我向顾客表达的高兴热情是真实的	0.879
	我向顾客表达的情绪是自然而然的	0.850
	我向顾客表达的情绪与内心感受是一致的	0.737

表 5.4　　工作投入的收敛效度检验

变量名称	题项	因子载荷
工作投入	我的工作强度很高	0.570
	我在工作上很努力	0.842
	我在工作上投入很多精力	0.826
	我尽量把工作做好	0.806

续表

变量名称	题项	因子载荷
工作投入	为完成工作任务，我使尽力气	0.784
	我尽自己最大能力干工作	0.769
	我的工作热情很高	0.795
	在工作中，我精力充沛	0.799
	对于这份工作，我很感兴趣	0.830
	拥有这份工作，我感觉很有面子	0.654
	干工作时，我心情很兴奋	0.720
	我的工作积极性很高	0.658
	在工作中，我思想高度集中	0.852
	在工作中，我注意力高度集中	0.853
	在工作中，我精神高度集中	0.872
	在工作中，我全神贯注	0.859
	工作时间里，我集中精力做工作	0.862
	工作时间里，我专注于我的工作	0.781

表5.5　　　　　　　　　　测量模型比较

模型	χ^2/df	GFI	CFI	NFI	IFI	TLI	RMSEA
基准模型	3.753	0.912	0.945	0.907	0.946	0.930	0.069
模型1	22.298	0.548	0.517	0.507	0.518	0.460	0.191
模型2	13.216	0.704	0.733	0.718	0.734	0.690	0.145
模型3	10.198	0.774	0.804	0.788	0.804	0.767	0.125
模型4	4.333	0.894	0.931	0.913	0.931	0.915	0.075

注：基准模型：自主动机、工作投入、表层表演、深层表演、真实表达；模型1：自主动机+工作投入+表层表演+深层表演+真实表达；模型2：自主动机、工作投入+表层表演+深层表演+真实表达；模型3：自主动机、工作投入、表层表演+深层表演+真实表达；模型4：自主动机、工作投入、表层表演、深层表演+真实表达。

第5章 服务型领导力对服务员工情绪劳动的多层次影响机理

从表5.5中可知,将基准模型和其他4个测量模型进行比较,基准模型与数据的匹配最好,基准模型反映自主动机、工作投入、表层表演、深层表演和真实表达为5因子结构。因此,通过区别效度检验。管理者仅回答服务型领导力一个变量,无须进行区别效度检验。

(2) 相关分析。

运用Pearson相关分析,在控制性别、年龄、婚否、学历、收入与工作年限后,本章涉及变量的描述性统计和相关分析如表5.6和表5.7所示。相关分析为本章所有直接效应假设提供支持。

表5.6 相关分析及描述性统计(个体层次)

变量	均值	标准差	1	2	3	4	5
1. 自主动机	4.547	1.203					
2. 工作投入	3.852	0.677	0.589***				
3. 表层表演	3.131	0.874	-0.111**	0.011			
4. 深层表演	3.673	0.790	0.297***	0.472***	0.192***		
5. 真实表达	3.792	0.828	0.353***	0.505***	-0.011	0.652***	

员工报告数据的相关分析及描述统计 (N=582)

注:*p<0.05,**p<0.01,***p<0.001。

表5.7 相关分析及描述性统计(组织层次)

管理者报告数据的相关分析及描述统计 (N=31)

变量	均值	标准差	1	2	3
1. 服务型领导力	5.393	1.040			
2. 聚合表层表演	3.086	0.427	-0.140		
3. 聚合深层表演	3.659	0.343	0.252	0.150	
4. 聚合真实表达	3.781	0.349	0.471*	-0.113	0.832***

注:*p<0.05,**p<0.01,***p<0.001。

5.3.2 服务型领导力、自主动机对工作投入的影响

对控制变量进行控制后,以自主动机和服务型领导力为自变量,工作投入为

因变量做 HLM 多层次分析，分析结果如表 5.8 所示。

表 5.8　　　　　　　　　工作投入多层次前因检验结果

因变量	工作投入		
自变量	M1	M2	M3
截距	3.837***	3.856***	3.842***
第一层 控制变量			
性别	−0.006	−0.003	0.008
年龄	0.023	0.048	0.047
婚否	−0.132*	−0.030	−0.036
学历	0.051	0.038	0.046
收入	0.026	−0.020	−0.021
工龄	−0.049	−0.017	−0.020
第一层自变量			
自主动机		0.237***	0.229***
第二层自变量			
服务型领导力		0.145***	0.143***
跨层次交互变量			
自主动机×服务领导			0.047**
R^2		64.411%	13.567%

注：$*p<0.05$，$**p<0.01$，$***p<0.001$。

在表 5.8 的模型 2（M2）中，自主动机对工作投入的回归系数为 0.237，P 值小于 0.05，H5-1a 成立；服务型领导力对工作投入的回归系数 0.145，P 值小于 0.05，H5-1b 成立。在表 5.8 中的模型 3（M3）中，自主动机与服务型领导力对工作投入的交互影响系数为 0.047，P 值小于 0.05，H5-2 成立。运用 HLM 7.0 画图功能绘制的假设 H5-2 调节作用成立的效果图如图 5.2 所示。

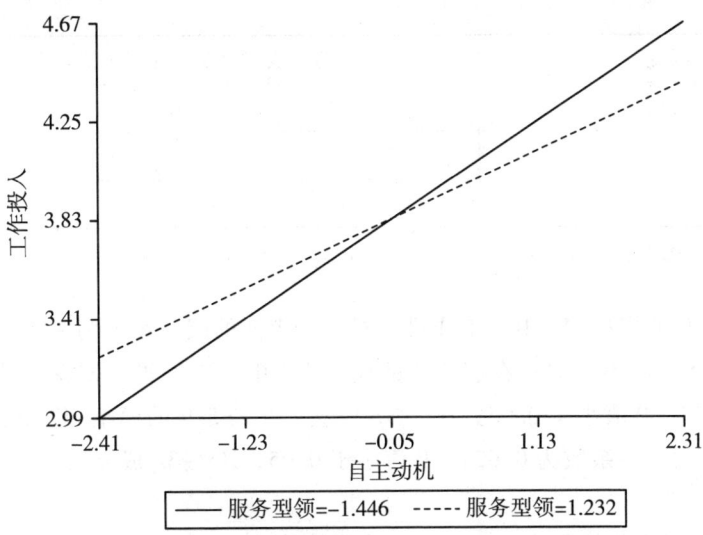

图 5.2　服务型领导力在自主动机和工作投入之间的调节作用

5.3.3　工作投入对情绪劳动的影响

工作投入对情绪劳动中的表层表演、深层表演和真实表达的影响分别如表 5.9 中的模型 M1、M2、M3 所示。

表 5.9　　　　　　　　　　工作投入对情绪劳动的影响

因变量	情绪劳动（表层表演、深层表演、真实表达）		
自变量	M1	M2	M3
截距	3.168***	3.698***	3.814***
第一层 控制变量			
性别	0.012	0.000	0.031
年龄	−0.069*	0.018	0.079*
婚否	−0.073	0.060	0.111*
学历	−0.031	−0.028	−0.041
收入	0.044	0.004	0.025
工龄	0.075	−0.040	−0.093

续表

因变量	情绪劳动（表层表演、深层表演、真实表达）		
自变量	M1	M2	M3
第一层自变量			
工作投入	-0.054	0.528***	0.604***

注：$*p<0.05$，$**p<0.01$，$***p<0.001$。

在表 5.9 的模型 M1 中，工作投入对表层表演的回归系数为 -0.054，P 值大于 0.05，H5-3a 不成立；在表 5.9 的模型 M2 中，工作投入对深层表演的回归系数为 0.528，P 值小于 0.05，H5-3b 成立；在表 5.9 的模型 M3 中，工作投入对真实表达的回归系数为 0.604，P 值小于 0.05，H5-3c 成立。

5.3.4 以工作投入为中介的调节作用的检验

本章中假设 H5-4a~H5-4c 预测 3 个被中介的调节作用：即服务型领导力与自主动机对情绪劳动的交互作用，以工作投入为中介。本章遵照 Mathieu 和 Taylor 提出的跨层次被中介的调节作用检验程序检验假设 H5-4a~H5-4c[220]。

Mathieu 和 Taylor 主张如果下面四个条件均满足[220]，则跨层次被中介的调节作用成立：第一个条件，自变量显著影响因变量；第二个条件，自变量显著性影响中介变量；第三个条件，中介变量显著影响因变量；第四个条件，当加入中介变量后，自变量对因变量不显著（完全中介作用）或明显减弱（部分中介作用）。

当第一个条件满足时，第二、第三个条件中有一项不成立，根据温忠麟中介作用检验观点[221]，进行 Sobel 检验，如果通过 Sobel 检验，则变量间的中介作用同样成立。

第一个条件的检验：服务型领导力与自主动机对情绪劳动的交互影响如表 5.10 中模型 M1、M2、M3 所示。从表 5.8 中可得到服务型领导力与自主动机对工作投入的交互影响（第二个条件数值）；从表 5.9 中可得到工作投入对情绪劳动的影响（第三个条件检验数值）。第四个条件检验如表 5.11 所示，加入工作投入变量后，服务型领导力与自主动机对情绪劳动的交互影响（直接效应）。

第5章 服务型领导力对服务员工情绪劳动的多层次影响机理

表 5.10 服务型领导力、自主动机对情绪劳动的交互影响（总体效应）

因变量	情绪劳动（表层表演、深层表演、真实表达）		
自变量	M1	M2	M3
截距	3.160***	3.669***	3.789***
第一层 控制变量			
性别	0.082	0.011	0.046
年龄	-0.041	0.038	0.092
婚否	-0.051	0.013	0.066
学历	-0.055	0.019	0.004
收入	0.034	-0.035	-0.000
工龄	0.051	-0.055	-0.057
第一层自变量			
自主动机	-0.067*	0.110***	0.139***
第二层自变量			
服务型领导力	-0.037	0.000	0.082**
跨层次交互变量			
自主动机×服务领导	-0.025	-0.012	0.068*

注：*p<0.05，**p<0.01，***p<0.001。

表 5.11 服务型领导力、自主动机对情绪劳动的交互影响（直接效应）

因变量	情绪劳动（表层表演、深层表演、真实表达）		
自变量	M1	M2	M3
截距	3.170***	3.689***	3.807***
第一层 控制变量			
性别	0.076	-0.001	0.025
年龄	-0.042	0.016	0.071
婚否	-0.039	0.070	0.109*
学历	-0.048	-0.008	0.004
收入	0.041	-0.019	-0.003

续表

因变量	情绪劳动（表层表演、深层表演、真实表达）		
自变量	M1	M2	M3
工龄	0.052	-0.039	-0.076
第一层自变量			
自主动机	-0.086**	0.002	0.019
工作投入	0.107	0.440***	0.521***
第二层自变量			
服务型领导力	-0.019	-0.039	0.061**
跨层次交互变量			
自主动机×服务领导	-0.022	-0.013	0.044

注：$*p<0.05$，$**p<0.01$，$***p<0.001$。

从表 5.10 中的 M1 可知，服务型领导力与自主动机对表层表演的交互影响不成立，H5-4a 不成立；从表 5.10 的 M2 可知，服务型领导力与自主动机对深层表演的交互影响不成立，H5-4b 不成立；从表 5.10 的 M3 可知，服务型领导力与自主动机对真实表达的交互影响成立；在此基础上，分别依据表 5.8、表 5.9、表 5.10 与表 5.11 相关数据结果，即服务型领导力与自主动机对工作投入的交互作用成立，工作投入显著影响真实表达，H5-4c 成立。

5.3.5 服务型领导力对聚合情绪劳动的影响

控制企业规模、性质、成立年限和类型后，服务型领导力对聚合情绪劳动的影响程度如表 5.12 所示。

表 5.12　　服务型领导力对聚合情绪劳动的回归分析

因变量	自变量常量	标准系数 Beta	T	P值	共线性诊断	
					容差	VIF
表层表演	服务型领导力	-0.128	-0.692	0.492	0.935	1.069
深层表演	服务型领导力	0.229	1.273	0.215	0.935	1.069
真实表达	服务型领导力	0.444	2.615	0.015	0.935	1.069

在表 5.12 中，服务型领导力对聚合表层表演的回归系数为 -0.128，P 值大于 0.05，VIF 小于 10，表明假设 H5-5a 不成立；服务型领导力对聚合深层表演的回归系数为 0.229，P 值大于 0.05，VIF 小于 10，表明假设 H5-5b 不成立；服务型领导力对聚合真实表达的回归系数为 0.444，P 值小于 0.05，VIF 小于 10，表明假设 H5-5c 成立。

5.3.6 结果分析与管理启示

（1）结果分析。

第一，已有文献探讨情绪劳动的前因，主要聚焦对情绪劳动二维结构的影响，即表层表演和深层表演，忽略了另一重要维度——真实表达。真实表达是员工表里如一的情绪表达方式[2]。这种方式让顾客感到员工最为真诚，对顾客的情绪、态度和行为的影响也最深刻[20]。本章将真实表达与表层表演、深层表演整合一起，探讨它们共同的前因，使得关于情绪劳动前因理论认识更加完整。

第二，在有限的情绪劳动前因研究中，研究者主要侧重个体层次因素的影响，如大五格或组织公平的员工感知[12,30]。研究证实服务型领导力、自主动机各自通过工作投入显著影响情绪劳动，丰富了情绪劳动前因理论。同时，依据多层次理论观点，单一聚焦个体层次或组织层次的分析，都忽略了另一层次因素对情绪劳动富有意义的解释，也没有考虑到个体特征与环境因素之间相互交互，共同影响情绪劳动。研究证实自主动机与服务型领导力通过工作投入影响真实表达，无疑是对情绪劳动前因理论的进一步扩展。

第三，被中介的调节作用检验方法最近才得以发展。这种方法可以检验理论模型中同时存在中介作用和调节作用的情况。目前运用这一方法的研究并不多，还十分有限。本章以多数据源、多阶段收集的大样本方式揭示服务型领导力与自主动机对情绪劳动的交互影响过程中，工作投入起中介作用。运用此方法扩展了情绪劳动的解释和预测范围，并能推动组织领域此类研究方法研究的进一步发展。

第四，本章采用反映员工体力、认知和情绪资源同时付出的工作投入量表。这个量表能够更全面、更贴近现实解释员工为什么能够取得较高的工作绩效。是对单一强调认知资源（如工作参与）、情绪资源（工作满意）、身体资源（核心自我评价）构念解释工作绩效的进一步完善。因此，本章将工作投入作为解释外部资源（服务型领导力）和内部资源（自主动机）如何转化情绪劳动的机制，无疑也是对情绪劳动领域研究的进一步深化。同时，工作投入也是组织行为领域的热点话题。研究证实服务型领导力、自主动机各自对工作投入产生显著影响，服务型领导力与自主动机对工作投入产生显著交互作用，是对工作投入理论的丰富和完善。

第五，本章通过 Rwg 和 ICC1、ICC2 的检验，证实个体层次的情绪劳动可以聚合为组织层次变量，成为员工整体性情绪劳动变量。并且证实服务型领导力正向影响真实表达。为后续探讨员工整体情绪劳动的影响因素研究起到了很好的推动作用。

虽然研究得到了有趣的理论启示，一些假设并未得到证实，可能由多方面原因所致。首先，工作投入并未显著影响表层表演（H5-3a 不成立）。可能的原因在于不同的服务企业对员工表层表演的要求存在较大差异。一些企业特别重视员工的真实情绪表达，认为表层表演中虚假的成分并不是优质服务，并不鼓励员工面对顾客时，采用表层表演行为[222]。在这些企业中，工作投入负向影响表层表演。也有一些企业仅要求员工微笑服务顾客，不管员工内心是如何感受。在这些企业中，工作投入可能正向影响表层表演。因此，在本章全部数据中，工作投入和表层表演之间的关系并不显著。其次，由于 H5-3a 并未成立，导致工作投入被中介的调节作用也没有成立，即假设 H5-4a、H5-4b 不成立。最后，H5-5a、H5-5b 没有成立。从服务型领导力与聚合表层表演、聚合深层表演之间的回归系数来看，服务型领导力对聚合表层表演的回归系数为 -0.128，对聚合深层表演的回归系数为 0.229，表明影响强度并不小，可能由于本章的组织层次样本较少（31 家企业），导致它们之间的关系并不显著。

（2）管理启示。

本章的结论对服务企业提升服务质量的实践也具有较重要的指导意义。服务质量是服务企业赖以生存的生命线。服务员工对顾客的热情、友善态度是构成服务质量的重要因素。本章首先从员工动机视角证实自主动机通过工作投入促进深层表演和真实表达。这一结论表明，由于兴趣爱好而从事服务工作的员工，或者在服务工作中找到了人生价值和意义的员工向顾客表达出的微笑、热情发自内心、真实真诚。这样的服务员工即使心情不好，也不会将负面情绪转嫁给顾客。服务企业可通过如下途径提升员工的自主动机，进而促进深层表演和真实表达，在员工招聘和选拔方面，侧重招聘那些乐于助人、积极乐观、热爱服务工作的员工。此外，服务业是劳动密集型行业，服务企业需要大量的一线服务员工，因而有一部分员工因为外在因素（如报酬）而从事服务工作。对于这一部分员工，服务企业应设置培训项目，教育员工转变思维，意识到向顾客传递快乐，帮助顾客排忧解难的人生意义。让员工认同服务工作的价值和意义，进而整合到自己的

第5章　服务型领导力对服务员工情绪劳动的多层次影响机理

服务行为之中,取得高顾客绩效。

其次,管理者的领导方式是影响员工绩效的重要环境因素。中国社会长期以来一直尊崇儒家思想,儒家价值观深入人心,潜移默化地影响人们的意识、态度和行为。其中儒家哲学思想之一就是提倡尊卑有序的社会等级关系,如侍君如父、君君臣臣等理念。结果许多企业管理者也基于这一思想,以权威型领导力方式管理员工,管理手段以命令、控制为主。本章的研究结论则与之相反,证实服务型领导力通过工作投入促进深层表演和真实表达。于是,建议服务企业管理者应转变管理方式,改变传统命令、权威的管理方式,转而以支持员工,帮助员工让员工更聪明、更幸福、更自由。这种以员工为中心的管理方式更适合服务工作的实际,对服务质量和顾客绩效的提升更为明显。

再次,我们发现自主动机与服务型领导力除了各自对真实表达产生影响外,两者产生协同效应,交互影响真实表达,增加了对真实表达的解释力。这一结论建议企业应注重管理方式与政策之间的协同、匹配,一方面,在招聘和选拔政策方面,侧重招聘和选拔热爱服务工作的员工;另一方面对于这些员工的管理应以服务型领导方式。在以服务型领导方式管理员工的同时,应实施有针对性的培训项目,教育员工转变思想,认同服务工作的价值和意义。只有管理政策和管理方式协调,才能在更大程度上促进员工的真实表达水平,进而提升顾客绩效。

最后,我们发现工作投入是一种重要的资源转化工具,即将来自个体和外部的资源(自主动机和服务型领导力)转换为情绪劳动。工作投入需要员工体力、情绪和认知资源的同时投入,才能取得高顾客绩效。服务员工作为企业的人力资源,是取得高顾客绩效的关键。企业对于员工的投入,不应仅限于提升员工的动机,如提升报酬、企业文化的培训,也应增加员工的认知资源和情绪资源,如情绪调节技能的培训、服务工作领域知识的培训等。只有员工的体力、情绪和认知资源同时获得增长,才能将自主动机、服务型领导力的内外驱力转化为优质的服务绩效(深层表演和真实表达)。

5.4 本章小结

本章旨在揭示服务型领导力、自主动机对情绪劳动的多层次作用机理。通过对31家服务企业的31名管理者和586名服务员工的多阶段调研,综合运用SPSS、AMOS与HLM分析工具分析上述数据,结果表明:服务型领导力和自主动机各自都积极促进员工的工作投入水平;同时服务型领导力能够强化自主动机与工作投入之间正向关系的强度,也就是员工自主动机促进工作投入的强度随着服务型领导力的增强而升高;进而员工在工作之中投入的精力、情绪能够促进深层表演和真实表达。在此基础上,运用有调节的中介作用模型证实工作投入在服务型领导力与自主动机对真实表达的交互影响之间,起中介传递作用。在组织层面,服务型领导力正向影响聚合真实表达。本章的假设验证情况如表 5.13 所示。

表 5.13 研究假设检验结果

研究假设	检验情况
H5-1a:自主动机正向影响工作投入。	成立
H5-1b:服务型领导力正向影响工作投入。	成立
H5-2:服务型领导力调节自主动机和工作投入之间的关系,当服务型领导力增强时,两者间的关系变得更强。	成立
H5-3a:工作投入负向影响表层表演。	不成立
H5-3b:工作投入正向影响深层表演。	成立
H5-3c:工作投入正向影响真实表达。	成立
H5-4a:在服务型领导力与自主动机交互影响表层表演之间,工作投入为中介。	不成立
H5-4b:在服务型领导力与自主动机交互影响深层表演之间,工作投入为中介。	不成立
H5-4c:在服务型领导力与自主动机交互影响真实表达之间,工作投入为中介。	成立
H5-5a:服务型领导力负向影响聚合的表层表演。	不成立
H5-5b:服务型领导力正向影响聚合的深层表演。	不成立
H5-5c:服务型领导力正向影响聚合的真实表达。	成立

第6章

服务导向、情绪劳动与组织公民行为之间的作用机制

6.1
理论模型构建与基本假设提出

6.1.1 理论模型来源

如何在激烈的市场竞争中生存是每个服务企业必须考虑的问题[223]。提供优质服务来维系客户是企业建立核心竞争优势的重要方式之一。而提供优质服务的前提是拥有优秀的员工。一线服务员工在服务顾客的过程中表现出的态度和行为对提升服务价值、顾客满意度和忠诚度等都有重要影响[224-226]。热情好客、开朗外向的员工往往会令顾客感到欣喜、满意,能够提升顾客的情绪价值。Hogan最早注意到这一现象,将能促进服务价值提升的一系列性格特征定义为服务导向,并证实了服务导向包括乐于助人、周到细致、关心他人、易于合作等性格特征[61]。

目前服务导向研究主要聚焦于对顾客绩效的影响方面,服务导向的员工能够促进服务价值、顾客满意度和忠诚度的提高,进而能够促进企业市场份额的扩大和利润率的提升已被证实[227-229]。例如,Kim 以韩国餐饮业的员工为调研对象,证实了员工的服务导向能够加强顾客对服务质量的感知[227];Tung、Liang 和 Chen 证实了服务导向能够促进顾客对企业的认同[228];Frimpong 通过对管理者、员工和顾客进行深度访谈,发现服务导向能够促进员工与顾客互动的质量[229]。然而,服务导向作为一种优质服务的性格特征(如热情、周到),仅表明员工具有提供优质服务、促进顾客绩效提高的"潜质"。这种"潜质"需要转化为外显

的优质服务行为，才能刺激顾客的感官和心理感受、提升服务价值和顾客的情绪价值。目前此类研究相对匮乏。为数不多的研究文献主要关注服务导向对工作满意、组织承诺、任务绩效的影响[155,230-233]。情绪劳动是服务员工按照企业要求进行的积极情绪表达，如高兴、热情等。组织公民行为是服务员工除任务外而利于顾客和企业的自主行为[35,234-238]。可见，服务导向、情绪劳动和组织公民行为三者是从不同视角揭示员工优质服务的态度和行为对服务价值和顾客绩效的影响。其中，服务导向强调员工优质服务的性格倾向，情绪劳动侧重企业要求员工表达的积极情绪行为，组织公民行为侧重员工除任务外的自愿自主行为。将这三者进行整合，揭示服务导向对情绪劳动和组织公民行为的影响以及它们之间内在的作用机理，准确描述了三者间的作用规律，从而更好地发挥服务导向提升服务价值和顾客绩效的作用。

本章以中国的金融服务业为研究背景，揭示服务导向、情绪劳动（包括表层表演和深层表演）与组织公民行为（包括人际指向和组织指向的公民行为）之间的作用机理，为企业管理者提升服务价值的实践提供一定的理论指导，本章的理论模型如图 6.1 所示。

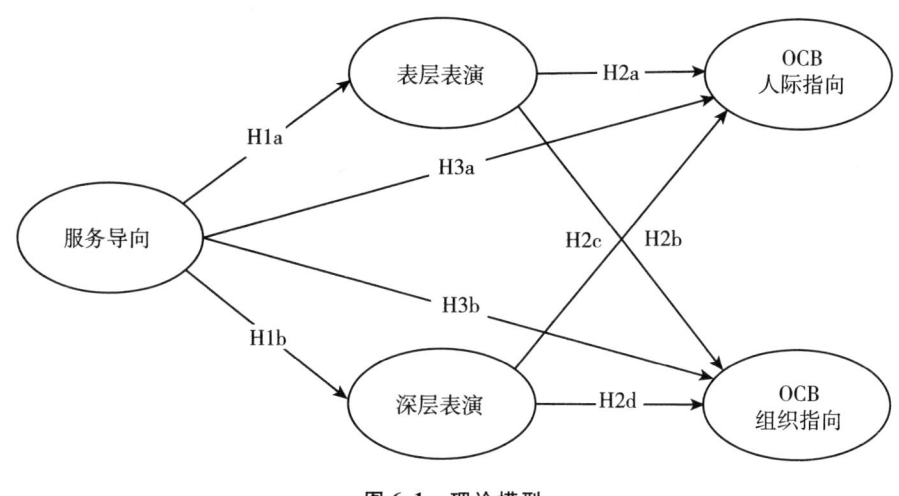

图 6.1 理论模型

6.1.2 基本假设提出

在本章的理论模型之中，服务员工个体服务导向是前因变量，情绪劳动策略（表层表演策略和深层表演策略）属于中介变量，情绪劳动属于因变量。按照变

第6章 服务导向、情绪劳动与组织公民行为之间的作用机制

量间的逻辑关系,首先,论证个体服务导向对情绪劳动的影响;其次,论证情绪劳动对组织公民行为的影响;再次,论证服务导向对组织公民行为的影响;最后,论证情绪劳动的中介作用。

(1) 服务导向对情绪劳动的影响。

服务导向性较高的员工一般具有开朗外向、周到细致等性格特征,愿意为顾客提供优质服务。对于顾客而言,情绪劳动本身就是服务质量的一部分。员工的服务导向性越高,员工越愿意按照企业要求进行积极情绪表达。其中,表层表演是员工以"坏信念"方式表达企业要求的情绪[239],即内心保持负面情绪,仅在面部、姿态和语言上符合企业要求。有研究表明,表层表演负向影响顾客满意度和忠诚度[240]。深层表演正好相反,是员工以"好信念"改变负面感受[239],使内心具有积极情绪,如通过回忆快乐的事情使原本沮丧、生气的心情高兴起来。深层表演正向影响顾客的服务质量感知、满意度和忠诚度[240]。因此,服务导向性较高的员工为了提供优质服务,倾向于较少采用表层表演,而较多采用深层表演。于是,提出假设:

H6-1a:服务导向负向影响表层表演。

H6-1b:服务导向正向影响深层表演。

(2) 情绪劳动对组织公民行为的影响。

依据资源保存理论[241],个体具有保护自己资源平衡的动机。当付出过多努力而没有获得资源补充时,个体试图通过减少自己的努力来维持自己资源的平衡。情绪劳动和组织公民行为都需要员工付出努力才能完成。员工过多采用表层表演会导致自己的情绪枯竭、工作不满意和去个性化等负面结果[12,30],表明员工采用表层表演不会获得资源补充,因此表层表演可能负向影响组织公民行为——包括人际指向公民行为和组织指向公民行为。而员工较多采用深层表演方式会获得资源补充,如工作成就感和工作满意度的提高[239],因此深层表演可能促进组织公民行为——包括人际指向公民行为和组织指向公民行为。此外,Kiffin-Petersen以西方文化背景下的销售和服务员工为研究对象,证实了表层表演对组织公民行为有负面影响,深层表演正向影响组织公民行为[24]。于是,提出假设:

H6-2a:表层表演负向影响人际指向公民行为。

H6-2b:表层表演负向影响组织指向公民行为。

H6-2c:深层表演正向影响人际指向公民行为。

H6-2d:深层表演正向影响组织指向公民行为。

(3) 服务导向对组织公民行为的影响。

组织公民行为本质上是员工在正式工作之外自觉从事的并能够促进组织的有效运行的行为。具有利他性特征的员工才会愿意较多实施组织公民行为（包括人际指向公民行为和组织指向公民行为）[242]。服务导向代表着乐于助人、周到细心、易于合作的性格特征，属于利他性性格特征范畴。因此，服务导向性较高的员工可能喜欢帮助有困难的同事、替同事分忧解愁，愿意向公众、顾客宣传企业，即使企业没有要求也愿意实施有利于企业的行为。Donovan、Brown 和 Mowen 通过对美国餐饮业员工进行调研，证实了与服务导向相似的顾客导向正向影响组织公民行为[243]。吴清津也证实了服务导向中的情感密集成分促进组织公民行为[235]。于是，提出假设：

H6-3a：服务导向正向影响人际指向公民行为。

H6-3b：服务导向正向影响组织指向公民行为。

(4) 情绪劳动的中介作用。

情绪劳动可能在服务导向与组织公民行为之间起中介作用。原因有二：其一，服务导向属于服务员工的人格特征范畴，组织公民行为属于员工的外显工作行为，员工的心理加工过程在服务导向和组织公民行为间可能起中介传递作用。情绪劳动作为服务员工日常工作中经常采用的心理加工方式，包括表层表演和深层表演两种心理加工方式，很可能在服务导向和组织公民行为之间起中介作用。其二，如前所述，依据资源保存理论[216]，服务导向是个体资源变量，情绪劳动和组织公民行为需要员工付出资源和努力才可完成。其中，情绪劳动是员工按照企业要求和规定进行的心理调节。在情绪劳动与组织公民行为之间，员工首先会分配个人资源满足情绪劳动的需要。因此，采取表层表演的员工会加速损耗自己的服务导向资源（表层表演导致情绪枯竭和工作不满意），为了维持自己的资源平衡而可能抑制组织公民行为（包括人际指向公民行为和组织指向公民行为）；而采取深层表演的员工因产生成就感、工作满意度，会加强自身服务导向型体资源，很可能促进组织公民行为（包括人际指向公民行为和组织指向公民行为）。于是，提出假设：

H6-4a：表层表演在服务导向与人际指向公民行为间起中介作用。

H6-4b：表层表演在服务导向与组织指向公民行为间起中介作用。

H6-4c：深层表演在服务导向与人际指向公民行为间起中介作用。

H6-4d：深层表演在服务导向与组织指向公民行为间起中介作用。

第6章 服务导向、情绪劳动与组织公民行为之间的作用机制

6.2 研究设计

6.2.1 数据收集

本研究组与辽宁沈阳、鞍山等地的银行、证券机构等金融企业的客服经理和主管联系，在客服经理的帮助下，向前台服务人员、客服人员发放调查问卷。在收集调研问卷前，对问卷发放人员进行培训，指导问卷发放人员向员工强调问卷仅用于学术研究，自愿填写且信息保密。问卷发放人员事先将调查问卷装进信封；当员工填写完毕后，问卷发放人员再让员工封好信封。在整个调研过程中，问卷发放人员并不直接接触问卷信息。

本章采取多阶段方式收集调查数据，整个收集过程包括三个阶段，每个阶段之间相隔6个星期。第一阶段，向330名员工发放问卷，让员工填写服务导向和个人信息。在第一阶段中，共获得了298名员工的有效答卷，有效率为90.30%。第二阶段，在第一阶段数据收集后的6个星期，请第一阶段中返回有效问卷的298名员工填写测试情绪劳动变量的问卷，获得247份有效答卷，有效率为82.89%。第三阶段，让第二阶段返回有效问卷的247名员工填写测试组织公民行为变量的问卷，最终获得210名员工的有效问卷，有效率为85.02%。表6.1列示了样本员工特征的描述性统计结果。

表6.1　样本员工特征的描述性统计结果

人口统计变量	变量取值	人数	百分比（%）
性别	男	99	47.14
	女	111	52.86
	全部	210	100
年龄	20岁及以下	1	0.5
	21~25岁	74	35.23
	36~30岁	55	26.18
	31~35岁	34	16.19
	36~40岁	9	4.29

续表

人口统计变量	变量取值	人数	百分比（%）
年龄	41~50 岁	31	14.76
	51 岁以上	6	2.80
	全部	210	100
受教育程度	高中及以下	7	3.32%
	大专	43	20.48
	大学本科	101	48.09
	硕士及以上	59	28.11
	全部	210	100
工作年限	1 年以下	45	21.43
	1~3 年	61	29.04
	3~5 年	9	4.29
	5~10 年	39	18.57
	10 年以上	56	26.67
	全部	210	100
企业性质	国有企业	129	61.43
	外资/合资企业	17	8.09
	民营企业	64	30.48
	全部	210	100

6.2.2 变量测量

本章在设计问卷量表时主要参考国外学者使用过的成熟量表。所有题项都采用 Likert 5 分量表打分，即 1 = 非常不同意，5 = 非常同意。

服务导向量表选自 Bettencourt、Gwinner 和 Meuter 的量表[234]，共 5 个题项。典型题目为"我乐于助人""我认为最好的工作就是为他人排忧解难"。

第6章　服务导向、情绪劳动与组织公民行为之间的作用机制

情绪劳动选自 Diefendorff 和 Gosserand 的量表[244]。情绪劳动包括表层表演和深层表演，其中，表层表演对应 7 个题项，典型题目为"为了更好地打发顾客，我会装模作样"；深层表演对应 4 个题项，典型题目为"我会设身处地地体会这种情绪"。

组织公民行为选自 Williams 的量表[35]。组织公民行为包括人际指向公民行为和组织指向公民行为两个维度，两个维度分别对应 7 个题项。典型题目为"同事不在，我会帮他做工作""虽然没有明文规定，我也会遵守一些非正式的规矩来维持组织的正常秩序"。

6.3 数据结果分析

6.3.1 共同方法偏差检验

共同方法偏差（common method bias）是指由于同一个的数据来源，同一个的测量环境、项目语境以及项目本身特征造成的预测变量与效标之间的人为的共变[198]。在程序控制方面，为了减小共同方法偏差，在数据收集环节，让员工按照其真实意愿匿名填写且采取多阶段方式收集数据，从而能够降低员工在填写"性格""心理过程"以及"行为"等变量时，自变量对因变量的提示作用。此外，本章采用 Harman 单因素检验方法检验共同方法偏差[198]。依据这种方法的观点，当进行因子分析时，如果仅析出一个公因子或一个公因子能够解释大部分的方差变异，那么表明共同方法偏差很高。本章对全部题项进行主成分分析，共析出 5 个特征值大于 1 的公因子，且第一个公因子对方差变异的解释率仅为 37.2%，并没有解释大部分的方差变异。可见，本章中的共同方法偏差并不高。

6.3.2 信度与效度分析

（1）信度检验。

各变量的 Cronbach's α 系数见表 6.2。由表 6.2 可知，各变量的 Cronbach's α 系数值均大于 0.7，表明量表通过信度检验。

表 6.2　　收敛效度检验结果

题项变量	题项代码	标准化因子载荷	Cronbach's α 系数	AVE 值
服务导向 (SO)	SO1	0.874	0.914	0.680
	SO2	0.805		
	SO3	0.873		
	SO4	0.798		
	SO5	0.768		
表层表演 (SA)	SA1	0.691	0.920	0.618
	SA2	0.744		
	SA3	0.854		
	SA4	0.836		
	SA5	0.850		
	SA6	0.706		
	SA7	0.806		
深层表演 (DA)	DA1	0.687	0.847	0.590
	DA2	0.773		
	DA3	0.871		
	DA4	0.731		
人际指向公民 行为（OCBI）	OCBI1	0.632	0.893	0.525
	OCBI2	0.772		
	OCBI3	0.617		
	OCBI4	0.837		
	OCBI5	0.816		
	OCBI6	0.612		
	OCBI7	0.747		
组织指向公民 行为（OCBO）	OCBO1	0.714	0.877	0.502
	OCBO2	0.803		
	OCBO3	0.561		
	OCBO4	0.673		
	OCBO5	0.577		
	OCBO6	0.752		
	OCBO7	0.833		

（2）效度检验。

收敛效度检验结果见表 6.2。此外，本章采取验证性因子分析进行区别效度检验，构建单因子模型、三因子模型和五因子模型。3个模型的拟合效度如表6.3所示。从表6.3可知，五因子模型的拟合指数指标最好，通过了区别效度检验。

表 6.3　　　　　　　　　　验证性因子分析

模型	χ^2/df	GFI	NFI	IFI	CFI	PNFI	RMSEA
单因子模型	5.305	0.470	0.523	0.575	0.572	0.487	0.144
三因子模型	3.218	0.664	0.713	0.783	0.781	0.659	0.103
五因子模型	1.455	0.907	0.875	0.957	0.957	0.779	0.047

注：单因子模型，即服务导向+表层表演+深层表演+人际指向公民行为+组织指向行为视为一个影响因子；三因子模型，即服务导向因子，表层表演+深层表演因子，人际指向公民行为+组织指向行为因子视为三个影响因子；五因子模型，即服务导向，表层表演，深层表演，人际指向公民行为，组织指向行为视为五个影响因子。

6.3.3　假设验证

（1）相关分析。

研究对各变量进行Pearson偏相关分析。在控制了性别、年龄、受教育程度、工作年限和企业性质后，各变量间的相关系数以及均值和标准差如表6.4所示。

表 6.4　　　　　　　　　　相关系数矩阵

	SO	SA	DA	OCBI	OCBO
SO					
SA	-0.337**				
DA	0.462**	0.134			
OCBI	0.610**	-0.276**	0.379**		
OCBO	0.706**	-0.384**	0.482**	0.673**	
均值	4.348	2.508	3.655	3.896	4.085
标准差	0.770	0.997	0.883	0.773	0.720

注：** 表示在0.01的水平下显著。

(2) 路径分析。

在控制了性别、年龄、受教育程度、工作年限和企业性质后,服务导向与组织公民行为之间的路径模型如图 6.2 所示。由图 6.2 可知:服务导向对人际指向公民行为的路径系数为 0.711,显著,故假设 H6-3a 成立;服务导向对组织指向公民行为的路径系数为 0.785,显著,故假设 H6-3b 成立。

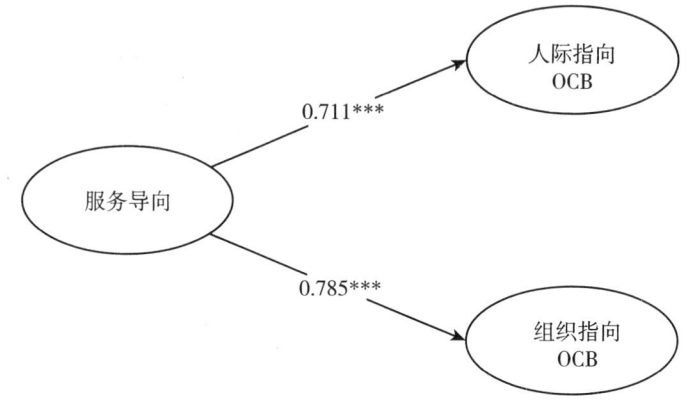

$\chi^2/df=2.338$；GFI=0.915；NFI=0.934；CFI=0.961；PNFI=0.738；RMSEA=0.080

图 6.2　服务导向对组织公民行为的路径模型

注：*** 表示在 0.001 的水平下显著。

在控制了性别、年龄、受教育程度、工作年限和企业性质后,服务导向、情绪劳动与组织公民行为之间的路径模型如图 6.3 所示。由图 6.3 可知:服务导向对表层表演的路径系数为 -0.356,显著,故假设 H6-1a 成立;服务导向对深层表演的路径系数为 0.643,显著,故假设 H6-1b 成立;表层表演对人际指向公民行为的路径系数为 -0.493,显著,故假设 H6-2a 成立;深层表演对组织指向公民行为的路径系数为 0.639,显著,故假设 H6-2b 成立;深层表演对人际指向公民行为的路径系数为 0.718,显著,故假设 H6-2c 成立;深层表演对组织指向公民行为的路径系数为 0.802,显著,故假设 H6-2d 成立。

(3) 中介效果检验。

本章依据温忠麟等提出的中介效果检验法[245]并结合 Bootstrap 抽样方法验证情绪劳动的中介作用。温忠麟等认为中介检验有以下步骤：

步骤一：检验自变量（a）是否显著影响因变量（c），如果不显著，中介效应不成立；

第6章 服务导向、情绪劳动与组织公民行为之间的作用机制

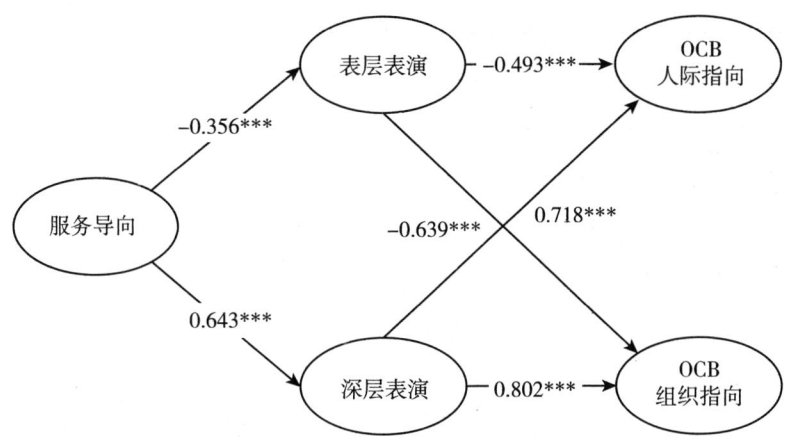

$\chi^2/df=1.388$；GFI=0.906；NFI=0.929；CFI=0.979；PNFI=0.772；RMSEA=0.043

图6.3 服务导向、情绪劳动与组织公民行为之间的路径模型

注：*** 表示在0.001的水平下显著。

步骤二：如果存在显著影响，则检验自变量（a）是否显著影响中介变量（b）和中介变量（b）是否显著影响因变量（c），如果同时不显著，则中介效应不成立；

步骤三：如果步骤二中的检验同时显著，则控制中介变量（b）后，检验自变量（a）是否显著影响因变量（c），若不显著，表明存在完全中介效应，若显著，表明存在部分中介效应；

步骤四：如果步骤二中的检验有一个显著，则进行Sobel联合检验，如果Sobel统计值大于1.96（P值<0.05），表明中介效应成立。

本章运用AMOS工具软件进行Bootstrap5000次抽样，变量间的总体效应和直接效应如表6.5所示，变量间的路径系数如图6.4所示。

表6.5 变量间的总体效应和直接效应

	变量	服务导向	表层表演	深层表演
总体效应	表层表演	0.000		
	深层表演	0.000		
	人际指向公民行为	0.000	0.065	0.117
	组织指向公民行为	0.000	0.000	0.000

续表

	变量	服务导向	表层表演	深层表演
直接效应	表层表演	0.000		
	深层表演	0.000		
	人际指向公民行为	0.000	0.065	0.117
	组织指向公民行为	0.000	0.000	0.000

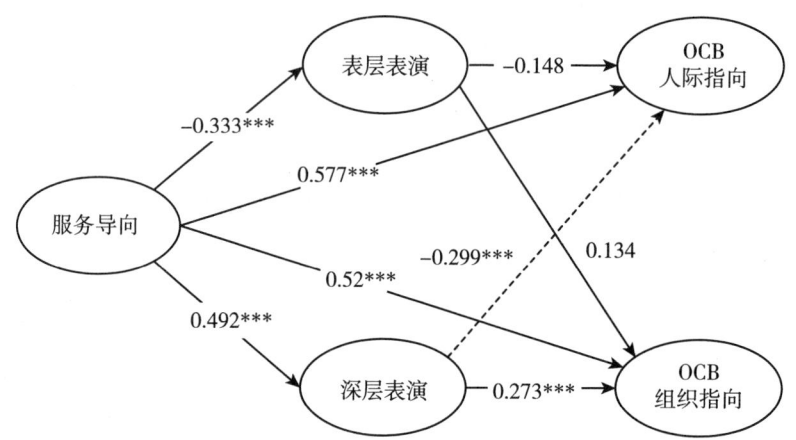

图 6.4 服务导向、情绪劳动与组织公民行为之间的中介检验路径模型

注：*** 表示在 0.001 的水平下显著。

由表 6.5 和图 6.4 可知，表层表演与人际指向公民行为的关系、深层表演与人际指向公民行为的关系均不显著。由于服务导向和人际指向公民行为和组织指向公民行为的路径系数都显著，即检验自变量（a）显著影响因变量（c）。因此，以下的检验皆从步骤三开始。

（1）服务导向—表层表演—人际指向公民行为。由于服务导向到表层表演的路径系数为 0.333（显著），表层表演到人际指向公民行为的路径系数为 -0.148（不显著），因此进行 Sobel 检验。Sobel 统计值为 1.74（<1.96），表明表层表演在服务导向和人际指向公民行为间不存在中介作用，因此假设 H6 - 4a 不成立。原因在于：由于表层表演和人际指向公民行为受员工社会关系的调节影响，致使两者之间的关系并不显著。在东方文化环境中，领导者强调企业是一个大家庭，员工与上级、员工与同事之间应像兄弟姐妹般团结、友好。因此，虽然表层表演可能消耗员工的个体资源，抑制组织公民行为，但由于这种良好社

会关系，给员工以社会支持，补充员工的个体资源，从而使表层表演与组织公民行为之间的关系变得不显著。

（2）服务导向—表层表演—组织指向公民行为。服务导向到表层表演的路径系数为 0.333（显著），表层表演到组织指向公民行为的路径系数为 0.299（显著），表层表演到组织指向公民行为的路径系数由 0.785 降到 0.52（显著），因此，表层表演在服务导向和组织指向公民行为之间存在部分中介效应，因此假设 H6-4b 成立。

（3）服务导向—深层表演—人际指向公民行为。服务导向到深层表演的路径系数为 0.492（显著），深层表演到人际指向公民行为的路径系数为 0.134（不显著），因此进行 Sobel 检验。Sobel 统计值为 1.41（<1.96），表明深层表演在服务导向和人际指向公民行为之间不存在中介作用，因此假设 H6-4c 不成立。原因在于：同事之间的社会关系在服务导向与人际指向公民行为之间起中介作用，服务导向性越高的员工为人越热情、越热心，越愿意与同事建立友好的社会关系，进而促进人际指向公民行为。

（4）服务导向—深层表演—组织指向公民行为。服务导向到深层表演的路径系数为 0.492（显著），深层表演到组织指向公民行为的路径系数为 0.273（显著），深层表演到组织指向公民行为的路径系数由 0.785 降到 0.577（显著），表明深层表演在服务导向和组织指向公民行为之间存在部分中介效应，因此假设 H6-4d 成立。

6.4 结果分析与管理启示

（1）结果分析。

一线服务员工的服务导向对顾客绩效的提升具有重要的促进作用。这种促进作用只有在员工的服务导向转化为优质服务行为时才能实现。本章旨在揭示服务导向、情绪劳动与组织公民行为之间的作用机理，利用对金融服务业 210 名员工进行调研所得的数据，运用 SPSS 软件和 AMOS 分析工具进行实证分析。结果表明：服务导向负向影响情绪劳动中的表层表演，正向影响深层表演；表层表演负向影响组织公民行为的两个维度——人际指向公民行为和组织指向公民行为，而深层表演对之具有正向效应；表层表演在服务导向和组织指向组织公民行为之间起部分中介作用；深层表演在服务导向与组织指向公民行为之间起部分中介作用。上述研究结果为服务企业进行员工管理提供了一定的理论指导。

本章的研究结论在如下方面具有一定的理论贡献。

第一,证实了服务导向对情绪劳动和组织公民行为具有显著影响,不仅丰富了服务导向的员工结果理论,而且拓展了情绪劳动和组织公民行为的前因理论。情绪劳动和组织公民行为是一线服务员工的两种优质工作行为。然后目前研究并未深入探讨服务导向对情绪劳动的影响。本章证实了服务导向正向影响情绪劳动中的深层表演、负向影响表层表演,从而丰富了服务导向的效应理论。同时,虽然吴清津等证实了服务导向的情感密集维度正向影响组织公民行为[235],但是他将组织公民行为视为单一整体构念。随着组织公民行为研究的深入,学者们已发现组织公民行为概念的内涵丰富且广泛,并基于各自的视角提出了迥异的组织公民行为结构[246]。其中,Williams 提出组织公民行为结构包括人际指向公民行为和组织指向公民行为[35],得到了后续学者的普遍认可。本章聚焦于组织公民行为的内部结构,证实了服务导向正向影响人际指向公民行为和组织指向公民行为,进一步完善了服务导向的员工结果研究。此外,情绪劳动和组织公民行为是当今服务管理和组织行为领域的热点研究课题,本章的两个理论结果也是对情绪劳动和组织公民行为前因研究的有益拓展。

第二,从情绪劳动的视角揭示了服务导向与组织公民行为之间的作用机理。本章证实了表层表演和深层表演在服务导向与组织指向公民行为之间起部分中介作用,深化了服务导向与组织公民行为之间的作用规律,更为准确地界定了两者的关系。

第三,在中国的金融服务业情境下,探讨了服务导向、情绪劳动与组织公民行为的关系。目前服务导向理论研究主要基于西方文化背景展开。以中国为代表的东方文化与西方文化存在较大差异。这些差异反映在社会个体的价值观、态度和行为等方面[49,200]。在中国服务业情境下探讨服务导向、情绪劳动和组织公民行为的作用关系,不仅提高了服务导向理论的普适性,而且考虑了中国本体情境的特殊性,能为中国服务业管理者提供更准确的理论指导。

(2) 管理启示。

本章的研究结论对于金融服务企业的员工管理实践也具有重要指导意义。

第一,服务导向对情绪劳动和组织公民行为具有较大的预测作用。服务导向是一种员工适合服务情境的人格特征,这种人格特征受个人的核心性格特征(如大五格)和企业环境的共同影响。因此,建议企业多招聘性格开朗、为人热情、喜欢与他人合作的员工,同时建立优质服务的文化,这种文化也能在一定程度上提升员工的服务导向水平,进而员工在服务顾客时会表现出更多的优质服务

第6章 服务导向、情绪劳动与组织公民行为之间的作用机制

行为,最终促进顾客绩效的提升。

第二,情绪劳动中的深层表演能够促进组织公民行为、表层表演能够抑制组织公民行为。情绪劳动是服务员工日常工作中经常采取的心理加工方式。员工不同的心理加工方式对优质工作行为(如组织公民行为)具有不同影响。因此,建议企业增加员工心理调节的培训项目,使员工在遇到压力、面对负面事件时多回忆快乐的事情、站在顾客角度考虑问题等,即采取深层表演方式调节自己的情绪,这样既利于提升顾客绩效,也利于建立和谐的上级—下属关系、同事关系,最终能够促进组织绩效的提升。

第三,服务导向可以通过调节员工的情绪劳动来促进组织指向公民行为,如即使领导没有要求,员工也会主动做出有利于企业的事情。因此,建议企业从系统性角度考虑促进组织公民行为,即从员工的服务导向性格特征和情绪劳动的心理加工方式同时入手,注重企业员工招聘与培训项目的协调,据此提升组织指向公民行为水平。

(3)研究局限与未来研究方向。

本章的研究局限主要体现在3个方面。第一,本章以金融服务业员工为调查对象,因此,研究结论是否适用于其他服务行业(如餐饮业、酒店业等)有待进一步验证。未来研究可从餐饮业、酒店业和旅游业等服务行业收集数据,进一步提升本章研究结论的普适性。第二,为了减小共同方法偏差,本章采取多阶段收集问卷、匿名填写、调研人员强调学术目的以及问卷收集过程不直接接触数据等措施进行调查。这些措施虽然在很大程度上减小了共同方法偏差,但是仍有改善空间,如可让主管评价员工的组织公民行为。第三,本章仅考虑了个体因素对组织公民行为的影响。除了个体因素外,情境因素(如服务氛围)也可能在服务导向影响组织公民行为的过程中发生作用。未来研究应从多层次视角探讨组织环境因素在服务导向影响组织公民行为的过程中产生的作用。

6.5 本章小结

本章研究旨在揭示服务导向、情绪劳动与组织公民行为之间的作用机制。通过对辽宁沈阳、鞍山等地的银行、证券机构等金融企业的服务员工进行调研,最终获得210名员工的有效问卷,综合运用SPSS、AMOS分析工具分析上述数据,结果表明:服务导向负向影响情绪劳动中的表层表演,正向影响深层表演;表层

表演负向影响组织公民行为,而深层表演却具有正向效应;表层表演和深层表演在服务导向与组织指向公民行为之间起部分中介作用。本章的假设验证情况如表6.6所示。

表6.6　　　　　　　　　　研究假设检验结果

研究假设	检验情况
H6-1a:服务导向负向影响表层表演。	成立
H6-1b:服务导向正向影响深层表演。	成立
H6-2a:表层表演负向影响人际指向公民行为。	成立
H6-2b:表层表演负向影响组织指向公民行为。	成立
H6-2c:深层表演正向影响人际指向公民行为。	成立
H6-2d:深层表演正向影响组织指向公民行为。	成立
H6-3a:服务导向正向影响人际指向公民行为。	成立
H6-3b:服务导向正向影响组织指向公民行为。	成立
H6-4a:表层表演在服务导向与人际指向公民行为间起中介作用。	不成立
H6-4b:表层表演在服务导向与组织指向公民行为间起中介作用。	成立
H6-4c:深层表演在服务导向与人际指向公民行为间起中介作用。	不成立
H6-4d:深层表演在服务导向与组织指向公民行为间起中介作用。	成立

第7章

家庭工作界面因素对主动服务顾客行为的作用机制——基于服务氛围视角

7.1 理论模型构建与基本假设提出

7.1.1 理论模型来源

随着人们生活水平的不断提高，顾客需求日益多样化、个性化，服务员工通过遵守服务流程或响应顾客需求来提供服务的方式难以长期保持高水平的服务质量[247]。相反，服务员工在服务顾客时，事先预测顾客的需求，向顾客作出额外的服务承诺以及与其他服务员工一起满足顾客"意外"的需求，会在更大程度上提升顾客和企业绩效[248]。这些服务行为的背后存在着共性，即服务员工在没有外界要求或提示情况下，主动提供优质的服务。Rank[42]将之概括为主动服务顾客行为，是指服务员工自我发起、长期导向和持久性服务行为。主动服务顾客行为是服务和主动性两个研究领域的重叠，但却被两者忽视和低估。一方面，服务领域的学者长期以来一直强调服务绩效和组织公民行为对顾客绩效的促进作用[43,87]，没有捕获到服务员工主动性特征[43]；另一方面，员工主动性研究侧重个人主动性[38]、主动性人格[39]、建言行为[40]、主动负责[41]等概念的探讨，也忽视了员工主动性在服务领域中的特殊表现形式。

鉴于服务和主动性研究领域对主动服务顾客行为的低估和忽视，目前仅有两篇文献探讨如何促进主动服务顾客行为。Rank等[42]以一家金融服务企业的管理者和员工为调研对象，证实员工主动性、情感组织承诺、任务的复杂性和参与型领导力正向影响主动服务顾客行为。最近Raub和Liao[43]从动机视角揭示主动型氛围和一般自我效能感共同促进主动服务顾客行为。这两篇文献主要聚焦服务员工个体特征和组织环境因素。除此之外，家庭因素也是影响员工工作表现的重要因素。作为社会中的个体，服务员工要将自己的精力、资源在家庭和工作之间进行分配。家庭对工作产生三种影响：家庭工作冲突、家庭工作增益与家庭工作平衡[139,249]。家庭工作冲突理论认为员工的精力、资源是有限的，在家庭中投入过多的精力，会限制员工在工作上的表现[249]。家庭工作增益理论认为员工可从家庭中获得有益的经验、技能，例如，在家里照顾孩子培养出的耐心，帮助服务员工服务顾客时，更为细致和耐心[139]。最近家庭工作平衡引起了学者强烈的兴趣。他们认为员工要想获得职业的成功，必须在家庭和工作合理分配个体资源，同时满足工作和家庭领域的角色要求[250]。因此，揭示家庭工作界面因素对主动服务顾客行为的影响，可以将主动服务顾客行为前因认识从个体和组织因素视角延伸到家庭工作界面领域，丰富主动服务顾客行为理论认识。再者，员工工作环境会在家庭工作界面和主动服务顾客行为间产生影响。服务员工对企业支持优质服务的制度和奖励政策的共享感知[251]，即服务氛围，会促进员工工作积极性，从而调节家庭工作界面与员工主动服务顾客行为间关系。

本章基于资源保存理论观点[252]，揭示服务氛围对家庭工作界面和主动服务顾客行为之间关系的影响，为服务企业员工管理实践提供理论支持。本章的理论模型如图7.1所示。

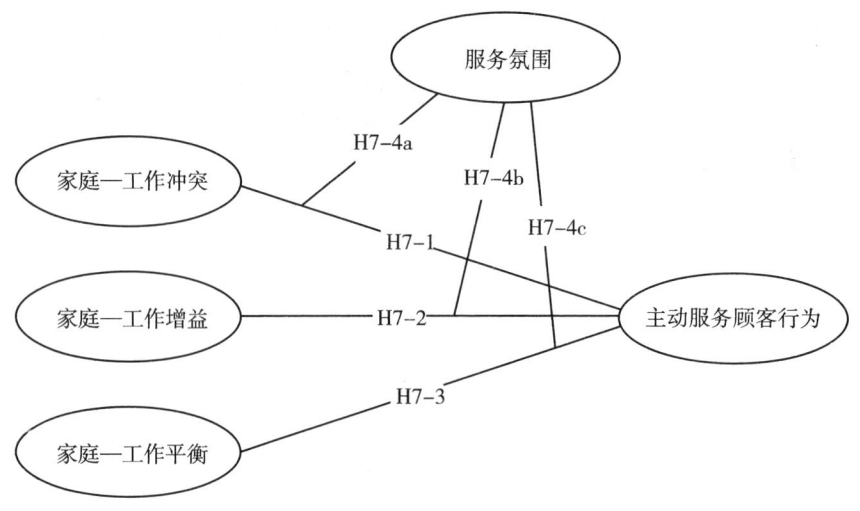

图 7.1 理论模型

7.1.2 基本假设提出

在本章的理论模型之中,家庭工作界面因素是前因变量,包括家庭工作冲突、家庭工作增益和家庭工作平衡,服务氛围属于调节变量,主动服务顾客行为属于因变量。按照变量间的逻辑关系,首先论证家庭工作冲突、家庭工作增益和家庭工作平衡各自与主动服务顾客行为之间的作用关系;其次,论证服务氛围在家庭工作冲突、家庭工作增益以及家庭工作平衡与主动服务顾客行为之间的调节作用。

(1) 家庭工作冲突对主动服务顾客行为的影响。

根据"资源稀缺理论"[204,249],服务员工的精力和资源是有限的,当员工将时间、精力过多花费在家庭时,很难在工作上保持充沛的精力,不可避免地产生家庭工作冲突。家庭工作冲突会引起工作沮丧感,增加员工忧郁、焦虑不安等负面情绪。这会降低服务员工在工作中投入资源的意愿和动机。主动服务顾客行为本就是员工自愿、主动付出更多的资源,为顾客提供优质服务以获得顾客满意和忠诚。当家庭与工作之间出现冲突时,员工很可能率先减少主动服务顾客行为方面的资源付出,仅完成工作的硬性要求和规定。于是,提出假设:

H7-1:家庭工作冲突负向影响主动服务顾客行为。

(2) 家庭工作冲突对主动服务顾客行为的影响。

角色理论中的资源获取发展观点认为个体多重角色之间可以相互促进,个体从某一角色获得的积极情感、角色特权、技能等,可以外溢到另一角色之中[139]。依据这一观点,服务员工在家庭中承担的角色可以对其工作角色产生有益影响,例如,在家庭中,孩子给服务员工带来的快乐会传递到工作之中。家庭工作增益可以通过工具性路径和情感性途径影响主动服务顾客行为。工具性途径是指员工在家庭中所获资源(如耐心、人际交往经验)能直接外溢到服务工作之中,提升主动服务顾客行为的频率和强度。情感性路径是指员工从家庭角色中获得的快乐、高兴等积极情感,可以激发员工在工作上的进取精神和持续努力,进而促进主动服务顾客行为。于是,提出假设:

H7-2:家庭工作增益正向影响主动服务顾客行为。

(3) 家庭工作平衡对主动服务行为的影响。

家庭工作平衡强调员工同时满足家庭和工作相关成员对其角色期望的程度[144]。角色理论认为员工有效满足主要角色相关的责任可以为员工带来系统性收益[139]。Marks 和 MacDermid[253]的角色平衡观点也认为员工满足主要角色相关责任，会对员工产生有益的结果。依据这些观点，家庭工作平衡能降低角色冲突所带来的消极体验，进而提高工作效率、角色满意感、组织承诺和工作满意度[206]。员工的组织承诺、工作满意度越高，负面体验越低，员工越有可能从事主动服务顾客行为。于是，提出假设：

H7-3：家庭工作平衡正向影响主动服务顾客行为。

（4）服务氛围的调节作用。

资源保存理论认为处于组织之中的员工总是试图维持个人资源的平衡。若员工付出资源过多，总希望从企业或外部环境获得相应资源补充，当资源补充不足以弥补员工付出时，员工将在未来减少资源投入[252]。相反，当资源补充足够弥补员工付出时，员工将加大投入，获取更多有价值资源。服务氛围正是一种对服务员工有价值的资源，是指服务员工对企业支持优质服务的制度和奖励政策的共享感知[251]。企业服务氛围越高，表明企业在鼓励员工积极完成工作、提供优质服务等方面投入的资源越多。这能够补充员工因家庭—工作冲突导致的资源耗损，激发员工的工作热忱，促进主动服务顾客行为。相反，当企业的服务氛围较低时，员工从事主动服务顾客行为投入较多个人资源，企业并无奖励和支持，资源损耗过多得不到相应补充，就会恶化家庭—工作冲突与主动服务顾客行为之间的关系。同样，服务氛围作为服务员工有价值的资源，会与家庭工作增益、家庭—工作平衡产生协同效应，共同强化员工主动服务顾客行为。于是，提出假设：

H7-4a：服务氛围会抑制家庭工作冲突与主动服务顾客行为之间的负向关系。

H7-4b：服务氛围会促进家庭工作增益与主动服务顾客行为之间的正向关系。

H7-4c：服务氛围会促进家庭工作平衡与主动服务顾客行为之间的正向关系。

7.2 研究设计

7.2.1 数据收集

本章调研的企业所属行业包括银行、保险、酒店、饭店、旅行社等服务行业。涉及的服务员工岗位主要为直接面向顾客岗位，包括银行保险公司的柜员和

第7章 家庭工作界面因素对主动服务顾客行为的作用机制——基于服务氛围视角

客户经理,酒店的接待人员,饭店的服务人员以及旅行社的接待人员和导游等。企业分布地区主要有辽宁、河北、天津、山东等地。在调研开始前,对调研人员进行培训,要求调研人员在调研时解释调查结果仅用于学术研究,匿名自愿填写。填好问卷后,请员工用信封将问卷密封好后,由调研人员收回。整个调研过程,调研人员不直接接触问卷内容。

为了降低共同方法偏差,调研过程分为3个阶段,每阶段间隔4个星期。第一阶段,收集个体特征信息及家庭—工作界面因素信息。向400名服务员工调研,最终获得有效问卷为365份问卷,有效率为91.25%。第二阶段,收集服务氛围变量信息,向第一阶段获得有效问卷的365名员工调研,最终获得336份有效问卷,有效率为92.05%。第三阶段,收集主动服务顾客行为变量信息,向第二阶段获得有效问卷的336名员工调研,获得310名员工有效问卷,有效率为92.26%。

将最后310份有效问卷与最初的400份问卷进行对比,两者的服务员工个体差异并不显著。本次调研的员工个体样本特征如表7.1所示。

表7.1 员工的样本特征

个体变量	项目	人数	百分比(%)
性别	男	119	38.39
	女	191	61.61
年龄	18~20岁	10	3.23
	21~25岁	77	24.84
	26~30岁	91	29.35
	31~35岁	49	15.81
	36~40岁	36	11.61
	41岁以上	47	15.16
学历	初中以下	14	4.52
	高中或中专	36	11.61
	大专	71	22.90
	大学本科	169	54.52
	硕士以上	19	6.45

续表

个体变量	项目	人数	百分比（%）
婚姻	已婚	197	63.55
	未婚	113	36.45
工作年限	<1 年	11	3.55
	1~5 年	172	55.48
	6~10 年	54	17.42
	11~15 年	29	9.35
	>16 年	44	14.20
月收入（元）	2000 以下	21	6.77
	2000~3499	77	24.84
	3500~4999	133	42.90
	5000 以上	79	25.49
行业分布	金融服务	171	55.16
	餐饮	102	32.90
	其他	37	11.94
工作类型	全职	276	89.03
	兼职	34	10.97

7.2.2 变量测量

本章量表翻译采取"翻译—回译"过程，先邀请一位外语学院英语专业研究生将英文量表翻译成中文，再邀请另一位外语学院英语专业研究生将翻译好的中文回译成英文。对照原英文、中文译文和回译英文中不一致的部分，由课题小组进行讨论，经三次讨论后，最终形成一致意见。通过两家服务企业 37 名员工的试填，效果良好，保证了问卷的内容效度。量表采用 5 级 Likert 量表，"1 代表完全不同意，5 代表完全同意"。

家庭工作冲突改自 Carlson 等[204]量表，共 9 个题项。典型题目"我在家庭上花费很多时间，在一定程度上影响了我的工作"。

家庭工作增益改自唐汉瑛等[254]量表，共 7 个题项。典型题目"在家产生的好心情会保持到工作中,让我在工作中更有激情、更加用心投入"。

家庭工作平衡改自 Carlson[206] 量表,共 6 个题项。典型题目"在家庭和工作中对我有关键影响的人(如领导、父母妻子等),我能很好地完成他们的期望"。

服务氛围改自 Schneider[251] 量表,共 5 个题项。典型题目"从公司员工的行为和公司内部文件可以看出公司对顾客的重视"。

主动服务顾客行为改自 Rank 等[42] 量表,共 7 个题项。典型题项"我能事先预料顾客内心所想,并主动满足他们的需要"。

7.3 数据分析结果

7.3.1 共同方法偏差检验

为降低由于数据来源相同、测量环境类似等产生的共同方法偏差[198],本章在收集数据环节采取多阶段数据收集方式,消除自变量对因变量的提示效应。在数据检验环节,依据彭正龙和赵红丹[200] 检验共同方法偏差的方式,对问卷所有题项进行探索性因子分析,第一主成分为 27.88%,没有解释大部分变量,表明本章的共同方法偏差不严重。

7.3.2 信度和效度检验

(1)信度检验。

家庭工作冲突 α 系数为 0.915,家庭工作增益 α 系数为 0.889,家庭工作平衡 α 系数为 0.878,服务氛围 α 系数为 0.846,主动服务顾客行为 α 系数为 0.876。所有变量 α 系数均大于 0.7,通过信度检验。

(2)收敛效度检验。

本章中家庭工作冲突 AVE 值为 0.55,因子载荷范围为 0.65~0.82,家庭工作增益 AVE 值为 0.54,因子载荷范围为 0.67~0.80,家庭工作平衡 AVE 值为 0.55,因子载荷范围为 0.69~0.78,主动服务顾客行为 AVE 值为 0.50,因子载荷范围为 0.64~0.79,服务氛围 AVE 值为 0.53,因子载荷范围为 0.70~0.76。具体结果如表 7.2 所示,研究变量所有题项的因子载荷均大于 0.5,各变量 AVE 值也均大于 0.5,本研究所有变量通过收敛效度检验。

表 7.2　　收敛效度检验结果

变量	题项	因子载荷	AVE
家庭工作冲突（FWC）	FWC1	0.772	0.5471
	FWC2	0.800	
	FWC3	0.684	
	FWC4	0.804	
	FWC5	0.823	
	FWC6	0.772	
	FWC7	0.653	
	FWC8	0.647	
	FWC9	0.675	
家庭工作增益（FWE）	FWE1	0.670	0.5402
	FWE2	0.783	
	FWE3	0.697	
	FWE4	0.757	
	FWE5	0.765	
	FWE6	0.795	
	FWE7	0.666	
家庭工作平衡（FWB）	FWB1	0.709	0.5466
	FWB2	0.776	
	FWB3	0.755	
	FWB4	0.689	
	FWB5	0.764	
	FWB6	0.739	
主动服务行为（PCSP）	PCSP1	0.718	0.5031
	PCSP2	0.639	
	PCSP3	0.718	
	PCSP4	0.694	
	PCSP5	0.785	

续表

变量	题项	因子载荷	AVE
主动服务行为（PCSP）	PCSP6	0.717	0.5031
	PCSP7	0.686	
服务氛围（SC）	SC1	0.729	0.5308
	SC2	0.741	
	SC3	0.760	
	SC4	0.715	
	SC5	0.696	

（3）区别效度检验。将所有变量题项分别合为单因子、二因子模型、三因子与五因子，检验本章所有变量区别效度。如表7.3所示，其中，五因子模型的结构拟合指标为 $\chi^2=485.98$，df = 333，$\chi^2/\text{df}=1.46$，GFI = 0.9，CFI = 0.97，PNFI = 0.79，RMSEA = 0.04，五因子模型结构拟合指标都达到了理想水平，并且五因子模型与单因子、二因子和三因子模型相比，拟合指标更好，表明本章变量间的区别效度较好。

表 7.3　　　　　　　　验证性因子分析

模型	χ^2	df	χ^2/df	GFI	CFI	PNFI	RMSEA
单因子模型	2085.178	350	5.958	0.589	0.602	0.519	0.127
二因子模型	1533.105	349	4.393	0.703	0.729	0.625	0.105
三因子模型	818.717	344	2.380	0.835	0.891	0.753	0.067
五因子模型	485.973	333	1.459	0.901	0.965	0.791	0.039

注：单因子模型：将家庭工作冲突、家庭工作增益、家庭工作平衡、主动服务行为和服务氛围合为一个因子；二因子模型：家庭工作冲突+家庭工作增益+家庭工作平衡，主动服务行为+服务氛围；三因子模型：家庭工作冲突+家庭工作增益+家庭工作平衡，服务氛围，主动服务行为；五因子模型：家庭工作冲突，家庭工作增益，家庭工作平衡，主动服务行为，服务氛围。

7.3.3　相关分析

在控制工作类型、行业、性别、年龄、婚姻状态、学历、月收入、工作年限等控制变量后,对本章所有变量两两进行 Pearson 偏相关分析,结果如表 7.4 所示。

表 7.4 相关分析

变量	均值	标准误差	FWC	FWE	FWB	SC	PCSP
家庭工作冲突（FWC）	2.505	0.609	—				
家庭工作增益（FWE）	4.051	0.634	-0.002	—			
家庭工作平衡（FWB）	3.706	0.627	-0.043	0.657***	—		
服务氛围（SC）	3.491	0.655	0.084	0.240***	0.218***	—	
主动服务顾客行为（PCSP）	3.710	0.524	-0.002	0.507***	0.510***	0.494***	—

注：*** 表示在 0.001 水平上显著。

如表 7.4 所示,家庭工作冲突与其他五个变量之间的 p 值均大于 0.05,说明家庭工作冲突与其他四个变量（家庭工作增益、家庭工作平衡、服务氛围和主动服务行为）之间的相关关系不显著；其他各个变量之间的 p 值均小于 0.001,说明其他变量之间在 0.001 水平下具有显著的相关关系。

7.3.4 路径分析

运用 AMOS 17.0 结构方程分析工具,在控制工作类型、行业、性别、年龄、婚姻状态、学历、月收入、工作年限等控制变量后,家庭工作冲突、家庭工作增益、家庭工作平衡对主动服务顾客行为的路径系数如图 7.2 所示。

如图 7.2 所示,家庭—工作冲突对主动服务顾客行为影响的路径系数为 0.01 不显著,$p > 0.05$,假设 H7-1 不成立。家庭—工作增益和家庭—工作平衡对主动服务顾客行为的路径系数分别为 0.37、0.34,$p < 0.05$,假设 H7-2、H7-3 成立。

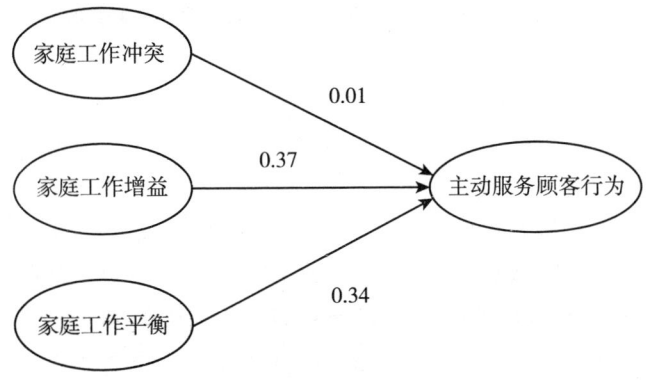

图 7.2 路径模型

注：$\chi^2 = 443.87$；df $= 324$；$\chi^2/$df $= 1.37$；GFI $= 0.903$；IFI $= 0.974$；CFI $= 0.974$；PNFI $= 0.804$；RSMEA $= 0.034$。

7.3.5 服务氛围调节作用的检验

（1）在家庭工作冲突与主动服务顾客行为间服务氛围的调节作用。

经检验，服务氛围与家庭—工作冲突对主动服务顾客行为的交互系数为 0.318，$p < 0.001$，同时 ΔR^2 为 0.071，说明该模型自变量对主动服务行为的变异解释量增加了 7.10% 且显著（$\Delta F = 33.583$，$p < 0.001$）。因此，假设 H7-4a 成立，即服务氛围在家庭—工作冲突和主动服务顾客行为之间有显著调节作用。其调节作用如图 7.3 所示。

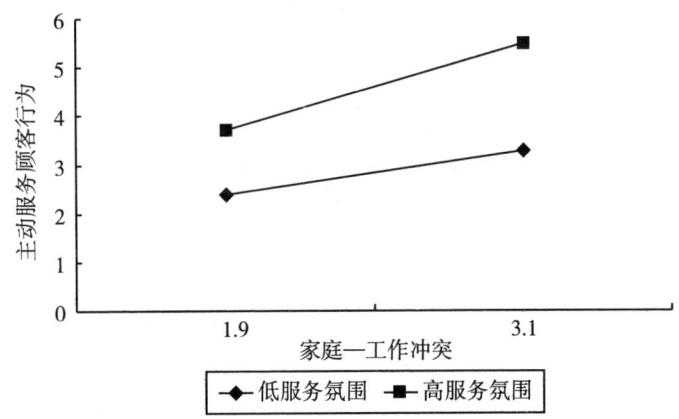

图 7.3 服务氛围在家庭工作冲突与主动服务顾客行为间的调节作用

(2) 在家庭—工作增益与主动服务顾客行为间服务氛围的调节作用。

经检验，服务氛围与家庭—工作增益对主动服务顾客行为的交互作用系数为 -0.003，$p > 0.05$。因此，假设 H7-4b 不成立，即服务氛围在家庭—工作增益与主动服务顾客行为之间不具有显著调节作用。

(3) 在家庭—工作平衡与主动服务顾客行为间服务氛围的调节作用。

经检验，服务氛围与家庭—工作平衡对主动服务顾客行为的交互作用系数为 0.095，$p < 0.05$，同时 ΔR^2 为 0.008，说明该模型自变量对主动服务顾客行为的变异解释量增加了 0.80% 且显著（$\Delta F = 4.674$，$p < 0.05$）。因此，假设 H7-4c 成立，服务氛围在家庭—工作平衡与主动服务顾客行为之间调节作用显著，其调节作用如图 7.4 所示。

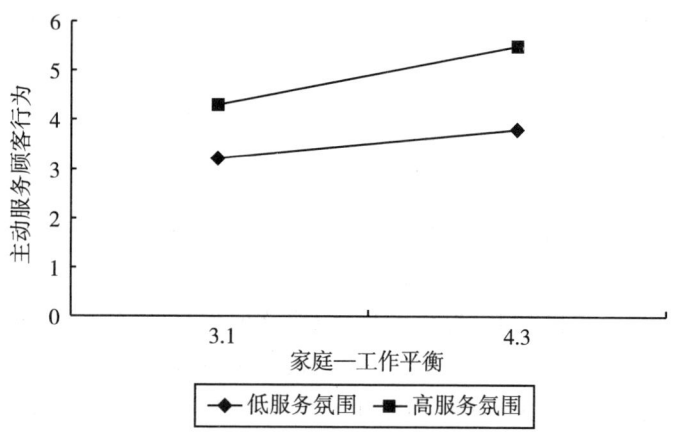

图 7.4　服务氛围在家庭工作平衡与主动服务顾客行为间的调节作用

7.4
结果分析与管理启示

(1) 结果分析。

第一，本章从家庭工作界面这一新视角揭示了其对主动服务顾客行为的作用机理。通过对多个服务行业 310 名员工的调研，结果表明，家庭工作增益会促进主动服务顾客行为；家庭工作平衡会促进主动服务顾客行为，服务氛围会减少家庭工作冲突对主动服务顾客行为的负向影响，会增强家庭工作平衡对主动服务顾客行为的正向影响。

第7章 家庭工作界面因素对主动服务顾客行为的作用机制——基于服务氛围视角

主动服务顾客行为是员工主动性在服务领域的特殊表现形式,反映服务员工自我发起、长期导向和持久性服务行为特征,对顾客服务质量感知有显著驱动作用。本章证实服务员工可在家庭中获得有益的技能、资源。这些技能、资源同样有益于员工工作,提升员工主动服务顾客行为的表现。另外,依据角色平衡观点,本章也发现,当员工同时满足家庭角色和工作角色要求时,会产生系统性收益,这些收益也促进主动服务顾客行为。这两个研究结论得到了角色理论中的资源获取发展观点、角色平衡观点支持[139,204]。

第二,本章贡献还在于从服务氛围视角识别了家庭工作界面与主动服务顾客行为之间的理论边界。来自员工家庭对工作无论产生正面还是负面影响,企业领导者的管理手段和方法都很难直接干预员工的家庭状态,进而提升主动服务顾客行为。但领导者可以在企业之间塑造一种奖励和支持优质服务的氛围环境(即服务氛围),补充因家庭工作冲突造成的资源损耗,减少家庭工作冲突对主动服务顾客行为的负向影响,增强家庭工作平衡对主动服务顾客行为的正向影响。这两个结论得到了资源保存理论观点的支持[252]。

第三,家庭工作界面和主动服务顾客行为的提出来源于西方文化情境。在西方文化情境中,家庭工作冲突基本会导致负面的员工工作结果。但在中国文化背景下,人们对于工作的重视程度相当强烈。有学者指出,中国员工在工作和家庭发生冲突时,家庭一般会给工作让路[209]。因此,本章并没有发现家庭工作冲突对主动服务顾客行为的负面效应。然而,当考虑服务氛围的调节作用时,发现服务氛围不仅能够减少家庭工作冲突对主动服务顾客行为的负向影响,甚至两者之间的关系会转化成为正向。有研究认为,家庭工作角色压力会引起家庭工作冲突进一步导致服务员工的心里抑郁[255],这在一定程度上会消耗服务员工的心理资源[255],而如果在企业内部营造浓厚的服务氛围,使员工获得"心"动力支持,这样,当出现家庭工作冲突时,反而员工集体的情感性归属感就会代替家庭情感的归属感,从而增强员工的主动顾客服务行为。这些发现对构建中国本土化主动服务顾客行为理论有一定贡献。

第四,服务氛围在家庭工作增益和主动服务顾客行为间不具有显著调节作用。究其原因可能是由于家庭工作增益产生有益于服务工作的技能,这些技能提升员工从事主动服务顾客行为的能力感知,如耐心、人际交往技能等。而服务氛围的强化作用主要体现在提升员工从事主动顾客行为的动机方面,如报酬、管理者的支持,导致服务氛围在家庭工作增益和主动服务顾客行为之间没有明显强化作用。

（2）管理启示。

第一，研究发现家庭工作增益、家庭工作平衡可以促进主动服务顾客行为。因此，服务企业在招聘选拔过程中，除了考察应聘员工的个性、能力外，还应该了解应聘者的家庭情况，了解他们处理家庭工作关系的态度和能力，使人岗之间更加匹配；服务企业在对服务员工进行培训时，除了强化员工的业务能力外，也应提升员工处理家庭和工作关系的技能、技巧；在企业内部建立分享平台，给员工提供处理家庭工作关系的交流机会，分享成功的经验。

第二，建议服务企业关心员工的家庭生活，开展家庭友好计划。家庭友好计划是指企业为员工提供的以使其更好地发挥作为家庭成员角色的制度体系，例如，在重要节日，企业向服务员工的父母奉上孝敬红包，帮助员工处理家庭中的困难和问题，使员工家庭生活和谐，进而促进其主动服务顾客行为。

第三，鉴于服务氛围可以强化家庭工作冲突、家庭工作平衡与主动服务顾客行为之间的关系，建议服务企业制定奖励和支持优质服务的规章制度，提升服务员工从事主动服务顾客行为的动机；对服务员工进行充分授权，允许服务员工自主解决服务顾客时的意外情况，为员工提供从事主动服务顾客行为的机会；开展素质拓展训练，促进部门内部和不同部门之间的服务员工能够积极合作共同向顾客提供优质服务。

7.5 本章小结

本章研究旨在揭示家庭工作冲突、家庭工作增益及家庭工作平衡对服务员工主动服务顾客行为的作用机理，提出家庭工作冲突会负向影响主动服务顾客行为；与此相反，家庭工作增益和家庭工作平衡会正向影响主动服务顾客行为。在此基础上，提出服务氛围会抑制家庭工作冲突与主动服务顾客行为之间的负向关系，会促进家庭工作增益及家庭工作平衡与主动服务顾客行为之间的正向关系。本章通过对 310 名服务员工进行多阶段调研，运用 SPSS 19.0 和 AMOS 17.0 统计软件对数据结果进行分析，结果表明：家庭工作增益对主动服务顾客行为有正向影响；家庭工作平衡对主动服务顾客行为有正向影响；随着服务氛围的提高，家庭工作冲突对主动服务顾客行为的负向影响将减弱；随着服务氛围的提高，家庭工作平衡对主动服务顾客行为的正向影响将增强。综上所述，本章提出的假设检验结果如表 7.5 所示。

表 7.5　　　　　　　　　研究假设检验结果

研究假设	检验结果
H7-1：家庭工作冲突负向影响主动服务顾客行为。	不成立
H7-2：家庭工作增益正向影响主动服务顾客行为。	成立
H7-3：家庭工作平衡正向影响主动服务顾客行为。	成立
H7-4a：服务氛围会抑制家庭工作冲突与主动服务顾客行为之间的负向关系。	成立
H7-4b：服务氛围会促进家庭工作增益与主动服务顾客行为之间的正向关系。	不成立
H7-4c：服务氛围会促进家庭工作平衡与主动服务顾客行为之间的正向关系。	成立

第8章

多视角服务导向对服务创新行为的跨层次影响机制

8.1 理论模型构建与基本假设提出

8.1.1 理论模型来源

接待业包括酒店、旅游、休闲娱乐等诸多行业,与人们的生活密切相关。当今我国接待业市场日益全球化,使得接待服务企业之间的竞争不断加剧。接待服务企业建立竞争优势的关键在于设计出新服务、改进现有服务的效率和质量[88]。一线服务员工由于了解顾客的需求,接近市场,可以就新服务、现有服务质量改进提出新颖实用的创意和建议[45]。员工的这些行为称为服务创新行为,是指员工提出利于组织的新想法、建议或将新流程、新服务引入组织之中的行为[89]。目前相关文献主要聚焦单一层次因素对服务创新行为的影响,即从组织环境视角探讨对服务创新行为的影响,如培训、雇佣管理政策与创新文化等[256];或者强调员工个体因素的驱动作用,如自我效能感、内外动机以及主动人格等[45,88]。

虽然服务创新行为研究取得一定进展,仍存在如下改进空间:首先,目前研究者将服务创新行为视为一个整体概念,但服务员工涌现新颖实用的创意和贯彻、执行创新解决方案,这是两个不同的创新环节。前者为创造力,是指服务员工就服务、服务流程和程序等提出新颖实用创意的过程[90];后者为创造执行力,是指员工贯彻和执行创新解决方案的过程[90]。因而,服务创新行为可以界定两个维度:创造力和创造执行力。进而探讨同时影响两者的因素,可以进一步深化

第8章 多视角服务导向对服务创新行为的跨层次影响机制

服务创新行为理论认识。其次,接待服务企业是一个多层次、环环相扣的组织。组织环境和员工的个体特征可能相互结合,共同影响服务创新行为。研究基于多层次理论框架,将企业和员工个体的服务导向进行整合[61,151],探讨两者如何共同促进创造力和创造执行力,可以在更大程度上解释和预测服务创新行为。最后,创新研究的文献主要探讨制造业、高新技术等行业创新现象,这些行业与服务业在产品形态、工作流程和程序方面存在巨大差异,导致制造业的创新研究结论不能简单应用于服务业之中[256]。目前接待业的创新研究是个被低估的领域[89]。因为缺乏足够的知识,接待服务企业的管理者只能依赖于直觉和有限的经验去寻求企业创新成功的"金钥匙"。聚焦接待服务业情境中的员工创新行为是本书研究的另一贡献。

综上所述,本章的目的就是聚焦我国接待服务业,整合多个层次的服务导向,从多层次理论视角揭示它们如何共同影响创造力和创造执行力。本章理论模型如图8.1所示。

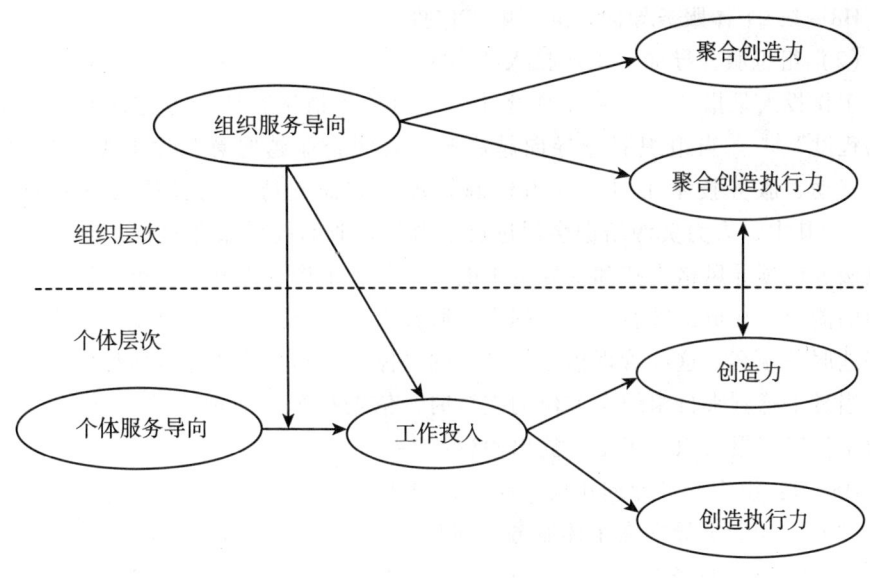

图 8.1 理论模型

8.1.2 基本假设提出

在本章理论模型之中,组织服务导向和个体服务导向是前因变量,工作投入属于中介变量,创造力和创造执行力属于因变量。按照变量间的逻辑关系,首先,论证个体服务导向与组织服务导向各自与工作投入之间的作用关系;其次,论证组织服务导向在个体服务导向与工作投入之间的调节作用、论证工作投入在组织服务导向与个体服务导向对创造力和创造执行力交互作用中的中介传递作用;最后,在组织层面,论证组织服务导向对聚合为组织层次的创造力和创造执行力产生何种影响。

(1) 个体服务导向对工作投入的影响。

个体服务导向越高的员工,其性格特征中包含热情、乐于助人的成分较多[235]。这样的员工为顾客提供优质服务的主观能动性越强,也就越会以饱满的热情、专注的态度,满足顾客的个性化需求,解决服务顾客的难题。此外,一些研究证实个体服务导向正向影响员工的工作态度和行为,如工作满意度、组织承诺[162]。工作满意度、组织承诺越高的员工,越有可能在工作之中投入更多的个人资源(情绪、认知和身体的资源),以取得优质服务绩效。于是,提出假设:

H8-1:个体服务导向正向影响工作投入。

(2) 组织服务导向对工作投入的影响。

工作投入是指"员工在工作之中,从身体、情绪、认知等方面同时付出努力的程度"[210]。当组织服务导向越高时,表明企业越愿意从服务型领导风格、服务互动、服务技术工具、人力资源管理等方面支持一线服务人员的服务工作[151]。其中,人力资源培训会促进员工内化企业的优质服务目标,企业的管理者以服务型领导风格支持和指导员工的日常服务工作,提升员工解决服务中疑难问题的能力;在员工顾客互动过程中对服务人员充分授权,让员工自主决定如何更好地服务顾客。这些管理措施从员工的身体、认知和情绪等方面提供资源的支持。当员工感到来自组织全方位的支持时,依据社会交换理论[167],员工会更加努力工作以回报组织。于是,提出假设:

H8-2:组织服务导向正向影响工作投入。

(3) 组织服务导向在个体服务导向与工作投入之间的调节作用。

员工的个体服务导向较高,仅表明员工拥有向顾客递送优质服务的"潜质"。这种潜质是否在工作之中转化为实际的工作投入,取决于外部的组织环境是否有利。在较高的服务导向环境中,员工会切实感受到企业从上至下对优质服务的重视与支持,感到企业是以优质服务来获得竞争优势和财务绩效。在这样的企业氛围中,人的趋利避害本性驱动员工在服务工作中增加投入,以提升服务绩效来获"利",遏制偷懒、被动响应顾客的要求来避"害"[167]。于是,提出假设:

第8章　多视角服务导向对服务创新行为的跨层次影响机制

H8-3：组织服务导向调节个体服务导向和工作投入之间的关系，当组织服务导向增强时，两者间的关系变得更强。

(4) 工作投入对服务创新行为的影响。

服务创新并不是员工轻松就可以实现，需要员工付出更多、额外的努力[257]。这些努力包括对创新持续保持激情（情绪资源投入），持续专注工作之中待解的难题（认知资源的投入）以及付出更多的时间、精力学习知识和技能（身体资源的投入）。一方面，员工工作投入越高，表明员工在体能、认知和情绪的资源付出越多[210]，员工越可能竭尽所能动用自己的各种资源，自主学习创新所需的知识和技能，或向拥有相关技能秘诀的同事学习[257]，这会提升员工创造力水平。另一方面，员工在贯彻和执行创新方案时，会遇到很多的难题，如挑战现有的制度、创新方案的实施损害其他员工现有的利益等。这些都需要员工在工作之中投入更多的个人资源。所以工作投入程度越高，其成功贯彻和执行创新方案的可能性越高[210]。于是，提出假设：

H8-4：工作投入正向影响创造力。

H8-5：工作投入正向影响创造执行力。

(5) 以工作投入为中介的调节作用。

当组织服务导向与个体服务导向交互影响工作投入，进而影响创造力和创造执行力时，工作投入会产生被中介的调节作用（mediated moderation effect）[258]。本章认为，在组织服务导向与个体服务导向对服务创新行为的交互作用之间，以工作投入为中介。原因如下：首先，资源保存理论主张，人们具有保存、保护及重视资源的基本动机。当员工付出个人的资源，或者面临个人资源损失的风险而没有相应的资源补充，员工很可能减少后续资源的付出[216]。依据该理论观点，服务创新行为属于员工职责外的自愿行为，这种行为需要员工付出更多的努力才能完成。当员工仅依靠个人的资源（个体服务导向）从事服务创新行为时，员工资源的损耗如不能及时得到补充，在后续行为过程中就会减少投入的程度，以保持个体内部资源的平衡。组织服务导向越高，企业对员工的资源支持就越多，如培训、授权以及领导的支持。员工得到组织的补充资源，会在后续的创新行动中投入更多的资源，提出更多新颖实用的建议（创造力），动用一切可利用资源执行创新方案等（创造执行力）。此外，Raub[43]揭示自主支持性氛围（一种强调优质服务的特定类型氛围）和个体的自我效能（与个体服务导向紧密相关）共同促进主动顾客服务行为（与服务创新行为同属于员工角色外的自愿行为）。遵循H8-1~H8-3假设的推理，组织服务导向与个体服务导向共同影响工作投入，继而工作投入正向影响服务创新行为（包括创造力和创造执行力）。于是，

提出假设:

H8-6: 在组织服务导向与个体服务导向对创造力的交互作用之间,以工作投入为中介。

H8-7: 在组织服务导向与个体服务导向对创造执行力的交互作用之间,以工作投入为中介。

(6) 组织服务导向对聚合创造力和聚合创造执行力的影响。

通过组织的员工选拔、社会化以及培训,同一企业内一线服务员工的行为倾向于同质化[43]。换句话说,员工的服务创新行为可能自下而上聚合为组织层次的整体行为,独立于个体层次的创新行为,促进顾客绩效、财务绩效。组织服务导向作为接待服务企业的经营战略,其背后的经营思维是视一线服务员工为企业的战略伙伴和最重要的人力资本,通过对一线服务员工加大投资力度,提升员工的服务绩效来建立竞争优势。这就意味着企业通过培训项目、员工授权、领导管理方式和服务工具等方面,全方位支持企业内所有一线服务人员的创造力和创造执行力,以提高服务效率、服务质量[257]。组织服务导向越高,表明员工面临的外部情境力量越强,情境力量会使所有员工行为越相似,即员工的创造力和创造执行力水平相近。进而形成一种组织创新现象,使得企业成为一个创新组织,在更高程度上驱动顾客绩效。于是,提出假设:

H8-8: 组织服务导向正向影响聚合创造力。

H8-9: 组织服务导向正向影响聚合创造执行力。

8.2 研究设计

8.2.1 数据收集

本章采取多信息源、多阶段方法收集调研数据。本章数据的收集共经过三个阶段,每个阶段间隔4个星期。在第一阶段,向35家接待业组织,共105名中层经理/主管填写组织服务导向及组织信息(如组织成立时间、性质和规模等),共1050名服务员工(每家30名)填写个人层次的服务导向变量和个体统计变量信息,第一阶段获得33家企业,99名中层经理和890名员工的有效问卷,有效率分别为组织层次94.286%,个体层次84.476%;第二阶段,向第一阶段获得有效问卷的员工收集工作投入变量数据,第二阶段获得31家企业,687名员

第8章 多视角服务导向对服务创新行为的跨层次影响机制

工有效问卷,组织层次有效率为93.939%,个体层次有效率为77.191%;第三阶段,向第二阶段获得有效问卷的员工收集创造力和创造执行力变量数据,获得30家企业,90名管理者和582名员工有效问卷,组织层次有效率为96.774%,个体层次有效率为84.716%。

对比有效样本与最初调研的样本,两者在组织和个体样本特征方面并没有重要差异,表明本章有效样本具有代表性。最终有效样本的特征信息如表8.1和表8.2所示。

表8.1 个体样本特征

人口统计变量		人数	百分比(%)	人口统计变量	人数	百分比(%)
性别	男	193	33.200%	学历高中以下	136	23.400%
				高中(中专)	173	29.700%
	女	389	66.800%	大专	153	26.200%
婚姻	已婚	303	52.100%	本科	103	17.700%
	未婚	279	47.900%	硕士及以上	17	3.000%
年龄	18~20岁	51	8.800%	每月收入(元)		
	21~25岁	171	29.400%	1500以下	39	6.700%
	26~30岁	185	31.800%	1501~2499	262	45.000%
	31~35岁	106	18.200%	2500~3499	179	30.700%
	36~40岁	49	8.400%	3500~4499	27	4.600%
	41岁以上	20	3.400%	4500以上	12	2.000%
工作年限	1年以下	82	14.100%	11~15年	23	4.000%
	1~5年	367	63.100%	15年以上	9	1.500%
	6~10年	101	17.400%			

表8.2 组织样本特征

统计变量		个数	百分比(%)	统计变量		个数	百分比(%)
企业性质	国有	20	66.700%	企业类型	住宿	11	36.667%
					餐饮	9	30.000%
	私营	10	33.300%		旅游	10	33.333%

续表

统计变量	个数	百分比（%）	统计变量	个数	百分比（%）
企业成立年限			公司规模		
1年以下	1	3.300%	10人以下	0	0.00%
1~5年	4	13.300%	10~50人	6	20.000%
6~10年	8	26.700%	51~100人	3	10.000%
11~15年	11	36.700%	101~500人	15	50.000%
15年以上	6	20.000%	500人以上	6	20.000%

8.2.2 变量测量

在本章中，所有变量的量表最初都为英语版本，通过翻译—回译方法，将英文的量表翻译成中文量表。具体过程如下：招募两名熟练掌握中文和英语的外语学院研究生。一位研究生将原始的英文量表译成中文量表；另一位研究生再将中文量表翻译成英文量表；对于原有英文量表、翻译的中文量表和回译英文量表之间的差异，本研究小组与4名资深的客服经理经过四次、每次1~2小时的讨论，最终形成统一的量表；通过对2家中档餐饮企业6名中层经理和86名服务员工分别对组织层次和个体层次量表进行了试填，效果良好，较好地保证了问卷的内容效度。

个体层次变量包括个体服务导向、工作投入、服务创新行为以及员工个人统计变量。

个体服务导向。个体服务导向量表采用Bettencourt等[234]量表，共5个题项。典型题目"我乐于助人""我认为最好的工作就是为他人排忧解难"。采用7级Likert量表，"1代表完全不同意，7代表完全同意"。

工作投入。工作投入采用Rirch等[210]测量量表，共18个题项。典型题目包括"我的工作强度很高""我的工作热情很高""在工作中，我注意力高度集中"。采用5级Likert量表，"1代表完全不同意，5代表完全同意"。

创造力和创造执行力改自Hu等[259]量表。创造力共3个题项。典型题目包括"在工作中，我能提出创新性的建议"。创造执行力共3个题项。"在工作中，我贯彻新的服务技术和方法提高服务质量"。采用6级Likert量表，"1代表完全不同意，6代表完全同意"。

个人层次控制变量。将员工的性别、年龄、婚姻、收入、学历和工作年限等

第8章 多视角服务导向对服务创新行为的跨层次影响机制

作为控制变量。

组织层次量表包括组织服务导向和组织层次控制变量。

组织服务导向。组织服务导向量表采用 Lytle 等[151]编制的 4 维度量表，共 35 个题项。典型题项为"公司员工能将心比心的对待顾客""对于服务过程中可能出现的各种意外情况，公司采取很多措施防患于未然"。量表采用 7 级 Likert 量表，"1 代表完全同意，7 代表完全同意"。

聚合创造力和创造执行力。通过计算创造力和创造执行力每组平均值测量聚合创造力和创造执行力。个体层次的创造力和创造执行力能够聚合成为组织层次的创造力和创造执行力，必须符合 rwg（j）、ICC（1）和 ICC（2）指标的标准。本章通过对样本数据的计算，创造力 rwg（j）的中位数为 0.932 大于 0.7，且平均数为 0.913，1 组的 rwg（j）小于 0.7；ICC（1）为 0.099，ICC（2）为 0.767 大于 0.7，表明个体层次创造力的组均值可以聚合为组织层次的创造力。创造执行力的 rwg（j）的中位数为 0.861 大于 0.7，且平均数为 0.842，3 组的 rwg（j）小于 0.7；ICC（1）为 0.135，ICC（2）为 0.801 大于 0.7，表明个体层次创造执行力的组均值可以聚合为组织层次的创造执行力。

在验证跨层次理论框架之前，需运行以工作投入和服务创新行为为因变量的零模型，即 Level1 和 Level2 以零自变量运行，以工作投入和创造力、创造执行力为因变量，检验三者组织间方差与组织内方差是否存在显著差异。结果工作投入，$\chi^2(30, N=582) = 199.332$，$p<0.001$，$ICC(1) = 0.230$，表明 23.000% 方差来源于组间方差，创造力，$\chi^2(30, N=582) = 89.754$，$p<0.001$，$ICC(1) = 0.099$，表明 9.900% 方差来源于组间方差；创造执行力，$\chi^2(30, N=582) = 105.672$，$p<0.001$，$ICC(1) = 0.135$，表明 13.500% 方差来源于组间方差。由此，本章的多层次理论模型非常适合运用 HLM 7.0 分析方法对样本数据进行验证。

8.3 数据处理与结果分析

8.3.1 信度、效度和相关分析

（1）信度和效度检验。

信度检验。个体服务导向的信度为 0.878，工作投入的信度为 0.946，创造

力的信度为 0.898，创造执行力的信度为 0.898。组织服务导向的信度为 0.932。所有概念均通过信度检验。

效度检验。个体服务导向题项的因子载荷范围大于 0.729，小于 0.824；工作投入的因子载荷在 0.574 与 0.862 之间；创造力题项的因子载荷在 0.711 与 0.850 之间；创造执行力题项的因子载荷大于 0.622，小于 0.807 之间。上述变量的因子载荷都大于 0.5，通过收敛效度检验。由于本章采用的是管理者和员工多数据来源收集变量，管理者仅回答组织服务导向一个变量且该变量代表组织层次变量，无须对其进行收敛效度检验。

区别效度检验。依据员工数据来源，对个体服务导向、工作投入和服务创新行为构建测量模型，如表 8.3 所示。管理者仅回答组织服务导向一个变量，无须进行区别效度检验。对基准模型和其他四个测量模型进行比较，结果表明基准模型与数据的匹配最好。

表 8.3　　　　　　　　　测量模型比较

模型	χ^2/df	GFI	CFI	NFI	IFI	TLI	RMSEA
基准模型	2.760	0.900	0.950	0.924	0.950	0.942	0.055
模型 1	4.938	0.814	0.879	0.854	0.880	0.870	0.082
模型 2	4.863	0.815	0.883	0.857	0.883	0.872	0.082
模型 3	4.831	0.843	0.885	0.858	0.884	0.874	0.081
模型 4	4.787	0.817	0.886	0.860	0.886	0.875	0.081

注：基准模型：个体服务导向；工作投入；创造力；创造执行力。模型 1 为个体服务导向 + 工作投入 + 创造力 + 创造执行力。模型 2：个体服务导向；工作投入 + 创造力 + 创造执行力。模型 3：个体服务导向；工作投入；创造力 + 创造执行力。模型 4：个体服务导向 + 工作投入；创造力；创造执行力。

（2）相关分析。

表 8.4 和表 8.5 为本章涉及变量的描述性统计和相关分析。相关矩阵中的两两相关为本章所有直接效应假设提供支持。

表 8.4 相关分析及描述性统计（个体层次）（N=582）

变量	均值	标准差	1	2	3	4	5	6	7	8	9	10
1. 性别	0.670	0.471										
2. 年龄	2.980	1.214	0.003									
3. 婚否	0.480	0.500	-0.011	-0.518**								
4. 学历	2.470	1.117	-0.003	0.141**	-0.028							
5. 收入	2.670	1.081	-0.168**	0.216**	-0.142**	0.333**						
6. 工作年限	2.160	0.767	-0.93*	0.457**	-0.310**	0.201**	0.224**					
7. 个体服务导向	5.352	1.047	-0.025	0.048	-0.008	0.084*	0.022	-0.039				
8. 工作投入	3.848	0.661	0.041	0.083*	-0.033	0.113*	0.071	-0.034	0.713**			
9. 创造力	3.847	0.823	-0.071	0.070	0.013	0.184**	0.113*	0.034	0.482**	0.544**		
10. 创造执行力	3.049	0.541	-0.089	0.032	0.077	0.321**	0.243**	0.079	0.189**	0.355*	0.233*	

注：员工报告源相关分析矩阵中 * $p<0.05$，** $p<0.01$。

表 8.5 相关分析及描述性统计（组织层次）(N =30)

变量		均值	标准差	1	2	3	4	5	6	7	8	9
1. 企业成立时间		3.570	1.073									
2. 企业性质		0.667	0.479	-0.626**								
3. 企业规模		3.700	1.022	0.664**	-0.422*							
4. 企业类型	住宿	0.400	0.498	-0.245	0.144	-0.162						
	餐饮	0.300	0.466	-0.214	0.051	0.051	-0.535**					
	旅游	0.300	0.466	0.476**	-0.309	0.123	-0.535**	-0.429*				
5. 组织服务导向		5.235	0.723	0.091	-0.029	-0.041	-0.002	0.052	-0.050			
6. 聚合创造力		3.928	0.319	0.101	0.149	0.139	-0.058	-0.095	0.173	0.448***		
7. 聚合创造执行力		3.149	0.592	0.088	0.115	0.168	-0.079	-0.089	0.107	0.358***	0.189	

注：管理者报告源中 * $p<0.1$，** $p<0.05$，*** $p<0.01$。

8.3.2 假设验证

对控制变量进行控制后,以组织服务导向和个体服务导向为自变量,工作投入为因变量做 HLM 多层次分析,分析结果如表 8.6 所示。

表 8.6　　　　　　　　工作投入多层次前因检验结果

自变量	M1	M2	M3
截距	3.832***	3.829***	3.829***
第一层 控制变量			
性别	-0.008	0.0497	0.046
年龄	0.014	0.009	0.007
婚否	-0.131*	-0.097	-0.098*
学历	0.050	0.049	0.050
收入	0.031	0.021	0.019
工龄	-0.052	-0.041	-0.040
第一层自变量			
个体服务导向		0.423***	0.425***
第二层自变量			
组织服务导向		0.121*	0.128*
跨层次交互变量			
个体服务导向×组织服务导向			0.120*
R^2		59.950%	6.839%

注:管理者报告源中 $*p<0.1$,$**p<0.05$,$***p<0.01$。

从表 8.6 的模型 2(M2)可知,组织服务导向对工作投入的回归系数为 0.121(P 值<0.05),假设 H8-1 成立;个体服务导向对工作投入的回归系数为 0.423(P 值<0.001),假设 H8-2 成立。

假设 H8-3 主张组织服务导向在个体服务导向与工作投入之间起调节作用,如表 8.6 中的模型 3(M3)所示。组织服务导向与个体服务导向对工作投入的交互影响系数为 0.120(P 值<0.05),假设 H8-3 成立。组织服务导向调节效应如图 8.2 所示。

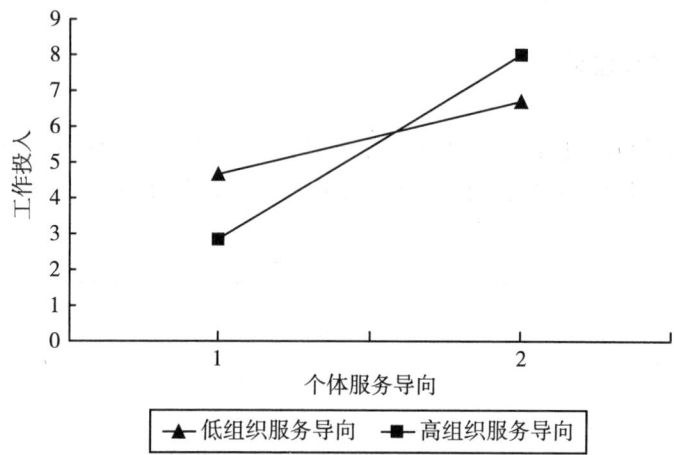

图 8.2　组织服务导向在个体服务导向和工作投入之间的调节作用

工作投入对创造力和创造执行力的影响。对性别、年龄、婚否等变量进行控制后，工作投入对创造力的影响系数为 0.533（P 值 <0.001），H8-4 成立，工作投入对创造执行力的影响系数为 0.317（P 值 <0.001），H8-5 成立。

工作投入被中介的调节作用。本章遵照 Mathieu 和 Taylor[220] 提出的跨层次中介检验程序检验假设 H8-6、H8-7。按照 Mathieu 和 Taylor[220] 检验方法，工作投入被中介的调节作用成立，需要满足如下四个条件：第一个条件，组织服务导向与个体服务导向对工作投入存在显著的交互影响；第二个条件，组织服务导向与个体服务导向对创造力和创造执行力存在显著的交互影响；第三个条件，工作投入显著影响创造力、创造执行力；第四个条件，当加入工作投入变量后，组织服务导向与个体服务导向对创造力和创造执行力的交互影响变得不显著或显著降低。工作投入被中介的调节作用检验结果如表 8.7 所示。

表 8.7　被中介的调节作用检验

A→C	总体效应	直接效应	A→B	直接效应	B→C	直接效应
个体服务导向×组织服务导向→创造力	-0.223***	-0.155*	个体服务导向×组织服务导向→工作投入	0.120*	工作投入→创造力	0.533***
个体服务导向×组织服务导向→创造执行力	-0.199***	-0.134*	个体服务导向×组织服务导向→工作投入	0.120*	工作投入→创造执行力	0.317***

注：* 在 0.05 水平显著；** 在 0.01 水平显著；*** 在 0.001 水平显著。

第8章 多视角服务导向对服务创新行为的跨层次影响机制

从表8.7可知,在组织服务导向与个体服务导向对创造力的交互作用之间,以工作投入为中介的调节作用成立,H8-6成立。在组织服务导向与个体服务导向对创造执行力的交互作用之间,以工作投入为中介的调节作用成立,H8-7成立。

在控制企业规模、性质、成立年限和类型后,组织服务导向对创造力和创造执行力的影响系数分别为0.279、0.391,P值<0.001,表明假设H8-8、H8-9成立。

8.3.3 讨论

首先,本章界定了服务创新行为的两个维度:创造力和创造执行力。在此基础上,证实组织服务导向和个体服务导向对创造力和创造执行力有促进作用。这一研究结论从新视角识别了服务创新行为内部结构(创造力和创造执行力)的影响因素,是对服务创新行为理论的进一步深化。其次,被中介的调节作用检验方法最近才得以发展[220]。这种方法可以同时检验一个理论模型中既存在中介作用又存在调节作用的情况,能够弥补单一中介作用或调节作用检验的不足。本章运用这一方法证实组织服务导向与个体服务导向通过工作投入影响服务创新行为,即以工作投入为中介的调节作用。这一研究结论是对现有文献聚焦服务创新行为单一层次分析的进一步丰富。再次,现有员工创新行为的文献主要关注制造业或高科技行业的创新情境[89]。接待服务业的创新研究是个被低估的领域[259]。基于此背景,本章聚焦接待服务企业的创新问题,为接待服务企业的创新管理实践提供一定的理论指导。最后,我们证实个体层次的创造力和创造执行力可以聚合为组织层次变量,且组织服务导向显著影响聚合创造力和创造执行力。这一研究从组织层面探讨了组织服务导向与员工整体创造力和创造执行力之间的关系,也是对服务创新行为理论的一种贡献。

8.4
结论、启示、研究局限与未来研究方向

8.4.1 结论

本章总体目标是从工作投入视角揭示多视角的服务导向对服务创新行为的多

层次作用机理。通过对辽宁 30 家接待服务企业管理者和员工的多阶段调研，综合运用 SPSS、AMOS 与 HLM 分析工具，结果表明：组织和员工的服务导向各自都显著促进工作投入，进而工作投入能够提升创造力和创造执行力。组织服务导向作为服务员工面临的外部环境，除了独自影响工作投入外，在个体服务导向与工作投入之间起正向调解作用。工作投入作为一种中介传递机制，将来自员工个体和企业的优良服务导向转化为创造力和创造执行力。在组织层面，组织服务导向也促进员工聚合的创造力和创造执行力。研究成果无论在理论上还是在指导接待服务企业创新管理实践方面都产生了几个有趣的启示。

8.4.2 管理启示

基于本章研究的结论，我们建议如下：建议接待服务企业在招聘方面，通过人格测试招聘那些喜欢帮助他人、社交性强以及合作性强的员工。这样的员工在服务工作中，能够更多提出新颖实用的建议和较好贯彻组织下达的创新解决方案；建议接待服务企业管理者应对服务员工充分授权，让员工自主决定服务顾客的方式方法，这能够提升员工创新行为的水平；建议接待服务企业教育中层和基层管理人员转变领导方式，以服务型领导风格管理一线服务人员的服务工作，进而提升员工的工作投入水平。

8.4.3 研究局限和未来研究方向

本章的研究局限表现在如下方面：局限之一在于仅将员工的个体服务导向作为个人特质变量，个体服务导向属于服务情境的人格变量，受核心人格变量（如核心自我评价、大五格）的影响。未来应考虑核心人格变量如何影响个体服务导向，这一研究问题的揭示对服务导向理论是有价值的扩展。局限之二在于本章虽然采取了许多措施降低共同方法偏差，如多阶段、多数据来源收集收据，让调研对象自愿、匿名填写，仍存在一定改善空间，如让监督者评价员工的服务创新行为等。局限之三在于为了取样的便利性，本章的样本只来自辽宁省的 30 家接待服务企业。虽然在一定程度上提高了研究的内部效度，但研究结论是否适应其他地区还需要进一步论证，未来须在其他城市收集接待业服务企业数据，提升研究结论的准确度。

第9章

理论主张的案例检验——以海底捞企业为例

9.1 运用案例检验本书理论主张的必要性

本章的目的是以实际服务企业为例,进一步验证第3章到第8章提出的理论主张以及揭示服务企业如何系统地运用本书提出的理论观点提升员工的服务态度和情绪表达水平。以案例研究方式验证服务员工情绪劳动及其服务行为的前因影响机理的原因在于:服务员工的绩效管理是一项系统工程,涉及因素繁多,很难通过单一问卷调查全面反映一线服务员工情绪劳动的影响因素及其间的作用机理。而且,基于大样本调查的实证研究侧重于揭示抽象的管理变量之间的内在关系,很难有针对性地与管理员工的领导方式、管理政策措施建立联系,这将导致本书的研究结论的实践价值大打折扣。因此,在第3章到第8章以大规模样本验证本书提出的理论主张外,还需要通过案例研究来进一步检验理论主张的正确性及实践价值。案例研究是一种常用的定性研究方法,它适合对现实中复杂而又具体的问题进行深入考察。通过案例研究方式对服务员工情绪劳动、组织公民行为、主动服务顾客行为以及服务创新行为等现象进行描述、分析和解释,有助于我们深入地认识与求证服务员工情绪劳动及其服务行为的影响因素理论在特定情境下的应用范围。再者,通过对服务企业实际案例的研究,能够证实或证伪本书提出理论主张中相关范畴、概念之间的结构关系及有关原理。因此,在研究服务企业对一线服务人员的管理实践时,案例研究方法是必要和富有意义的。

9.2 本书提出理论主张的总结

本书在第 3 章、第 4 章、第 5 章从负面互动事件、家庭工作界面和服务型领导力因素视角提出了对情绪劳动影响的理论主张，且证实许多中介变量和调节变量在负面互动事件、家庭工作界面、服务型领导力与情绪劳动之间起作用。同时，在第 6 章、第 7 章、第 8 章从组织公民行为、主动服务顾客行为和服务创新行为视角提出了家庭工作界面因素、多视角服务导向的前因影响理论主张，及其中介变量和调节变量在其间所起的作用。以企业案例、质性访谈方式完全验证这些中介变量和调节变量在影响因素与情绪劳动和服务行为之间起何种细微的作用，不利于突出重点解释和分析这些前因影响因素对服务员工情绪劳动及其服务行为的主要影响作用，也会让文章冗繁，没有突出重点。所以本章旨在运用案例研究方式，验证负面互动事件、家庭因素是否是导致服务员工情绪劳动的重要影响因素，验证服务型领导力、员工自主动机是否能够促进情绪劳动中利于提升服务绩效的深层表演和真实表达，验证服务导向是否对服务员工组织公民行为和服务创新行为产生重要影响，同时验证家庭因素是否会影响服务员工主动服务顾客行为。

本章运用案例研究待证实的理论主张如下：

第一，验证负面互动事件对情绪劳动（表层表演、深层表演和真实表达）的影响，具体包括：

假设 H9-1：员工将负面互动事件归因顾客促使员工产生生气、愤怒情绪，进而员工采取情绪劳动中的表层表演应对顾客。

假设 H9-2：员工将负面互动事件归因自己时，员工产生内疚情绪，进而以情绪劳动中的真实表达方式应对顾客。

假设 H9-3：员工将负面互动事件归因外部第三方时，员工以情绪劳动中的深层表演应对顾客。

第二，验证家庭界面因素（家庭工作冲突、家庭工作增益）对情绪劳动（表层表演、深层表演和真实表达）的影响，具体包括：

假设 H9-4：家庭工作冲突会抑制情绪劳动中的深层表演和真实表达。

假设 H9-5：家庭工作增益会促进情绪劳动中的深层表演和真实表达。

第三，验证服务型领导力、自主动机对情绪劳动（表层表演、深层表演和

第9章 理论主张的案例检验——以海底捞企业为例

真实表达）的影响，具体包括：

假设 H9-6：服务型领导力促进深层表演和真实表达。

假设 H9-7：自主动机促进深层表演和真实表达。

第四，验证服务导向对组织公民行为的影响，具体包括：

假设 H9-8：服务导向促进人际指向组织公民行为。

假设 H9-9：服务导向促进组织指向组织公民行为。

第五，验证家庭界面因素（家庭工作冲突、家庭工作增益）对主动服务顾客行为的影响，具体包括：

假设 H9-10：家庭工作冲突会抑制主动服务顾客行为。

假设 H9-11：家庭工作增益会促进主动服务顾客行为。

假设 H9-12：家庭工作平衡会促进主动服务顾客行为。

第六，验证组织服务导向、个体服务导向对服务创新行为（创造力、创造执行力）的影响，具体包括：

假设 H9-13：组织服务导向促进创造力和创造执行力。

假设 H9-14：个体服务导向促进创造力和创造执行力。

本章待案例研究方式证实的理论主张如图 9.1 所示。

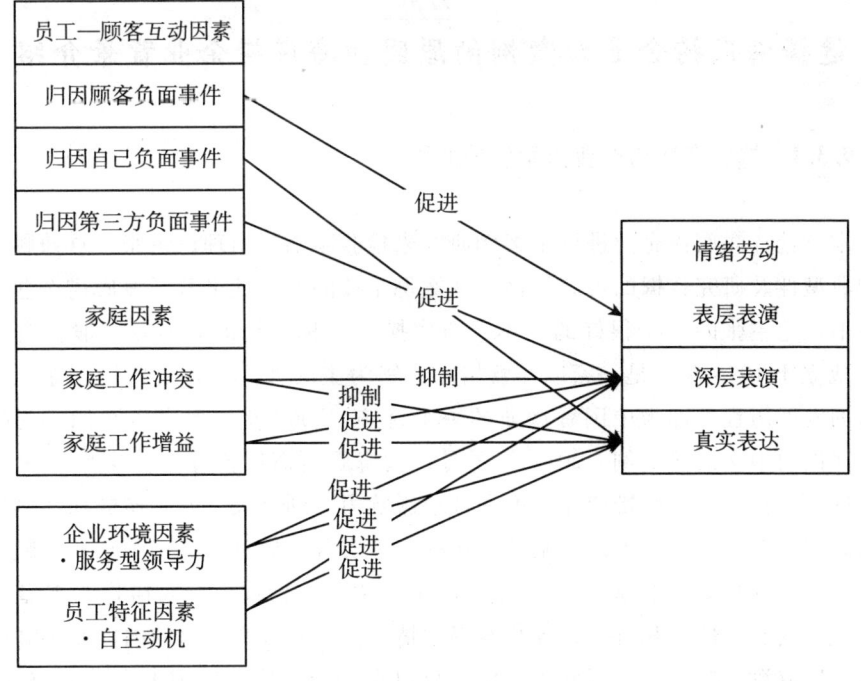

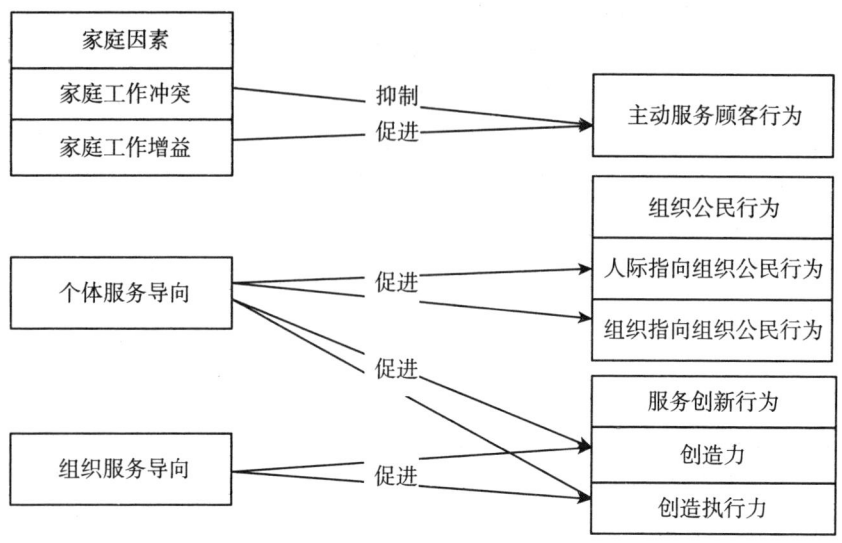

图 9.1 本书证实的理论主张框架

9.3 选择海底捞企业为案例的原因和海底捞企业背景介绍

9.3.1 选择海底捞企业为案例的原因

本章选择海底捞企业进行单案例研究来检验本书提出理论主张。这兼顾了案例的典型性及研究数据的可获得性。从案例企业的典型性来看，海底捞企业是检验本书理论主张的一个很好的样本，海底捞（全称四川海底捞餐饮股份有限公司）成立于1994年，是一家以经营川味火锅为主的大型直营餐饮民营企业。海底捞的发展历程被称为中国餐饮业的一个奇迹。2009年，海底捞案例成为哈佛商业评论的中文最佳案例。2011年3月，黄海鹰《海底捞你学不会》一书的出版，进一步扩大了海底捞的知名度和社会影响力。到今天，海底捞成功案例所引发的研究热潮，进一步丰富了服务企业的管理实践，通过让员工满意实现顾客满意的"海底捞模式"也成为国内外餐饮企业学习的榜样。海底捞作为典型的服务企业，其服务性质和员工管理与本书中情绪劳动和服务行为的内容有很高的契合度，选取海底捞作为典型分析案例，可以在一定程度上实现本书的研究目的。

第9章 理论主张的案例检验——以海底捞企业为例

从研究数据的可获得性来看,海底捞餐饮店遍布全国各个主要城市,易于对该企业一线服务员工和管理者进行访谈和参观考察,而且与海底捞企业相关的文献资料丰富,便于收集大量二手资料。这都为本书进行案例研究奠定了可靠而扎实的数据基础。

9.3.2 海底捞企业案例背景介绍

四川海底捞餐饮股份有限公司成立于1994年3月20日,是一家以经营川味火锅为主,融汇各地火锅特色于一体的大型直营连锁企业。公司始终秉承"服务至上、顾客至上"的理念,以创新为核心,改变传统的标准化、单一化的服务,提倡个性化的特色服务,致力于为顾客提供愉悦的用餐服务;在管理上,倡导双手改变命运的价值观,为员工创建公平公正的工作环境,实施人性化和亲情化的管理模式,提升员工价值。20余年来,公司在北京、上海、西安、郑州、天津、南京、杭州、深圳、厦门、广州、武汉、成都、昆明等38个城市有141家直营餐厅,以及在中国台湾有1家直营餐厅。在国外,已有新加坡3家、美国洛杉矶1家、韩国首尔1家和日本东京1家直营餐厅。海底捞现有七个大型现代化物流配送基地、一个底料生产基地。七个大型物流配送基地分别设立在北京、上海、西安、郑州、成都、武汉和东莞,以"采购规模化、生产机械化、仓储标准化、配送现代化"为宗旨,形成了集采购、加工、仓储、配送为一体的大型物流供应体系,位于郑州的底料、调料生产基地具有出口企业备案资质,通过了ISO9001:2008质量管理体系认证,产品通过了HACCP认证。海底捞企业曾先后在四川、陕西、河南等省荣获"先进企业""消费者满意单位""名优火锅"等十几项称号和荣誉,创新的特色服务赢得了"五星级"火锅店的美名。2008~2012年连续5年荣获大众点评网"最受欢迎10佳火锅店"。2008~2014年连续7年获"中国餐饮百强企业"荣誉称号。2011年5月27日"海底捞"商标荣获"中国驰名商标"。公司发展至今,已成为海内外瞩目的品牌企业。中央电视台二套《财富故事会》和《商道》曾两次对"海底捞"进行专题报道;湖南卫视、北京卫视、上海东方卫视、深圳卫视等电视媒体多次进行报道;美国、英国、日本、韩国、德国、西班牙等多国主流媒体亦有相关报道。

海底捞的成功与其独具特色的管理实践是分不开的。在员工管理方面,海底捞聘用的员工大多是"80后"农民工,他们家境差、学历低,对融入城市生活有着强烈的渴望。海底捞始终秉承"双手改变命运""人人生而平等"的企业价值观,努力为员工营造公平公正的工作环境,采用"把员工当成家人"的亲情化管理模式,给予员工充分的尊重、信任和授权。海底捞对员工的人性化管理,极大地激发了员工的创造能力和服务热情。员工把海底捞当成了第二个家,自然会以"变态"的服务为海底捞打造出同行业"学不会"的核心竞争力。在顾客管理方面,海底捞从一开始就实行服务差异化战略,始终坚持"顾客至上、服务至上"的经营理念。海底捞通过释放员工的创造潜能,致力于为顾客提供个性化的特色"五星级"服务。绝大多数去过海底捞的顾客都认为海底捞的成功源于员工的"变态"服务。不可否认,海底捞的服务确实达到了"变态"的程度。在海底捞就餐,顾客会发现服务员的微笑是真诚的、热情的、发自内心的,人们可以享受服务员时不时送上来的免费水果、甜点和饮料,随时主动帮助顾客涮锅和清理杯盘。看到顾客戴着眼镜,服务员会主动递上眼镜布;发现顾客带有手机,服务员会送上特质的塑料袋。服务员会给长发的女生递皮筋,会背腿脚不方便的老人去洗手间。洗手间门外不仅有免费的牙刷和护手霜,还有专门的服务人员,随手递上的洗手液和热毛巾。在海底捞,排队等餐的人有时候跟用餐的人一样多,顾客在等候区可以吃零食、玩桌牌、美甲、擦皮鞋等。这就是为什么顾客愿意去海底捞,还极力向亲朋好友推荐的原因。

9.4 海底捞企业资料数据的收集和分析

9.4.1 海底捞企业资料收集

本章借鉴徐细雄和淦未宇收集海底捞资料的方式[260],收集与海底捞相关的一手数据和二手资料。研究团队在2016年4月8日至2016年5月2日先后对石家庄海底捞海悦天地店和东胜广场店的员工和店长、主管进行了深度访谈。访谈采用半结构化的形式进行,与每位访谈对象交流的时间通常持续30分钟至2个小时。访谈过程主要以录音的方式进行记录,同时研究成员以书面方式记录要点。访谈结束后研究成员对录音资料进行了总结整理,形成文本材料。访谈的提纲见表9.1。主要被访谈对象信息如表9.2所示。此外,研究团队还收集了大量关于海底捞员工培训、管理的内部资料及其他二手资料,对这些资料进行了整理和归纳,二手资料来源详见表9.3。

第9章 理论主张的案例检验——以海底捞企业为例

表9.1　　　　　　　　　　访谈提纲

1.	请您回忆一下过去一个月在服务顾客时,让您生气、郁闷或者内心非常不舒服的事件,描述一下事件的经过、原因
2.	请您回忆在上述事件中,该类事件一般发生的频率、严重程度及您应对顾客的方式
3.	请您描述一下您家庭情况,包括父母、孩子、丈夫
4.	家庭对您工作时的情绪、心情造成何种影响?家庭会影响您服务的主动性吗?请举例说明
5.	A:请描述一下您怎样管理店里的员工?对员工提出的创新性的建议您一般会采取什么样的态度?(店长和主管回答) B:请描述一下您上级主管管理下属的方式(员工回答)
6.	在服务顾客时,碰到不愉快的事情,您的上司帮助您吗?如果有,请举例说明
7.	您在服务顾客时,拥有哪些权利,这些权利对您更好地服务顾客有作用吗?请举例说明
8.	您在工作中乐意主动帮助其他同事从事服务工作或者解决工作难题?其他同事也会主动帮助有困难的同事吗?海底捞的员工会主动为组织着想吗?请举例说明
9.	您在工作中愿意主动为上司提出创新的建议或者意见吗?有被接受过吗?请举例说明
10.	如果让您对现在的工作环境进行评价,您认为海底捞在你心里是一个什么样的企业

表9.2　　　　　　　　　主要访谈对象特征

编号	性别	年龄	职务	时间	编号	性别	年龄	职务	时间
A1	女	32	店长	45分	B1	男	34	店长	35分
A2	男	28	大堂经理	37分	B2	女	21	大堂经理	30分
A3	男	27	服务员	26分	B3	女	26	服务员	29分
A4	女	34	服务员	31分	B4	女	28	服务员	25分
A5	女	27	服务员	23分	B5	女	23	服务员	26分
A6	女	19	服务员	22分	B6	男	24	服务员	28分
A7	女	24	服务员	30分	B7	女	36	服务员	32分

注:A代表石家庄海底捞海悦天地店,B代表石家庄海底捞东胜广场店。

表 9.3 主要二手资料来源

二手资料类型	主要来源
内部资料	海底捞文化月刊
	海底捞内部培训手册
	海底捞服务员岗位描述和要求
	海底捞考核制度
外部公开资料	海底捞你永远学不会
	海底捞店长日记
	像海底捞一样带队伍：张勇的内部服务课
	向海底捞学服务：用服务提升企业价值
	餐饮行业的心服务：以海底捞公司为例
	组织支持契合、心理授权与雇员组织承诺：一个新生代农民工雇佣关系管理的理论框架—基于海底捞的案例研究

9.4.2 海底捞案例数据分析方法及研究步骤

本章采用案例研究中的归纳法进行数据分析。我们首先将海底捞一线服务人员情绪劳动及其服务行为的影响因素进行划分，包括员工与顾客互动中发生的负面事件、家庭因素、服务导向、企业内部管理者的服务型领导力等。然后收集这四个方面影响因素的一手和二手资料数据。对于每个方面影响因素的数据分析的主要程序基本相同，包括下面3个步骤：通过对原始数据资料的编码和分析，提取出负面互动事件、家庭因素、服务型领导力或服务导向影响海底捞服务员工情绪劳动及其服务行为的证据；对相关证据进行内容分析，归纳出服务员工面对上述影响因素采取的情绪表达策略和服务行为策略；结合相关理论和研究，验证本章提出理论主张的正确性以及需进一步修改之处，并在归纳和演绎推理的基础上形成本研究的研究结论。

9.5
海底捞案例的分析与基本发现

9.5.1 负面互动事件对服务员工情绪劳动影响的解码分析

(1) 负面互动事件的分类。

Weiss 提出的情感事件理论认为[175],工作环境的变化会导致积极或消极的情感事件发生。员工对这些事件的体验会引发个体情感的反应,并因此带来员工态度、认知和行为的变化。服务员工每天需要服务大量的顾客,不可避免地会发生情感事件,尤其是负面情感事件对服务员工的服务行为影响尤为严重,如顾客的埋怨、争吵,甚至是对服务人员的人格侮辱和人身攻击等。根据被访谈者所回答过去一个月在服务顾客时,让您生气、郁闷或者内心非常不舒服的事件,描述一下事件的经过、原因,该类事件发生的频率以及对被访谈者影响的严重程度等信息,研究团队进行了编码和解析,总结出造成服务员工负面感受的负面互动事件类型、发生频率及对服务员工影响程度,数据结果见表9.4。

表 9.4　　　　　　　　负面互动事件类型

负面互动事件类型	具体事例	频率	责任归属	严重程度
归因顾客	顾客言语侮辱、顾客无理取闹等	42%	顾客	非常严重
归因员工自己	记错顾客点菜单子、上错啤酒等	36%	员工自己	严重
归因外部第三方	顾客预订餐位,没有空余餐位等	22%	外部第三方	严重

从表9.4中可以看出,被访谈的员工在回忆过去一个月发生不愉快的事件时,将这些不愉快的事件归因顾客的占到总负面事件数的42%。服务员工认为这类事件之所以造成自己心情、情绪不好,是因为顾客的无理取闹、顾客的过度占便宜以及伤害到了服务员工的自尊心。这一类负面互动事件的访谈结果与Grandey 和 Diefendorff 等学者的研究结果一致,即来自顾客的不公平待遇、言语侮辱会造成服务员工的生气、愤怒等负面感受[25,47]。下面是几名将不愉快经历归因顾客的访谈记录:

"3月17日,来了一桌客人,他们一坐下就让人感到来者不善。他们对什么都发问,吃雪花牛肉时问我,一份是多少两?我说是4两。一个女客人说,你确定是4两吗？我说是。然后，她亲自去后厨称，一称还4两多一点，于是什么也没说就回来了。到了包间后，她感觉很没面子，就说，你们什么都收费，豆浆和柠檬水也要钱，还这么贵！然后，又问，羊肉一份几两？我说是4两。她说，4两就卖28元？你们这简直是敲诈！我要去物价局告你们。她还说她就是工商局的，边说边用勺子敲盘子，越说越可怕。接着他们把每一份菜都过了秤。有一盘稍稍差了一点，我刚说对不起，还没等我说马上给你们加一些。他们中的一个人就把一杯水泼到我脸上。我感到满脑一下子空白，心情极其生气，但忍住了。退出房间后，心怦怦跳，眼泪刷一下出来了。"（A6）

"前不久，我遇到一件很不开心的事。当时我照看一个雅间，里面有八九个本地客人。这些客人吃了很久，消费也不高，中间却让调料师傅加了3次调料。后来他们偷偷把调料打包了。我发现后，他们说，你们的调料很好吃，我们要拿一些回家。到火锅店吃火锅竟然打包调料，我当时就不太高兴，但也不好说什么。可是买单的时候，他们竟然还要我打折。我有些不情愿，他们就说我们上次来都打了折，这次为什么不打？如果不打就到网上投诉我们。最后，因为他们的确是老顾客，我只得给他们打了折。"（B3）

"3月20日，晚上服务一拨客人让我很难受。当天晚上9点多，大厅50号来了个20多岁的年轻人。菜刚上桌还没怎么吃，他们就叫我过来，说他们点的海鲜组合中，有一只生蚝少了一块肉。我估计很有可能是敲生蚝时，不小心敲掉了。我跟他们解释，并提出：要么给他们加一个生蚝，要么把这个菜退了。可是他们说什么也不同意，不退，不换，不要赠送，非要片区经理的电话。最后我把经理的电话给他们了，经理给他们免了单。看着这桌客人，在这么短的时间内从一个个锱铢必较的小人变成谈笑风生的君子，我觉得很郁闷。难道就因为这么一个小小的失误，我们就必须免单？这桌客人让我完全丧失了当晚服务的心情，我待在后堂好长时间才恢复。"（A4）

　　第二类是在服务顾客时，由员工服务失误造成导致顾客的不愉快事件。这一类负面事件同样导致服务员工心情不愉快，但负面感受程度明显没有归因顾客负面事件导致员工负面感受的程度高，且员工负面情绪的类型归因顾客的负面事件导致的类型也不相同。这一访谈结果与张圣亮的研究结果一致，即服务失误对员工内在情绪有显著正向影响，内在情绪包括内疚、羞愧等。如下是几名将不愉快经历归因员工自己的访谈记录：

　　"有一天中午，雅间5号的客人有8个，点了很多菜，而且要求五花八门。我当时正同时接待两个包间，有点忙乱。他们的菜上齐了好久，有位男客人大声说道：唉，服务员，我记得我点的羔羊肉怎么缺一份？我一对单，突然发现自己

第9章 理论主张的案例检验——以海底捞企业为例

确实少上了一盘羔羊肉。我心情一下子跌到谷底,非常抱歉地说:非常对不起,先生,我马上给您上。那位男客人突然大声嚷嚷,说:你怎么回事,如果我不问起,是不是就打算不上了啊,都说你们海底捞这好那好的,我才请我这帮朋友过来。本想吃的高兴、开心一些,你们这么一整,我们什么心情都没了。你说怎么办吧?我当时感觉自己好像做错事的小孩子一样,心理非常内疚,埋怨自己怎么这么粗心大意。"(A3)

"一次客人多忙不过来了,吧台让我给3号台拿4瓶啤酒。我拿过去后对客人说,您好,需要打开吗?客人看了一下说,好。可是当我给客人倒酒时,客人说,我要的是雪花干啤,你怎么给我拿的青岛啤酒。我对着单子一看,酒是拿错了。我马上跟客人说,对不起,今天客人多,有点忙不过来了,我马上给你们换。客人看我认错态度好,就说,这酒拿下去,是不是要你自己买单?我说,这是我的错,我应该买。客人说,那我们就喝这个吧。下回注意。这是遇到我们好说话,要不指定让你换酒了。退出雅间后,我为之前的事情感到特别后怕和内疚,并且暗暗下决心,即使再忙,也不能粗心大意发生错误了。"(B4)

在对海底捞员工调研过程中,除了归因顾客、归因员工自己的负面事件外,由外部客观原因导致员工不愉快情境的事件虽然没有前两类事件发生频繁,但也对服务员工的负面感受造成较严重影响。这类负面事件一旦发生,尽管在客观上是由于外部原因致使服务没有达到顾客的预期,但顾客也可能为了获得最大化利益而采取无理的抱怨行为和不当行为,使服务员工产生负面感受。如下是将不愉快经历归因外部第三方的访谈记录:

"我来海底捞4年了,从来没有像4月8日晚上那么伤心。晚上7点20分左右,来了一位客人说要订第二天晚上6点半的包厢。我跟他说非常不好意思,现在都订满了,暂时没有位置了。没听我说完,他就生气了,问订10天以后的有没有位?我跟他说,您明天来找我,我一定会给您插空安排。但他不听,一直骂我混蛋。他一边骂我,我一边跟他解释。可他却让我滚开。我说,您既然来了,就是海底捞的客人。我把自己的名字和电话写在名片上给他,他扔到地上;我捡起来又跟他来到马路上,他才收了我的名片,却说第二天他不会来。那天晚上我难受了一夜。"(A2)

(2) 负面互动事件类型对服务员工情绪劳动之间的匹配关系。

根据被访谈者在描述在遇到归因顾客、归因自己和归因第三方负面事件时,自己采取的应对方式信息内容,进行了编码和解析,总结出造成服务员工的情绪调节和表达方式,建立每种类型负面互动事件与情绪劳动之间的匹配关系。数据结果见表9.5。

表 9.5　负面互动事件类型与情绪劳动之间的匹配关系

负面互动事件类型	服务员工的情绪调节和表达方式描述	情绪劳动	假设检验
归因顾客	这些客人为什么讨厌？知道我们海底捞有授权可以打折，就故意挑毛病，逼着我们打折。如果我们不打，就闹矛盾。虽然表明还要热情、周到服务他们，内心却十分讨厌他们这一类顾客。（A4）	表层表演	假设 H9-1 成立
	内心非常鄙视这一类占便宜没够的客人。即拿调料打包，又要打折，弄得我很烦恼。一方面不能得罪顾客，另一方面也很看不惯他们的做法。（B3）		
归因自己	客人看到我态度好，没有追究拿错啤酒的责任。我心里却不舒服。我跑到水果房，给客人拿了个大果盘，还包了一包酥黄豆。我真诚地跟他们说，啤酒搞错了，对不起。送给你们吃这个吧。（B4）	真实表达	假设 H9-2 成立
归因第三方	客人因为没有预定到餐位，心情不好，生气了，可以理解。做餐饮服务业的，哪能遇到一点不开心的事就与顾客发生争执呢？所以尽管客人很生气，我一直心平气和的向顾客解释原因，并保证第二天一定想办法满足顾客要求。（A2）	深层表演	假设 H9-3 成立

从表 9.5 中的数据结果可知，面对归因顾客的负面事件时，服务员工感到自己很冤枉、生气。生气是一类极端负面情绪，这一类情绪难以调节。由于服务企业的要求，服务员工一般不会将生气、愤怒的情绪向顾客发泄出来，结果服务员工基本采取情绪劳动的表层表演服务顾客。面对归因自己的负面事件时，服务员工感到因为自己的失误给顾客造成损失，内心会感到内疚、羞愧，会改正自己错误，采取一定补救措施，包括发自内心的道歉，这属于真实表达范畴。面对归因第三方的负面事件时，服务员工一般认为这种情况并不是个人责任造成的，但能理解顾客，结合其他补救措施让顾客满意，其中包括符合深层表演范畴的换位思考情绪调节方式。

因此，上述访谈结果表明，本章提出的理论主张：服务员工将负面事件归因顾客，会以表层表演应对顾客。假设 H9-1 得到证实。服务员工将负面事件归因自己，会以真实表达服务顾客。假设 H9-2 得到证实。服务员工将负面事件归因外部第三方，会以深层表演服务顾客。假设 H9-3 得到证实。

9.5.2 家庭工作界面因素对服务员工情绪劳动及主动服务顾客行为影响的解码分析

（1）家庭工作界面因素的分类。

社会心理学者认为处于社会之中的个体要扮演多种角色，以满足社会其他成员的期望。其中，家庭领域角色和工作领域角色是服务员工最主要的两类角色。角色稀缺理论认为个体的资源是有限的，所以服务员工过多关注家庭领域角色会损害工作绩效。另一种角色丰富理论认为服务员工在从事家庭和工作角色时，在家庭角色中积累的有益经验、技能会溢出到工作领域中，促进工作绩效。最近家庭工作平衡引起了学者强烈的兴趣。研究团队根据被访谈者描述"家庭对您工作时的情绪、心情造成何种影响？家庭会影响您服务的主动性吗？请举例说明。"的信息内容，进行了编码和解析，总结出家庭因素对服务员工提供服务时的情绪产生三种影响：

其一为负面影响（家庭工作冲突）。下面是家庭负面影响工作的访谈记录：

"我的家在农村，来城里海底捞打工，就意味着我要远离家乡。家里全靠丈夫一个人照顾，尤其前段时间农忙时节，丈夫一个人要种地、养猪，又要照顾女儿。由于一时疏忽，女儿感冒了，发烧到39度，输了几天的液才退烧。之后丈夫给我打电话，跟我发火了，说我不是一个称职的妈妈，也不是一个称职的妻子。此后，很长一段时间，我心情都很抑郁、烦躁。"（A4）

"我和老公一起出来打工，将孩子扔在家。快过年时，在路上折腾了40多个小时，回到家里第一眼看到父母时，感到他们的额头上又多了好多皱纹，两鬓还白了许多。这时我10岁的女儿高兴地跑过来帮我拿东西，可是3岁的女儿，只是默默站在那里看着。当她听到姐姐喊妈妈时，她说：谁是妈妈？妈妈在哪儿？原来她印象中的妈妈只在电话里。我强忍着眼泪，不让它掉出来，怕父母和女儿看见。我想小女儿在最需要关心和照顾时，我们离开了她。想想她走路摔倒的时候，没有父母扶她。别的孩子能在父母怀里撒娇时，她父母却远在他乡。短暂的假期一下子就过去了，我流着眼泪又一次离开了家。当回工作岗位以后，我好长时间都难从这种情绪走出来。"（B6）

"我父亲病了，我趁着火锅店的淡季请假回家看父亲。一路上就想，爸爸怎样了？妈妈一定累坏了，她一人又要种地又要照顾猪，还有照看爸爸。当我站到病房门口时，听到一阵阵咳嗽声。我轻轻推门进去，看着父亲斜躺在床上。瘦弱的父亲正在吃饭，他一手拿着半块干馒头，一手端着一杯白开水。一口馒头一口水，边吃边咳嗽。看我进来，父亲下意识地把干馒头塞到褥子下。我的眼泪一下子掉下来，抓住父亲的手说：对不起，爸爸，我没能照顾您。可能父亲看见我有些激动，咳嗽得更厉害，边咳还边说：我没大事。这时我姑进来说：你回来了，你爸妈可受苦了，他们还不让我告诉你，怕耽误你工作。看看就行了，你爸爸有我和你妈照顾呢。当回到工作岗位后，在服务顾客时，看着顾客一家人在海底捞欢乐就餐时，我常常想起躺在病床上瘦弱的父亲、劳累的母亲，情绪经常低落和陷入自责之中。"（A6）

根据访谈数据结果表明，餐饮服务业是一个工作强度非常高的行业，服务员工每天要从早晨工作到晚上，并且在普通人都过法定节假日时，也是餐饮服务业员工最繁忙的时间。因此，对于服务员工而言，经常遇到无法兼顾家庭和工作的情况。由于在工作上投入了过多的精力，导致忽视了照顾父母、子女，进而促使服务员工产生压力、情绪低落，不能积极主动地完成工作。

其二，除了家庭与工作之间产生冲突外，员工从事的家庭领域角色也会对工作造成积极影响（家庭工作增益）。服务是在服务员工与顾客在一系列的互动之中完成的。在这个过程中，服务员工可运用来自家庭角色积累的经验、既能满足顾客"意外"需求，让顾客获得"惊喜"体验，进而提升顾客的满意度和忠诚度。如下是家庭因素促进服务员工工作表现的访谈记录。

"从我懂事起，爸爸妈妈就从来没吵过架，也没有同别人吵过架。我出来工作，爸爸对我说：不要跟别人吵架，要多干活儿，少说话，不要在小事上斤斤计较。正是这种家庭生活经历和爸爸的教导，让我在服务顾客时，遇到顾客向我说一些难听的话或者遇到挑剔的顾客时，我能够心平气和，不让自己头脑太热，跟顾客争吵。即使遇到令人非常生气的顾客，也能很快从生气中走出来。"（B7）

"星期六晚上生意特别好，7点半3号包房上来一家姓徐的客人。他们点了一份鹌鹑蛋，我把鹌鹑蛋给他们下锅时，发现徐妈妈把上面的萝卜丝夹到碗里吃。我感觉她一定很喜欢吃萝卜。正好家里父母也挺喜欢吃凉拌萝卜丝，拌的萝卜丝特别好吃。我照着妈妈教我的方法，用调料台放上几味调料拌了一盘萝卜丝。当我把拌好的萝卜丝到桌上时，他们很惊讶，说我们没有点萝卜丝呀？我说：我估计阿姨爱吃萝卜丝，特意拌了一盘送给阿姨吃，不知道你们喜不喜欢？他们非常高兴，边吃边夸我，还问这萝卜丝是怎么拌的。最后徐叔叔要来一碗米

第9章 理论主张的案例检验——以海底捞企业为例

饭,把萝卜丝盘子里的汤拌到饭里吃了,说这是他吃过的最香的饭。"(A3)

"我们家4口人,地里的活儿主要靠我,我12岁的时候,4亩地水稻和3亩地麦子就是我一个人割。很累,有时候人一下会累晕。我们那里是山区,我爸负责打稻子,我妈负责往家里背,妹妹就做饭。所以我不怕干活儿。像我这样经历过苦的人,不怕做任何脏和累的工作,都能以积极的心态对待任何工作。即使做门童接待工作,我也很积极,一有客人就招呼,也愿意帮他们带孩子,一些顾客的小孩一来店里就找我玩,我的客户满意度非常高。"(B6)

根据访谈数据结果,餐饮服务业是一个与人打交道的行业,海底捞员工的服务绩效取决于满足顾客需求的程度,其中服务员工可以运用在家庭中积累的技能(如拌味道鲜美的小凉菜)、品格(辛苦劳作培养的坚韧性格)提升顾客满意度。结果家庭因素也对服务员工的服务绩效产生积极影响。

其三,近年来,越来越多的学者意识到,对工作家庭关系的全面理解,不能单看两者关系的积极方面或消极方面,应以整合的视角关注个体能否平衡工作和家庭角色。研究者们认为员工要想获得职业的成功,必须在家庭和工作合理分配个体资源,同时满足工作和家庭领域的角色要求[250]。家庭工作平衡能降低角色冲突所带来的消极体验,进而提高工作效率,角色满意感,组织承诺和工作满意度。如下是家庭工作平衡影响工作的访谈记录:

"现在家里孩子太小,孩子刚出生的时候,我非常不适应,虽然跟对象(配偶)都在这打工,但是服务工作非常忙,老公说就不让我上班了,孩子太小让我在家带孩子。孩子就我一个人带,一天下来,孩子又哭又闹心里特别烦。总不上班也不行啊,家里条件不好,父母都是靠养猪种地生活,我奶还不多,不挣钱奶粉都买不起。现在孩子稍微大一点了,婆婆从老家来了,白天婆婆能帮忙带孩子,我也又出来上班了。上班了换个环境心情好了很多,可以挣点钱给孩子买点好吃的心里很高兴。下班回家尽量多陪孩子,看着孩子心情也不一样了,情绪好了很多。"(A5)

"结婚后媳妇天天跟我说我心里没有她了,没有时间陪她,对她不好,没有感情。一天到晚上班忙乎,喝水的时间都快没有了,自从当上主管,操心的事更多,一回到家就想睡觉,媳妇说她买个新衣服我都不知道,有的时候心里真的觉得对不住她。后来店门口开个健身房,新开业打折,我办了两张健身卡,下班了我俩一起健身,媳妇很高兴,她心情好我也很高兴,还能锻炼身体,最近感觉状态好了很多,工作也特别有激情,就想多挣点钱给她更好的生活。"(B1)

"孩子上高中了,现在住在寄宿学校,基本上生活不太需要照顾,我也就出来打工了,妈天天给我和孩子打电话发消息,总说想我了,基本上上班两个礼拜我就回家去看看，家里那边水果卖的少，给爸妈带点。工作中姐妹们对我也挺好，感觉就像在家一样，有一次我发烧了，还是一起工作的姐妹帮我买了药，帮我烧水，家里种的桃子熟了，我也给他们带过来吃，大家就像一家人，工作也很快乐。"（B7）

根据访谈数据结果，餐饮服务业是一个对人的控制力要求很高的行业，要求员工在工作中保持较好的工作心情才能很好地完成工作任务。当家庭工作出现冲突时，服务员工可以通过在家庭生活中安排一些有情趣的小活动，对工作和生活进行调节，减少冲突带来的矛盾。工作的积极状态会影响家庭生活的心情，家庭生活的感情色彩可以增加员工的工作情愫，平衡好两个角色，会产生较大的双向效益，能够大大改善员工工作和生活的性情，快乐工作，快乐生活。

（2）家庭工作界面因素对服务员工情绪劳动及其服务行为的影响。

根据被访谈者在描述家庭对工作情绪、心情影响和工作状态的信息内容，研究团队进行了编码和解析，总结出当家庭与工作之间产生冲突时，服务员工的情绪调节方式和工作状态；员工在家庭获得的经验和技能促进工作时，员工采取的情绪表达方式和工作状态；以及家庭工作平衡在员工家庭工作界面因素与情绪表达间起的调节作用和对工作主动性产生的影响。数据结果见表9.6。

表9.6　家庭工作冲突、家庭工作增益与情绪劳动之间的匹配关系

家庭因素类型	服务员工的情绪调节和表达方式描述	情绪劳动和主动服务顾客行为	假设检验
家庭工作冲突	很长一段时间，我心情都很抑郁、烦躁，感到很对不起女儿，在服务顾客时也提不起精神，经常记错菜单，或者上错菜品或饮料。顾客投诉我好几次，我一度想辞职回家。（A4）	员工难以从事深层表演、真实表达和主动服务顾客行为。	假设H9-4和假设H9-10成立
	在服务顾客时，我常常想起躺在病床上瘦弱的父亲，劳累的母亲，情绪经常低落和陷入自责之中。我感到作为儿女没有尽到孝心。这种情绪影响了工作，顾客投诉我服务的态度很假、做作，影响到了吃饭的心情。（A6）		

第9章 理论主张的案例检验——以海底捞企业为例

续表

家庭因素类型	服务员工的情绪调节和表达方式描述	情绪劳动和主动服务顾客行为	假设检验
家庭工作增益	正是家庭生活经历和爸爸的教导,让我在服务顾客时,遇到顾客向我说一些难听的话或者遇到挑剔的顾客时,也能够心平气和,从顾客的角度考虑和理解顾客。即使遇到令人非常生气的顾客,也能很快从生气中走出来。(B7)	深层表演	假设 H9-5 和假设 H9-11 成立
	顾客非常喜欢吃我拌的萝卜丝,是对我工作的肯定。这让我在服务顾客时,更加充满信心,以更加真诚的服务态度和热情感染每一位来我这就餐的客人。(A3)	真实表达和主动服务顾客行为	
家庭工作平衡	两个礼拜我就回家去看看,家里那边水果卖的少,给爸妈带点。工作中姐妹们带我也挺好,感觉就像在家一样,有一次我发烧了,还是一起工作的姐妹帮我买了药,帮我烧水,家里种的桃子熟了,我也给他们带过来吃,大家就像一家人,工作也很快乐。(B7)	主动服务顾客行为	假设 H9-12 成立

从表 9.6 中的数据结果可知,由于工作需要员工投入太多的精力和时间,促使服务员工难以平衡家庭与工作之间的平衡。这种冲突的状态导致员工产生了较大的压力和负面情绪,进而这些负面情绪影响了服务员工的情绪表达水平,难以从事提升顾客满意的深层表演和真实表达,同时,负面的情绪让员工也难以积极主动地为顾客提供服务。假设 H9-4 和 H9-10 得到证实。另外,服务员工也可运用来自家庭领域积累的技能和经验和家庭领域塑造的品格,帮助服务员工在服务岗位上更好地服务顾客,满足顾客的需求。提升顾客满意度的同时,也提升了服务员工的自豪感和成就感,进而促使服务员工更加真诚、热情、积极主动地服务顾客。所以,假设 H9-5 和 H9-11 得到了证实。最后,家庭工作角色的平衡能力对员工的工作情绪和状态产生重要影响。家庭工作平衡力差的员工对家庭工作产生冲突的处理能力差,会影响服务绩效。丰富家庭生活、丰富工作情愫能够帮助员工更好地适应工作环境和处理家庭的事物,从而更好地积极主动的工作,也能够更好地生活。假设 H9-12 得到证实。

(3) 海底捞的家庭友好政策。

前面的数据分析结果表明家庭工作冲突负向影响服务员工工作的情绪和状态,让服务员工难以全身心投入工作之中,对海底捞的服务质量造成较严重的负面影响。海底捞企业为了提升优质服务质量,在如下方面制定出家庭友好政策和制度,以缓解和消除服务员工家庭因素对服务质量造成的负面影响。本部分数据来自海底捞的内部文件和公开的二手资料。

第一,给予员工父母补贴和旅游奖励等政策,获取父母对员工工作的理解和支持。海底捞领班以上干部的父母,每月会直接收到公司发的几百元补助。夫妇谁不想让孩子有出息?可是衣锦还乡的机会毕竟不多。然而每月公司寄的零花钱,却让父母的脸上放了光彩。中国人含蓄,中国的农民更含蓄,心里骄傲还不好直说,却说:"这孩子有福气找到一家好公司,老板把他们当成兄弟!"难怪员工都把张勇老板叫成张大哥。海底捞河南焦作店的徐敏说:"我家在四川农村,家里条件不好,因此,我放弃了学业,刚来的时候我累得哭过,但我最终坚持下来了。我在海底捞已经3年了。这3年对于一个离家在外的女孩来说时间真是好长呀!3年里,由于店里生意太忙,都没能回家陪父母过春节,我觉得自己很不孝,我该如何补偿呢?海底捞给了我尽孝的机会,海底捞每年都组织优秀员工的家长去海南旅游。今年公司通知我,这次名额是我的!我马上给老爸去了电话,电话那边一直嘟嘟的,我的心都快跳出来了,老爸你怎么还不接电话呀?喂?听到老爸的声音,我的眼泪不听话地往下流。爸,你听我说,我们公司安排优秀员工家长到海南旅游,也有你们。你和妈妈一起去吧!刚开始爸爸不同意,怕花我的钱,我说是公司报销。爸爸妈妈去了海南,第一次见到海。我好开心,更开心的是爸爸妈妈要来焦作看我,公司把车票都订好了。"

第二,解决海底捞员工配偶、兄弟姐妹的工作问题。如果你的妹妹弟弟结婚了,你能让年轻的夫妇分居吗?如果妹夫没有工作,你能不替他着急吗?于是海底捞的人事政策又让人力资源专家大跌眼镜,海底捞鼓励夫妻在同一家公司工作,而且还给夫妻提供由公司补贴的夫妻房。

第三,海底捞建立"家访"政策。海底捞的大部分员工都是农民工。初次离家是这些打工者的一个共同特点。对这些背井离乡的大孩子们,海底捞有一个特殊政策——对优秀员工和管理干部进行不定期家访。这样做的目的有二:一是代表他们去问候父母和子女;二是了解员工的家庭情况。海底捞西安片区的经理杨华说:"家访的目的不仅是温暖员工和家长们的心,对我们管理层也能起到教育作用,改正我们的管理上的失误。例如,我对一名员工进行家访后,发现员工请假回家的时间(路程上的时间)远远超出我们原先的估计,员工回到农村家里，需要坐完火车后，还需要坐城市到乡镇的客车，此后还需要坐城镇到农村的小客车。家访让我们知道了员工的实际情况，在请假管理上更加细致、具体，符合员工的实际需求。"

9.5.3 服务型领导力对服务员工情绪劳动影响的解码分析

（1）服务型领导力对情绪劳动隐性的解码分析。

服务型领导力受到越来越广泛的关注。这是因为企业服务水平的高低和服务质量的好坏在很大程度上是通过企业员工传递给顾客的，而管理者自身的服务意识是影响员工服务的一个重要因素。因此，具有服务型领导风格的管理者能够发挥示范效应，更好地引导并激励员工为顾客提供优质服务。另外，从事服务工作的员工主要是"80后"和"90后"。"80后"和"90后"员工身上有着诸多鲜明的个性特征，如具有较强的独立性与自主性，重视自我学习与成长，但不愿意受到外在规范的约束。具有服务型领导风格的管理者则能够通过持续的沟通，向新生代员工提供鼓励、支持和协助，把优质服务目标内化为他们自身的发展目标，很好地发挥服务员工的个性特征，既能完成组织目标的同时又能实现服务员工个人的持续成长。研究团队通过对海底捞石家庄两家店的店长、主管和员工进行访谈，基于"描述一下您管理员工的方式""描述一下您或您的上级主管管理下属的方式""在服务顾客时，碰到不愉快的事情，您的上司帮助您吗？""您在服务顾客时，拥有哪些权利，这些权利对您更好地服务顾客有作用吗？"等问题的回答信息，解码和分析了海底捞管理者的服务型领导力和员工的自主动机对情绪劳动的影响。并结合海底捞公开资料"海底捞店长日记""像海底捞一样带队伍：张勇的内部服务课"来解析海底捞企业管理者的服务型管理方式对员工情绪表达的影响。

"我每天与员工生活工作在一起，下面连着员工，上面连着店长，是企业的黏合剂，作用很重要。我认为能管理好下属，首先是起到带头作用。带头作用不仅是指上班时，脏活儿累活儿干在前，也包括下班后，对公司制度要起带头的执行作用。如我们一个店长，过年聚会时她作为纪律向员工郑重宣布，大家不要喝醉。结果所有人没醉，她醉了，醉得大闹宿舍，成为大家的笑谈。为此，她的威信大打折扣。其次，要关心员工。一个好的主管不能只把关心员工理解为有病关照和关心生活，更重要的关心是教会他们独立生活，承担责任，不断进步。如果一个员工在你手下连续做了两年的普通员工，那么你在生活中再关心她，她事后也不会感激你。为什么？你耽误了人家的青春。要么让她进步，要么放弃她，让

本土服务企业员工情绪劳动及其服务行为的影响机理研究

她去别的地方谋发展,这才是对员工最好的关心。正如董事长张大哥对我们的关心一样,他让我们用双手改变命运,这比任何关心都更有效,更长久。"(A2)

"我们主管人特别好,不是那种见人就说(批评)、特别威严的领导。从我刚进这家店工作的时候,他就一边鼓励我,一边一个菜一个菜地给我讲解,带我熟悉环境,教我摆台。可是第二天我仍然时不时地犯一些小错误。他就像一把伞,帮我遮雨避风,帮我救火。在领导的指导下,我仔细默读、熟记服务程序,又仔细回想过去几天的实践,开始一步步为顾客服务,并试着和他们交流。慢慢地我开始喜欢上这项服务工作,并喜欢与顾客天南海北的愉快交流。因为有这样的好领导,我爱海底捞,海底捞是我第二个家,我要真诚地服务好每一位客人,让他们在海底捞就餐如同在家吃饭一样。即使遇到一些蛮不讲理、挑剔的顾客,领导都会理解我的委屈,让我从顾客角度理解他们,让我的心情迅速好起来"。(B5)

通过对海底捞店长和员工的访谈,数据结果表明管理者采取服务型管理方式,真心帮助员工,解决员工的问题,关心员工的心理需求,让员工感到家一样的感觉。服务员工的内心就会充满欢乐、激情,以真诚的态度去服务每一位顾客,这属于情绪劳动中的真实表达范畴。即使遇到蛮不讲理的顾客,员工也会更多从企业的角度考虑问题,赢得顾客的满意度,这属于情绪劳动中的深层表演范畴。所以服务型领导力会促进服务员工的深层表演和真实表达。假设H9-6得到证实。

(2)自主动机对情绪劳动影响的解码分析。

顾客从进店到离店始终是跟服务员在打交道,任何客人的满意度其实都握在一线员工的手里。给予服务员工一定空间,让服务员工自主决定何时、何地以及采取何种服务方式满足顾客的需求。因此,在企业充分授权下,服务员工的自主动机也是促进情绪劳动中的深层表演和真实表达的重要因素。如下是对员工自主动机的访谈记录:

"一个顾客从洗手间出来,由于我个子低,接菜的时候把鸭血洒在客人身上,客人很不高兴。我马上找来干净的工服让客人换上,要把客人衣服送到干洗店加急干洗。客人看我急成那样,就说:看你态度这么诚恳,算了吧。我给客人擦干净后,看客人喜欢吃炸干馍,就送了一份干馍给客人。客人走时很满意。"(B5)

"我上个月是这样抓到一桌客人的,他们是四个大人两个小孩,6点钟吃饭,他们其中一个人5点就来等位。人来齐了,他们点了很多菜,我估计他们肯定吃不完,可是当时很忙,我忘了告诉他可以点半份菜。可是锅子上来了,我看客人等了那么久一定很饿,就没有让他们重新点菜。但是我把单子交给厨房时,把他们点的肉类菜都换成一份或半份。等菜上齐的时候,我问他们够不够,他们说够了。于是,我跟他们解释,那些肉菜给他们减了分量,他们很高兴。"(A7)

上述海底捞案例数据表明,真诚的微笑来自内心,人不幸福,不可能真笑。这种真笑同海底捞员工的自主动机有直接关系。中国的服务员社会地位低下,服务出错,往往会引起客人发脾气,甚至遭到漫骂。可是如果服务员能马上自发地运用手中的权力采取实际行动,如免个菜、打个折、表示歉意,正常人都是不打笑脸人的。少挨人骂,自然就高兴。笑能传染。海底捞服务员的笑感染了不习惯笑和不习惯友善对待服务员的顾客。几乎海底捞的顾客都能感到自己笑得多起来,对海底捞服务员的态度也比对别的餐馆服务员要好一些。顾客的友善对服务员是精神回报,因此,员工的自主动机促进情绪劳动的深层表演和真实表达。假设 H9-7 得到了证实。

9.5.4 服务导向对服务员工组织公民行为和服务创新行为影响的解码分析

(1) 个体服务导向对组织公民行为影响的解码分析。

在服务业发达的今天,员工具有高服务导向的好处不言而喻。由于服务行业的特殊性,一个好的服务过程,因顾客特征的不同而异,因此很难标准化优秀的服务,需要员工在服务过程中临场发挥,提供能够使不同类型顾客都满意的服务。所以具有服务导向的员工,确实能够提高组织的绩效[261]。组织公民行为包括人际指向组织公民行为和组织指向组织公民行为,分别表示员工在工作中主动帮助有困难的同事和员工会主动为组织着想,做利于组织的事。研究团队通过对海底捞石家庄两家店的店长、主管和员工进行访谈,基于"您在工作中乐意主动帮助其他同事从事服务工作或者解决工作难题?其他同事也会主动帮助有困难的同事吗?海底捞的员工会主动为组织着想吗?请举例说明""如果让您对现在的工作环境进行评价,您认为海底捞在你心里是一个什么样的企业"等问题的回答信息,解码和分析了海底捞员工管理的组织服务导向和员工个人服务导向对组织公民行为的影响。

"我非常喜欢现在的工作,我跟姐妹们的关系特别的好,大家就像一个大家庭一样,有的时候确实顾客太多,我负责的桌实在忙不过来,都是同事或者经理帮我招呼,别人忙乎不过来我也会赶紧帮忙,记得有一次人特别多,有个新来的同事对环境不太熟悉,点菜比较慢,一不小心还落了几个客人点的菜,性格急躁的客人突然发火了,说为什么菜点得这么慢,这么慢还缺这少那的,我赶紧过去,给客人解释了情况,备好客人的菜,还赠送了果盘,平息了矛盾。大家都是

一家人，只要能照顾好客人，无所谓帮忙不帮忙。"（B4）

"我从小就爱吃，特别是火锅，以前在农村，好多东西都吃不到，每次逢年过节了爸妈才带我们去饭店吃。我愿意出来打工，出来打工后我就能经常吃到好吃的。我就爱吃我们店的火锅，我们店的火锅绝对名不虚传，有一次我家里亲戚来了，我说一定要来我们店尝尝，店长还给我了最低的折扣，好开心。"（A5）

根据访谈数据结果，海底捞员工内部就像一个大家庭，大家互相帮助，员工服务导向很强，乐于助人，为他人着想，主动帮助有困难的同事，积极从事人际指向组织公民行为。同时，员工真心热爱组织，积极为组织宣传，扩大企业知名度，为组织利益着想，积极从事组织指向组织公民行为。假设 H9-8 和 H9-9 得到证实。

（2）多层次服务导向对员工创新行为影响的解码分析。

服务导向的定义可以从个体和组织层面来理解，个体层次指的是个体所具有的服务导向特质，而组织层次指的是组织所提供的支持服务导向的行为。两个层面的服务导向存在内部联系。员工个人服务导向是组织服务导向的基础，而组织服务导向通过企业文化氛围、规章制度等渠道影响个人服务导向。员工服务创新行为也包括两个不同的环节，即服务员工涌现新颖实用的创意（创造力）和贯彻、执行创新解决方案（创造执行力）。研究团队根据对海底捞石家庄两家店的店长、主管和员工的访谈进行了解码分析，基于"对员工提出的创新性的建议您一般会采取什么样的态度？""在工作中愿意主动为上司提出创新的建议或者意见吗？有被接受过吗？请举例说明"等问题，解码分析了海底捞员工管理的组织服务导向和员工个人服务导向对服务创新行为（创造力和创造执行力）的影响。

"我特别支持员工工作，平时里特别愿意跟员工进行交流，关于员工最近的工作感想，有的员工特别的敏感，遇到不开心的事情或者比较麻烦的客人会对员工的工作情绪造成很强烈的负面影响，影响员工的服务意识，这种情况我就找他们聊天，让他们敞开心扉，有什么意见或者建议可以跟我说，帮助他们排除心里的阴影，积极快乐地从事工作。有的员工比较内向，不愿意多说话，我们店专门设立了一个店长信箱，员工在工作上对店里有什么建议或者意见可以不定期地给信箱写信，可以署名也可以不署名，我们会根据员工的建议调整我们的工作策略。"（A1）

"我经常会给领导提建议，我觉得领导也愿意听我的建议，有一次，我提出在节日中营造一定的节日氛围来吸引一些特殊群体来我们店吃饭，经理觉得我的想法很好，在过圣诞节的时候在店里贴了很多圣诞的图片，当天还播放着圣诞的歌曲，等候用餐的顾客我们还在店门口租了一个小的投影放圣诞动画电影或者贺岁片，让顾客们更好地享受我们的服务，结果那天特别热闹，顾客们反应特别好，接下来的一个月基本都是天天爆满，店里业绩非常好。"（B2）

"在海底捞工作，我感觉每天都特别充实，顾客很多，大家都非常积极努力，想要做好自己的工作，好像也没有时间去计较什么，店长、经理对我们每个人都很照顾，大家像一家人，相互之间也都以诚相待，平时也是有什么说什么的，没什么可挑剔的，哈哈，就是工资能再多一点就好了。"（B6）

根据访谈数据结果，在海底捞，管理人员很注重培养组织的服务意识，形成企业服务氛围，积极听取员工的建议，提高企业服务绩效和顾客绩效。员工都能够真心积极地为企业工作，愿意为企业提供有创造性的建议和意见并积极实施，扩大企业知名度，提高企业业绩。

9.6 案例研究结论

服务业从业人员主要来自农村，多数只受过初中教育，上过大学的是凤毛麟角。大多数服务员工是迫于无奈才选择这个待遇低、地位低、劳动强度大的职业。然而，企业是否能够向顾客递送优质服务却掌握在这些背井离乡、在农村长大、家境不好、读书不多、见识不广、受人歧视、心理自卑的服务员工手里。如何让服务员工发自内心、热情洋溢接待每一位顾客是每个企业亟待解决的课题。通过对海底捞案例研究与分析，在情绪劳动方面，我们进一步证实来自顾客的负面事件、家庭工作冲突是抑制员工真诚微笑服务的主要原因。此外，我们也发现家庭因素中有益的一面，即家庭工作增益促进情绪劳动中的深层表演和真实表达。另外，企业管理者通过服务型管理方式和制定、实施家庭友好政策来延缓负面互动事件、家庭工作冲突对情绪劳动中深层表演和真实表达的负向影响。在员工服务行为方面，组织服务导向和员工个体服务导向能够促进员工的服务的积极情绪，从而促使员工从事组织公民行为和服务创新行为。同时，家庭友好政策，不仅能够让员工微笑服务，同时还能提升员工工作的主动性和积极性，进而从事主动服务顾客行为。

基于海底捞案例数据，服务员工情绪劳动影响机理整体框架如图9.2所示。

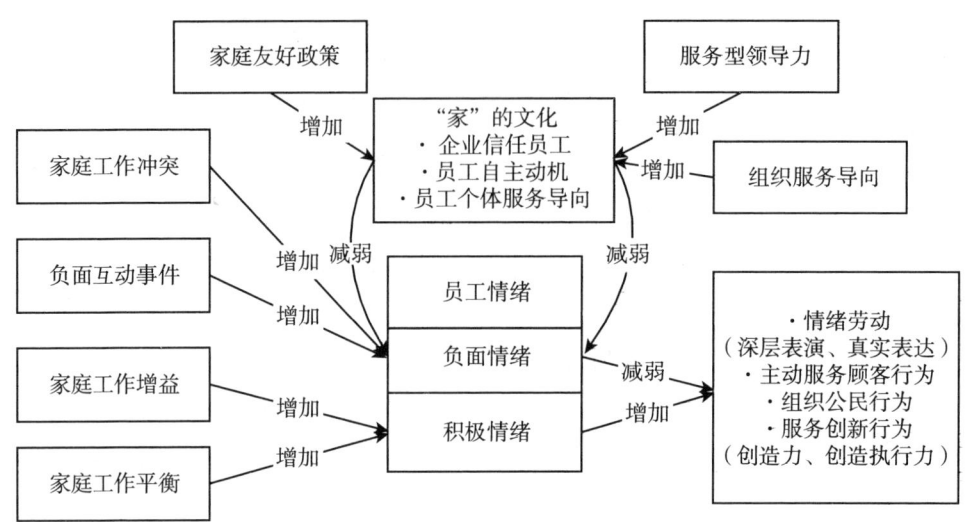

图9.2 情绪劳动影响因素研究的整体框架

通过对海底捞案例资料的分析与解码，我们发现：家庭工作冲突和负面互动事件，尤其归因顾客的负面事件是导致服务员工在服务顾客时出现负面情绪的主要因素，如抑郁、烦躁、伤心等，这些负面情绪进一步减少了员工在服务顾客时的深层表演和真实表达水平，遏制了员工从事主动服务顾客行为、组织公民行为和服务创新行为的意愿；相反，家庭工作增益、家庭工作平衡、企业的员工管理方式方法，以及企业的服务氛围等因素能够促进员工的服务动机和服务导向，激发员工的服务积极情绪，进一步促进员工的深层表演和真实表达水平，提升员工从事主动服务顾客行为、组织公民行为和服务创新行为的意愿。

为了有效降低这些伤害员工服务绩效的家庭工作冲突、负面互动事件因素，海底捞企业管理者在管理方式上，采取服务型领导力帮助员工解决服务现场上出现的服务问题，当服务员工受到顾客言语侮辱、不公平对待等事件时，对服务员工进行情感支持和帮助，提高组织服务导向，降低员工负面情绪；另外，在制度上设计家庭友好政策，如家访政策、给员工父母发放补贴、奖励旅游以及鼓励夫妻共同在海底捞工作等制度，争取员工家庭成员的理解和支持，减缓家庭工作冲突给服务员工造成的压力。也就是海底捞通过服务型管理方式和家庭友好政策方面的措施在企业之中建立起"家"的文化。"家"的文化可以增加员工的幸福、激情、满足和归属感，这些积极的工作情绪和情感可以有效降低来自家庭工作冲突、负面互动事件对员工情绪表达水平和服务行为产生的负面影响。

第9章 理论主张的案例检验——以海底捞企业为例

9.7 本章小结

本章的目的是以海底捞企业为例,进一步验证第3章到第8章提出的理论主张,以及揭示海底捞企业如何在管理实践之中较为系统地运用本章提出的理论观点提升员工的服务行为和情绪表达水平。通过对石家庄两家海底捞店的员工和管理者的深度访谈以及收集企业内部文件、公开资料等,研究团队对这些资料进行了分析与解码,发现本章提出的主要理论主张都得到了证实,增加了本章提出的理论主张的准确程度。通过以海底捞企业的案例研究,我们确认家庭工作冲突和负面互动事件,尤其归因顾客的负面事件是服务员工降低深层表演和真实表达水平的主要因素,也是抑制员工从事有利于组织的行为活动的主要原因。海底捞企业为了降低家庭工作冲突、负面互动事件的负面影响,海底捞企业管理者在管理方式上,采取服务型领导力帮助员工解决服务现场上出现的服务问题,当服务员工受到顾客言语侮辱、不公平对待等事件时,对服务员工进行情感支持和帮助,提高组织服务导向,降低员工负面情绪;另外,在制度上设计家庭友好政策,如家访政策、给员工父母发放补贴、奖励旅游以及鼓励夫妻共同在海底捞工作等制度,争取员工家庭成员的理解和支持,减缓家庭工作冲突给服务员工造成的压力。服务型管理方式和家庭友好政策共同促进海底捞"家"文化的产生。"家"的文化可以增加员工的幸福、激情、满足和归属感,这些积极的工作情绪和情感可以有效降低来自家庭工作冲突、负面互动事件对员工情绪表达水平和服务行为产生的负面影响。

第10章

结论与展望

总结本书的主要结论和贡献，分析本书研究结论的实践价值，指出本研究的局限性，对未来研究方向提出建议。

10.1 研究结论

情绪劳动、主动服务顾客行为、组织公民行为、服务创新行为等对服务员工的身心健康和顾客绩效都具有重要影响。情绪劳动属于多维度结构，不同的维度对员工的身心健康和顾客绩效的影响截然相反，其中表层表演具有负面影响，而深层表演和真实表达具有正向影响。因而聚焦情绪劳动的内部结构，识别表层表演、深层表演和真实表达的影响因素，对于完善情绪劳动理论和提升服务企业的服务质量水平都有着较为重要的意义。同时，主动服务顾客行为、组织公民行为和服务创新行为等服务员工服务行为都会对企业和顾客绩效有显著提升。因此，本书在前人基础上，首先，关注情绪劳动影响因素领域，将组织内部因素和组织外部因素相结合，探讨情绪劳动的多层次影响因素。其中研究内容包括：第一，从员工—顾客互动视角考虑，综合前人成果，将员工与顾客之间发生的负面事件进行分类，分别探讨归因自己、归因顾客、归因外部第三方等三类负面事件诱发员工何种情绪劳动行为（表层表演、深层表演或真实表达）以及其间存在何种作用机理；第二，从家庭工作界面因素视角考虑，探讨家庭工作冲突、家庭工作增益对情绪劳动（表层表演、深层表演和真实表达）的作用机理，其中核心自我评价通过家庭工作平衡起调节作用；第三，从多层次理论视角考虑，将团队层次的服务型领导力和个体层次的自主动机结合，探讨两者各自以及共同对情绪劳

第10章 结论与展望

动（表层表演、深层表演和真实表达）的影响。其次，在讨论情绪劳动的前因影响因素基础上，进一步探讨了服务员工主动服务顾客行为、组织公民行为和服务创新行为的影响因素。其中研究内容包括：第一，以中国的金融服务业为研究背景，揭示服务导向对组织公民行为（包括人际指向和组织指向的公民行为）产生的影响，并在此基础上进一步验证了情绪劳动在服务导向和组织公民行为之间；第二，从家庭工作界面因素视角考虑，探讨家庭工作界面因素对主动服务顾客行为的作用机理，其中服务氛围在其中所起的调节作用；第三，从多层次理论视角考虑，将团队层次的组织服务导向和个体层次的个体服务导向结合，探讨两者各自以及共同对员工服务创新行为（创造力和创造执行力）的影响。

具体结论如下：

（1）通过设计三种模拟情景（归因顾客、归因自己和归因第三方），并就每种模拟情景调研了服务员工，运用多元回归统计分析，研究结果表明：归因顾客正向影响表层表演，愤怒在归因顾客和表层表演之间起部分中介作用；归因自己正向影响真实表达，内疚在归因自己和真实表达之间起完全中介作用；归因第三方正向影响深层表演，情绪感染在归因第三方和深层表演之间起部分中介作用。

（2）通过多个阶段的问卷调研，最终获得318份有效服务员工数据。运用SPSS和AMOS分析工具，数据结果表明：家庭工作冲突负向影响深层表演和真实表达；家庭工作增益则正向影响深层表演和真实表达；核心自我评价在家庭工作冲突与表层表演之间起负向调节作用；核心自我评价在家庭工作增益与表层表演之间起负向调节作用；核心自我评价在家庭工作增益与深层表演、真实表达之间起正向调节作用；核心自我评价通过家庭工作平衡调节家庭工作冲突与表层表演，家庭工作增益与表层表演、深层表演之间的关系。研究结论不仅丰富了情绪劳动前因理论认识，也为服务企业管理者提升服务质量的实践提供一定理论指导。

（3）通过对31家服务企业的31名管理者和586名服务员工的多阶段调研，综合运用SPSS、AMOS与HLM分析工具，结果表明：服务型领导力和自主动机正向影响工作投入；服务型领导力在自主动机与工作投入之间起正向调节作用；工作投入正向影响深层表演；工作投入正向影响真实表达；在服务型领导力与自主动机对真实表达的交互影响之间，以工作投入为中介；服务型领导力正向影响聚合真实表达。

（4）通过对金融服务业210名员工进行调研所得的数据，运用SPSS软件和AMOS分析工具进行实证分析。结果表明：服务导向负向影响情绪劳动中的表层表演，正向影响深层表演；表层表演负向影响组织公民行为的两个维度——人际指向公民行为和组织指向公民行为,而深层表演对之具有正向效应;表层表演在服务导向和组织指向组织公民行为之间起部分中介作用;深层表演在服务导向与组织指向公民行为之间起部分中介作用。

(5)通过对310名服务员工进行多阶段调研,运用SPSS1统计软件对数据结果进行分析,结果表明:家庭工作增益对主动服务顾客行为有正向影响;家庭工作平衡对主动服务顾客行为有正向影响;随着服务氛围的提高,家庭工作冲突对主动服务顾客行为的负向影响将减弱;随着服务氛围的提高,家庭工作平衡对主动服务顾客行为的正向影响将增强。

(6)通过对辽宁30家接待服务企业管理者和员工的多阶段调研,综合运用SPSS、AMOS与HLM分析工具,结果表明:组织和员工的服务导向各自都显著促进工作投入,进而工作投入能够提升创造力和创造执行力。组织服务导向作为服务员工面临的外部环境,除了独自影响工作投入外,在个体服务导向与工作投入之间起正向调解作用。工作投入作为一种中介传递机制,将来自员工个体和企业的优良服务导向转化为创造力和创造执行力。在组织层面,组织服务导向也促进员工聚合的创造力和创造执行力。

10.2
主要研究贡献

第一,率先从多层次理论视角出发,将组织层次因素和个体层次因素结合,探讨了服务型领导力、自主动机、服务导向(组织服务导向和个体服务导向)对服务员工情绪劳动和服务创新行为产生的交互影响,弥补单一层面研究的不足。目前情绪劳动前因研究主要关注个体层次因素对情绪劳动的影响,使情绪劳动、创造力以及创造执行力的前因理论更加全面、深刻。

第二,从组织外部因素视角出发,将情绪劳动和主动服务顾客行为前因研究理论延伸到组织外部的家庭工作界面和员工—顾客负面互动事件,探讨了家庭工作界面因素和负面互动事件对情绪劳动的作用机理,并进一步探讨了家庭工作界面对主动服务顾客行为的作用机理。已有研究偏重于从员工的性格特征和工作环境视角探讨对情绪劳动和主动服务顾客行为的影响,忽略了员工家庭因素对情绪劳动的影响,尤其在中国这种属于儒家文化的国家之中。员工特别重视家庭关系,许多员工之所以工作的目的也是家庭的幸福、和谐。揭示家庭的因素对情绪劳动的影响,即家庭工作冲突、家庭工作增益对情绪劳动产生何种影响,以及核

第10章 结论与展望

心自我评价在其间起何种调节作用,弥补了现有情绪劳动前因理论的不足和局限。

从服务员工归因视角,揭示负面互动事件与情绪劳动之间的作用机理,使顾客负面行为与情绪劳动之间关系的理论知识进一步精确。近年情绪劳动的研究者讨论了诸如顾客言语侮辱、不公平对待对情绪劳动产生重要影响。遗憾的是,已有文献并未揭示其他类型的负面互动事件,如服务失误对情绪劳动的影响。本书基于归因理论,从员工的归因视角,将负面互动事件划分为三类:归因顾客负面互动事件、归因自己负面互动事件和归因第三方负面互动事件,系统地揭示了三类负面事件会诱发何种情绪劳动行为以及其间存在何种作用机理。研究结论进一步丰富了顾客负面行为与情绪劳动之间关系的理论知识,使两者之间的作用规律更加精确。

第三,基于中国服务业情境,探讨情绪劳动、主动服务顾客行为、组织公民行为和服务创新行为的影响机理,使服务员工管理理论进一步本土化。不同文化背景下人们的态度、价值观甚至行为会有所不同。目前情绪劳动、主动服务顾客行为、组织公民行为和服务创新行为理论研究大部分集中在西方文化背景下的服务业,而中国文化背景下的研究成果却甚少。在中国服务业情境下展开情绪劳动前因理论研究,不仅增加了情绪劳动理论的普适性,也识别了员工管理理论在中国情境中的独特特征。

10.3 管理启示

本书的研究成果对服务管理实践者具有较重要指导意义。

(1)对服务企业招聘和选拔政策的管理启示。员工情绪劳动、组织公民行为和服务创新行为是影响服务质量的关键因素,对服务效率的提升、顾客的体验以及顾客绩效都有重要促进作用。研究发现,自主动机通过工作投入对深层表演和真实表达有正面影响,服务导向对情绪劳动、组织公民行为和服务创新行为都能够产生积极的影响。建议服务企业在招聘方面,招聘那些性格开朗、为人热情、喜欢与他人合作、愿意从事服务工作,或者认为服务工作是非常有意义的员工。具有这些特质的员工在服务工作之中会付出更多的体力、认知和情绪资源,进而促进深层表演和真实表达,对服务员工的主动服务顾客行为和服务创新行为产生积极影响。同时,建立优质服务的文化,这种文化也能在一定程度上提升员工的服务导向水平，进而员工在服务顾客时会表现出更多的优质服务行为，最终促进顾客绩效的提升。

（2）对服务企业管理者领导方式的管理启示。除了员工本身的动机外，服务型领导力是员工面临的重要环境因素。研究发现，服务型领导力通过工作投入促进深层表演和真实表达，组织服务导向通过工作投入能够促进员工的创造力和创造执行力。建议服务企业管理者应转变管理方式，改变传统命令、控制的管理方式，转而以服务型领导方式，对服务员工充分授权，让员工自主决定服务顾客的方式方法，让员工更聪明、更幸福、更自由，以提升员工的能力和需求为己任。这种"公仆"式的领导方式会取得更高的深层表演和真实表达水平，也能够提升员工服务创新行为的水平，进而提升服务质量。

我们发现，自主动机与服务型领导力除了各自对真实表达产生影响外，两者产生协同效应，交互影响真实表达，增加了对真实表达的解释力；组织服务导向和个体服务导向除了各自对创造力和创造执行力产生影响外，两者也能够产生协同效应，交互影响创造力和创造执行力，也增加了服务创新行为的解释力。这一结论建议企业不能片面运用单一的政策措施，如招聘或领导方式，应注重管理政策之间的协同，即招聘选拔政策和领导管理方式的协同、匹配，在更高程度上促进真实表达和员工服务创新行为。

（3）对服务企业家庭友好政策的管理启示。家庭工作冲突会抑制服务员工的深层表演和真实表达，对主动服务顾客行为也会有负面影响，而深层表演、真实表达和主动服务顾客行为都能够带来积极的顾客绩效。这一结论建议服务企业不仅支持员工的工作，而且将支持范围扩展到家庭领域，出台一些家庭友好政策，如春节向员工的父母送红包等，以取得家庭成员的理解和支持，避免家庭与工作出现冲突，影响员工的工作表现。

家庭工作增益会促进员工的深层表演和真实表达，对主动服务顾客行为也会有正面的影响。这一结论建议服务企业管理者在招聘和选拔员工时，注重员工的家庭氛围是否和谐、家庭成员素质是否较高。家庭氛围和谐、家庭成员素质较高的员工因受到家庭环境良好的熏陶，其素质也相应较高。在企业的培训项目设计方面，也应增加相应的家庭领域人际处理技能的项目，以让员工在处理家庭事务方面获得增长，也会相应提升工作水平。

鉴于服务氛围可以强化家庭工作冲突、家庭工作平衡与主动服务顾客行为之间的关系，建议服务企业制定奖励和支持优质服务的规章制度，提升服务员工从事主动服务顾客行为的动机；对服务员工进行充分授权，允许服务员工自主解决服务顾客时的意外情况，为员工提供从事主动服务顾客行为的机会；开展素质拓展训练，促进部门内部和不同部门之间的服务员工能够积极合作共同向顾客提供优质服务。

（4）对服务企业现场管理的启示。首先，提示组织管理者应正确界定服务中员工顾客各自的权力范围。对于归因顾客的负面互动事件，不能顾客权力"无休止扩大化"，维护员工的正当权利，如香港航空公司允许空姐对酒醉乘客采取正当防卫措施，这样做不仅不会伤害顾客绩效，相反会抑制员工的表层表演，提高员工的工作满意度、组织承诺等，进而提高员工的情绪管理效率。其次，教育员工面对顾客的抱怨时，自己不仅代表个人而且代表组织，服务员工应多以顾客视角应对顾客的抱怨，进而提升顾客满意和忠诚。再其次，设计情绪管理技巧培训项目，通过提升员工的情绪管理技巧，使员工在服务工作中多运用深层表演方式与顾客互动，提升顾客绩效。最后，建立极端负面互动事件介入机制，避免服务员工出现愤怒情绪状态，这种高激活负面情绪会促使员工难以调节，易发泄出来使员工顾客之间负面事件恶化。

10.4 研究的局限性

虽然本书得出了较有意义的研究成果和结论，但仍存在一定研究局限。在如下方面仍存在不足和改进空间。

第一，研究在控制共同方法偏差方面做出了很多的努力，如本书通过三个阶段收集研究变量数据，每个阶段间隔为一个月，有效消除自变量对中介变量、中介变量对因变量的提示效应。另外，在数据收集过程中，对调查人员进行培训，指导他们告知服务员工调查问卷仅用于学术目的，他/她们填写的问卷信息保密，以打消服务员工的顾虑，真实填写问卷信息，但仍有可能导致较高的共同方法偏差。

第二，本书的样本选取主要来自辽宁沈阳、鞍山、河北秦皇岛、石家庄等地的服务企业。由于收集样本区域较为集中，都为北方地区，这使得本书具有较好的内部效度。但研究结论的普适性却有一定局限，即本书的研究结论是否适用于其他行业、其他地区，需要待进一步检验和证实。

第三，本书第3章研究采取模拟情景设计方式，让服务员工基于自己的回忆来填答问题。情景模拟方式属于研究者设计虚拟情景，让服务员工回忆在某种情景之中，其产生的情绪表达行为。虽然这种方式对于一些敏感、员工不愿意回答的题项特别有效,但在揭示负面互动事件与情绪劳动之间的因果关系略显不够。

10.5
今后研究工作展望

未来应进一步识别影响情绪劳动的组织环境因素。目前情绪劳动和服务行为影响因素研究主要关注员工个体特征和员工—顾客情境因素。服务企业管理者很难通过调控干预这两类因素促进服务员工的情绪劳动水平。而组织环境因素则不同,组织环境因素包括领导者的管理方式、企业或部门的氛围、企业或部门的管理制度和政策等。企业管理者可以通过设计相应的政策和制度来提升员工的深层表演和真实表达水平,进而提升企业的服务绩效和顾客绩效等。于是,未来情绪劳动影响因素的研究方向之一应将焦点转移到企业内部的组织环境因素方面。同时,企业领导者的情绪劳动也是影响员工行为表达的重要因素,目前关于情绪劳动的研究多是关注企业员工,领导者情绪劳动理论研究较少,可以将研究的视角转向企业领导者,领导者情绪也是员工管理和员工行为的重要因素。扩大情绪劳动的理论边界,对企业员工管理会有更深远的意义。

未来应采取动态研究方法揭示影响因素与情绪劳动和服务行为之间的关系。如前所述,目前情绪劳动影响因素文献主要采取一次性收集研究涉及的所有变量数据,属于横截面研究方法。横截面研究方法在揭示影响因素与情绪劳动和服务行为之间的因果关系略显不足。采取动态研究方法可以收集影响因素与情绪劳动和服务行为长期动态的数据,揭示影响因素与情绪劳动和服务行为之间因果路径的准确程度更高。

未来应扩大研究样本的范围,进一步提升本书研究结论的普适性。由于本书采集的数据主要来自辽宁沈阳、鞍山、河北秦皇岛、石家庄等地的服务企业。采集样本数据的地区为北方地区。而中国幅员辽阔,不同地区之间的文化差异较大。本书的研究结论是否适用于中国的西部地区、东南部地区等,需要进一步检验。因而,未来应在中国西部地区,如新疆、陕西等地区,在中国东南部地区,如上海、广州、浙江等地区收集样本数据。检验本书研究结论是否适用于这些地区以及检验区域文化是否在影响因素和情绪劳动及服务行为之间起调节作用。

第10章 结论与展望

10.6 本章小结

本章总结了本书的研究结论,提出了本书的主要贡献,认为本书的研究结论对服务企业招聘和选拔政策、管理者领导方式、家庭友好政策、现场管理等方面具有一定指导作用;此后,指出本书在得到富有意义的结论的同时,也具有一定局限性。在未来的研究中,需进一步深化相关理论研究,提升本书研究结论的普适性。

参 考 文 献

[1] Vargo, S L, Lusch, R F. Evolving to a new dominant logic for marketing [J]. Journal of Marketing, 2004, 68 (1): 1 – 17.

[2] Diefendorff, J M, Croyle M H, Gosserand R H. The dimensionality and antecedents of emotional labor strategies [J]. Journal of Vocational Behavior, 2005, 66 (2): 339 – 357.

[3] Ottenbacher, M, Harrington, R and Parsa, H. Defining the hospitality discipline: a discussion of pedagogical and research implications [J]. Journal of Hospitality & Tourism Research, 2009, 33 (3): 263 – 83.

[4] Ma, Q H, Tseng, M. M., Yan, B. A generic model and design representation technique of service products [J]. Technovation, 2002, 22 (1): 15 – 39.

[5] 马钦海, 关志民. 基于全顾客经历的服务产品结构化概念 [J]. 管理评论, 2004, 16 (1): 45 – 49.

[6] Susskind, A M, Kacmar, K M, Borchgrevink, C P. How organizational standards and coworker support improve restaurant service [J]. Cornell Hotel and Restaurant Administration Quarterly, 2007, 48 (4): 370 – 379.

[7] Zeithaml, V A. Service quality, profitability, and the economic worth of customers: What we know and what we need to learn [J]. Journal of the Academy of Marketing Science, 2000, 28 (1): 67 – 85.

[8] Brown, T J, et al. The customer orientation of service workers: personality trait effects on self – and supervisor performance ratings [J]. Journal of Marketing Research 2002, 39 (1): 110 – 119.

[9] Bailey, J J, Dwayne D. Gremler, D D, McCollough, M A. Service encounter emotional value: The dyadic influence of customer and employee emotions [J], Services Marketing Quarterly, 2001, 23 (1): 1 – 24.

[10] Hochschild, A R. The managed heart [M], Berkely: University of Califimia Press. 1983, 45 – 67.

参 考 文 献

[11] Ashforth B E, Humphrey R H. Emotional labor in service roles: The influence of identity [J], Academy of Management Review, 1993, 18 (2): 88 – 115.

[12] Grandey, A A. Emotion Regulation in the Workplace: A new way to conceptualize emotional labor [J], Journal of Occupational Health Psychology, 2000, 5 (1): 59 – 100.

[13] Brotheridge, C M, Grandey, A A. Emotional labor and burnout: Comparing two perspectives of people work [J]. Journal of Vocational Behavior, 2002, 60 (1): 17 – 39.

[14] Totterdell, P, Holman, D. Emotion regulation in customer service roles [J]. Journal of Occupational Health Psychology, 2003, 1 (1): 55 – 73.

[15] Liu, Y M. Perrewé, P L, Hochwarter, W A, Kacmar, C J. Dispositional antecedents and consequences of emotional labor at work [J]. Journal of Leadership & Organizational Studies. 2004, 4 (1): 12 – 25.

[16] Kammeyer – Mueller, J D, Rubenstein, A L, Long, D M, et al. A meta – analytic structural model of dispositonal affectivity and emotional labor [J]. Personnel Psychology, 2013, 66 (1): 47 – 90.

[17] Jung H S, Yoon H H. Antecedents and consequences of employees' job stress in a foodservice industry: Focused on emotional labor and turnover intent [J]. International Journal of Hospitality Management, 2014, 38 (1): 84 – 88.

[18] Maneotis, S M, Grandey A A, Krauss, A D. Understanding the "why" as well as the "how": service performance is a function of prosocial motives and emotional labor [J]. Human Performance, 2014, 27 (1): 80 – 97.

[19] Grandey, A A. Is "service with a smile" enough? Authenticity of positive displays during service encounters [J]. Organizational Behavior and Human Decision Processes, 2005, 96 (1): 38 – 55.

[20] Hennig – Thurau, T, Groth, M, Paul, M, Gremler, D. Are all smiles created equal? How emotional contagion and emotional labor affect service relationships [J]. Journal of Marketing, 2006, 70 (3): 58 – 73.

[21] Groth, M, Hennig – Thurau, T. Customer reactions to emotional labor: The roles of employee acting strategies and customer detection accuracy [J]. Academy of Management Journal, 2009, 52 (5): 958 – 974.

[22] Yagil, D. The mdiating role of engagement and burnout in the relationship between employees' emotion regulation strategies and customer outcomes [J]. Europe-

an Journal of Work and Organizational Psychology, 2012, 21 (1): 150 – 168.

[23] Hur, W M, et al. Customer response to employee emotional labor: the structural relationship between emotional labor, job satisfaction, and customer satisfaction [J]. Journal of Services Marketing, 2015, 29 (1): 71 – 80.

[24] Kiffin – Petersen, S A, Jordan, C L, Soutar, G N. The big five, emotional exhaustion and citizenship behaviors in service settings: The mediating role of emotional labor [J]. Personality and Individual Differences, 2011, 50 (1): 43 – 48.

[25] Grandey A A, Kern J H. Verbal abuse from outsiders versus Insiders: Comparing frequency, impact on emotional exhaustion, and the role of emotional labor [J]. Journal of Occupational Health Psychology, 2007, 12 (1): 63 – 79.

[26] Rupp D E, Spencer S. When customers lash out: The effects of perceived customer interactional injustice on emotional labor and the mediating role of discrete emotions [J]. Journal of Applied Psychology, 2006, 91 (4): 971 – 978.

[27] Rupp D E, et al. Customer (in) justice and emotional labor: The role of perspective taking, anger, and emotional regulation [J]. Journal of Management, 2008, 45 (5): 88 – 97.

[28] 谢礼珊,龚金红,梁艳. 顾客不公平与员工情感性劳动关系研究:换位思考能力和负面情感的作用 [J]. 管理学报, 2011, 8 (5): 720 – 726.

[29] Brotheridge, C M, et al. Testing a conservation of resources model of the dynamics of emotional labor [J]. Journal of Occupational Health Psychology, 2002, 7 (1): 56 – 67.

[30] 杨勇,马钦海,曾繁强等. 组织公平感与情绪劳动策略关系的实证研究 [J]. 工业工程与管理, 2013, 18 (4): 37 – 43.

[31] Katz, D. The Motivational Basis of Organizational Behavior [J]. Behavior Science, 1964, (9): 131 – 146.

[32] Bateman, T. S., Organ D. W. Job satisfaction and the good soldier: The relationship between affect and employee citizenship [J]. Academic of Management Journal, 1983, (26): 587 – 595.

[33] Organ, D. W. Organizational Citizenship Behavior: The Good Soldier Syndrome [J]. Academy of Management Review, 1988, 14 (2): 294 – 297.

[34] Smith, C. A., Organ, D. W., Near, J, P. Organizational Citizenship Behavior: Its Nature and Antecedents [J]. Journal of Applied Psychology, 1983, 68 (1): 653 – 663.

参 考 文 献

[35] Williams, L. Job Satisfaction and Organizational Commitment as Predictors of Organizational Citizenship and In – Role Behaviors [J]. Journal of Management, 1991, (17): 601 – 617.

[36] Graham, J. W., Organizational Citizenship Behavior: Construct redefinition, operationalization, and validation, Unpublished manuscript [D]. Loyola University, Chicago: Loyola University, Chicago, 1989.

[37] Podsakoff, P. M., MacKenzie, S. B., Paine, J. B., Bachrach, D. G. Organizational Citizenship Behaviors: A critical review of the theoretical and empirical literature and suggestion for future research [J]. Journal of Management, 2000, 26 (1): 513 – 563.

[38] Frese S M, Fay D. Personal Initiative: An Active Performance Concept for Work in the 21st Century [J], Research in Organizational Behavior, 2001, 23: 133 – 187.

[39] Jiang W, Gu Q. A moderated mediation examination of proactive personality on employee creativity: A person – environment fit perspective [J]. Journal of Organizational Change Management, 2015, 28 (3): 393 – 410.

[40] Ng T W H, Feldman D C. Idiosyncratic deals and voice behavior [J]. Journal of Management, 2015, 41 (3): 893 – 928.

[41] Kim T Y, Liu Z Q, Diefendorff J M. Leader – member exchange and job performance: The effects of taking charge and organizational tenure [J]. Journal of Organizational Behavior, 2015, 36 (2): 216 – 231.

[42] Rank J, Carsten J M, Unger, J M, etl.. Proactive customer service performance: Relationships with individual, task, and leadership variables [J], Human Performance, 2007, 20 (5): 363 – 390.

[43] Raub S, Liao H. Doing the right thing without being told: Joint effects of initiative climate and general self – efficacy on employee proactive customer service performance [J]. Journal of Applied Psychology, 2012, 97 (3): 651 – 667.

[44] West M A, Farr J L. Innovation at work: Psychological perspectives. [J]. Social Behaviour, 1989, 4 (1) (1): 15 – 30.

[45] Spiegelaere DS, et al. On the relation of job insecurity, job autonomy, innovative work behaviour and the mediating effect of work engagement [J]. Creativity and Innovation Management, 2014, 23 (3): 318 – 330.

[46] 许春晓, 邹剑. 酒店员工知识共享对服务创新的影响研究 [J]. 旅游

学刊, 2010, 25 (11): 66-72.

[47] Diefendorff, J M, Richard E M, Yang J. Linking emotion regulation strategies to affective events and negative emotions at work [J]. Journal of Vocational Behavior, 2008, 73 (3): 498-508.

[48] Hofstede, G. Culture's consequences: International differences in work-related values [M]. Beverly Hills, CA: Sage Publications. 1980, 157-165.

[49] Hofstede G. Cultures and organizations: Software of the mind [M]. London, England: McGraw-Hill. 1991, 99-103.

[50] Ekman, P. Facial expressions of emotions: new findings, new questions [J]. Psychological Science, 1992, 3 (1): 34-38.

[51] Rafaeli, A, and Sutton, R I. Expression of emotion as part of the work role [J]. Academy of Management Review, 1987, 12 (1): 23-37.

[52] Zapf, D. Emotion work and psychological wellbeing: A review of the literature and some conceptual considerations [J]. Human Resource Management Review, 2002, 12 (3): 237-268.

[53] Hofstede, G. Culture's consequences: Comparing values, behaviors institutions and organizations across nations [M]. Thousand Oaks: Sage. 2001.

[54] Hofstede, G. Motivation, leadership, and organization: do American theories apply abroad [M]. London: Sage, 1980.

[55] Pizam, A, et al. Nationality vs industry cultures: which has a greater effect on managerial behavior [J]. International Journal of Hospitality Management, 1997, 16 (2): 127-145.

[56] 宋国萍, 楚克群. 工作冲突研究中的变量回顾与展望 [J]. 人类工效学, 2015, 21 (2): 47-53.

[57] 周璐璐等. 工作-家庭增益研究综述 [J]. 外国经济与管理, 2007, 14 (7): 89-97.

[58] 于海云等. 创新动机对民营企业创新绩效的作用及机制研究: 自我决定理论的调节中介模型 [J]. 预测, 2015, 26 (2): 125-133.

[59] 段锦云. 变革型领导对员工建言的影响机制再探: 自我决定的视角 [J]. 南开管理评论, 2014, 12 (4): 46-48.

[60] Yoon, S J, Choi, D C, and Park, J W. "Service orientation: Its impact on business performance in the medical service industry" [J], The Service Industries Journal, 2007, 27 (4): 371-388.

参考文献

[61] Hogan, J., Hogan, R. How to Measure Service Orientation [J]. Journal of Applied Psychology, 1984, 69 (1): 167-173.

[62] Gwinner K P, Bitner M J, Brown S W, et al. Service customization through employee adaptiveness [J]. Journal of Service Research, 2005, 8 (2): 131-148.

[63] Cadwallader S, Jarvis C B, Bitner M J, et al. Frontline employee motivation to participate in service innovation implementation [J]. Journal of the Academy of Marketing Science, 2010, 38 (2): 251-251.

[64] Karlsson C, Tavassoli S. Innovation Strategies and Firm Performance [J]. Economics of Innovation & New Technology, 2015, 25: 1-20.

[65] Ford, W S Z, Etienne, C N. Can I help you? A framework for interdisciplinary research on customer-service encounters [M], Management Communication Quarterly, 1994, 7 (4): 413-441.

[66] Bettencourt, L, Brown, S. Contact employees: Relationship among workforce fairness [M], job satisfaction, and service behaviour. Journal of Retailing, 1997, 73 (1): 39-61.

[67] Wieseke, J, Ullrich, J, Christ, O, Dick, R V. Organizational identification as a determinant of customer orientation in service organizations [J], Marketing Letter, 2007, 18 (4): 265-278.

[68] Brislin, R W. Translation and content analysis of oral and written material [M]. Handbook of Cross-cultural Psychology, Boston: Allyn &Bacon, 1980.

[69] Morris, J A, Feldman, D C. The dimensions, antecedents, and consequences of emotional labor [J]. Academy of Management Review, 1996, 21 (4): 986-1010.

[70] 缪丽华. 中小学教师情绪劳动的实证研究 [D]. 重庆大学博士论文, 2009: 18-22.

[71] 林尚平. 组织情绪劳务负担量表之发展 [J]. 中山管理评论（台湾）, 2000 (3): 427-447.

[72] 吴宗佑, 郑伯埙. 组织情绪研究之回顾与前瞻 [J]. 应用心理研究, 2003, 19 (2): 145-153.

[73] Mann, S. Emotion at work: To what extent are we expressing, suppressing, or faking it [J]. European Journal of Work and Organizational Psychology, 1999, 8 (6): 347-369.

[74] Kruml, S M, Geddes, D. Exploring the dimensions of emotional labor: The heart of hochschild's Work [J]. Management Communication Quarterly, 2000, 14 (1): 18-49.

[75] Schaubroeck, J, Jones, J R. Antecedents of workplace emotional labor dimensions and moderators of their effects on physical symptoms [J]. Journal of Organizational Behavior, 2000, 21 (2): 163-183.

[76] Gabriel, A S, Daniels, M A, Diefendorff, J M. Emotional labor actors: A latent profile analysis of emotional labor strategies [J]. In Pressing.

[77] Schreurs, B, Guenter, H, Hülsheger, U. Therole of punishment and reward sensitivity in the emotional labor process: A within-person perspective [J]. Journal of Occupational Health Psychology, 2014, 19 (1): 108-129.

[78] Grandey A A, Dickter, D N, Sin, H P. The customer is not always right: Customer aggression and emotion regulation of service employees [J]. Journal of Organizational Behavior, 2004, 25 (3): 397-418.

[79] Scott, B, Barnes, C, Wagner, D. Chameleonic orconsistent? A multilevel investigation of emotional labor variability and self-monitoring [J]. Academy of Management Journal, 2011, 55 (4): 905-927.

[80] 马天等. 情绪劳动在领导氛围和情感承诺间的中介作用研究——以大连市餐饮服务业为例 [J]. 东北财经大学学报, 2015, 14 (2): 16-25.

[81] Shani A, Uriely N, Reichel A, et al. Emotionallabor in the hospitality industry: The influence of contextual factors [J]. International Journal of Hospitality Management, 2014, 37: 150-158.

[82] Morrison, E. W. Role definitions and organizational citizenship behavior: the importance of the employee's perspective [J]. Academy of Management Journal, 1994, 37 (1): 1543-1567.

[83] Allen, T. D., Rush, M. C. The effects of organizational citizenship behavior on performance judgments: A field study and a laboratory experiment [J]. Journal of Applied Psychology, 1998, 83 (1): 247-260.

[84] Bolino, M. C. Citizenship and Impression Management Good Soldier or Good Actors? [J]. Academy of Management Review, 1999, 24 (1): 82-89.

[85] Shore, L. M., Wayne, S. J. Commitment and Employee Behavior: Comparison of Affective Commitment and Continuance Commitment with Perceived Organizational Support [J]. Journal of Applied Psychology, 1993, 78 (1): 774-780.

参考文献

[86] Podsakoff, P. M., MacKenzie, S. B. Organizational Citizenship Behaviors and Sales Unit Effectiveness [J]. Journal of Marketing Research, 1994, 3 (1): 351 – 363.

[87] Liao H, Toya K, Lepak D, etl.. Do They See Eye to Eye——Management and Employee Perspectives of High Performance Work Systems and Influence Processes on Service Quality [J]. Journal of Applied Psychology, 2009, 94 (3): 371 – 391.

[88] 张红琪, 鲁若愚, 蒋洋. 服务企业员工自我领导对创新行为的影响研究——以自我效能为中介变量 [J]. 研究与发展管理, 2012, 24 (2): 94 – 103.

[89] Kim TT, Lee G. Hospitality Employee Knowledge – Sharing Behaviors in the Relationship between Goal Orientations and Service Innovative Behavior [J]. International Journal of Hospitality Management, 2013, 34 (4): 324 – 337.

[90] Anderson N, Potočnik K, Zhou J. Innovation and Creativity in Organizations A State – of – the – Science Review, Prospective Commentary, and Guiding Framework. Journal of Management, 2014, 40 (5): 1297 – 1333.

[91] 杨晶, 刘舶航, 王斌, 等. 激励方式对员工创新能力的影响机制 [J]. 人类工效学, 2015, 21 (1): 57 – 60.

[92] Miner, J B. The rated importance, scientific validity, and practical usefulness of organizational behavior theories: a quantitative review [J]. Academy of Management Learning & Education, 2003, 12 (3): 250 – 68.

[93] Lewin, K. Principles of topological psychology [M]. New York: Wiley. 1936, 20 – 26.

[94] Pinder, C C. Work motivation in organizational behavior [M]. Upper Saddle River, NJ: Prentice Hall. 1998: 56 – 78.

[95] Vroom, V H. Work and motivation [M]. New York: Wiley. 1964: 236 – 253.

[96] Locke, E A, and Latham, G P. A theory of goal setting and task performance [M]. Englewood Cliffs. NJ: Prentice – Hall. 1990: 117 – 125.

[97] Frese, M. Personal Initiative (PI): the Theoretical concept and empirical findings [M]. New York: Wiley. 2001.

[98] Hackman, J R, Oldham, G R. Work redesign reading [M]. MA: Addison – Wesley. 1980: 65 – 73.

[99] Maslow, A H. Motivation and personality [M]. New York: Harper & Row. 1954: 37 - 49.

[100] Porter, L W, Lawler, E E. Managerial attitudes and performance [M]. Homewood, IL: Irwin - Dorsey. 1968: 69 - 82.

[101] Deci, E L, Eghrari, H, Patrick, B C, Leone, D R. Facilitating internalization: the self - determination theory perspective [J]. Journal of Personality, 1994, 62 (1): 119 - 142.

[102] Gagné, M, and Deci, E L. Self - determination theory and work motivation [J]. Journal of Organizational Behavior, 2005, 26 (4): 331 - 362.

[103] Gagné, M, Vansteenkiste, M. Self - determination theory's contribution to positive organizational psychology [J]. Advances in Positive Organizaitonal Psychology, 2013, 1 (1): 61 - 82.

[104] Deci, E L, Ryan, R M. The what and why of goal pursuits: Human needs and the self - determination of behavior [J]. Psychological Inquiry, 2000, 11 (4): 227 - 268.

[105] Deci, E L, and Vansteenkiste, M. Self - determination theory and basic need satisfaction: understanding human development in positive psychology [J]. Ricerche di Psichologia, 2004, 27 (1): 17 - 34.

[106] Deci, E L, and Ryan, R M. Facilitating optimal motivation and psychological well - being across life's domains [J]. Canadian Psychology, 2008, 49 (1): 14 - 23.

[107] Moran, C M, et al. A profile approach to self - determination theory motivations at work [J]. Journal of Vocational Behavior, In Pressing.

[108] Vansteenkiste, M, Niemiec, C P, Soenens, B. The development of the five Mini - theories of self - determination theory: An historical overview, emerging trends, and future directions [M]. UK: Emerald, 2010: 68 - 83.

[109] 王艇, 郑全全. 自我决定理论: 一个积极的人格视角 [J], 社会心理科学, 2009, 24 (2): 16 - 17.

[110] Tremblay, M A, et al. Work extrinsic and intrinsic motivation scale: Its value for organizational psychology research [J]. Canadian Journal of Behavioural Science, 2009, 41 (4): 213 - 226.

[111] Gillet, N. The role of supervisor autonomy support, organizational support, and autonomous and controlled motivation in predicting employees' satisfaction

参 考 文 献

and turnover intentions [J]. European Journal of Work and Organizational Psychology, In Pressing.

[112] Finkelstein, M A. Intrinsic and extrinsic motivation and organizational citizenship behavior: A functional approach to organizational citizenship behavior [J]. Journal of Psychological Issues in Organizational Culture, 2011, 2 (1): 19 – 35.

[113] Lam, C F, and Gurland, S T. Self – determined work motivation predicts job outcomes, but what predicts self – determined work motivation [J]. Journal of Research in Personality, 2008, 42 (4): 1109 – 1115.

[114] Pelletier, L G, Fortier, M S, Vallerand, R J, Briere, N M. Associations among perceived autonomy support, forms of self – regulation, and persistence: A prospective study [J]. Motivation and Emotion, 2001, 25 (4): 279 – 306.

[115] Salinas – Jime' nez, M D, Arte's, J, Salinas – Jime' nez, J. Income, motivation, and satisfaction with life: An empirical analysis [J]. Journal of Happiness Studies, 2010, 11 (6): 779 – 793.

[116] 高中华, 赵晨. 服务型领导如何唤醒下属的组织公民行为? ——社会认同理论的分析 [J]. 经济管理, 2014, 26 (6): 18 – 27.

[117] Wu, L Z, Tse, E C Y, Fu P, et al. The impact of servant leadership on hotel employees' servant behavior [J]. Cornell Hospitality Quarterly, 2013, 54 (4): 383 – 395.

[118] Chen Z, Zhu, J, Zhou, M. How does a servant leader fuel the service fire? A multilevel model of servant leadership, individual self identity, group competition climate, and customer service performance [J]. In Pressing.

[119] McCann, J T, Graves, D, Cox, L. Servant leadership, employee satisfaction, and organizational performance in rural community hospitals [J]. International Journal of Business and Management, 2014, 9 (10): 28 – 45.

[120] Koyuncu, M J, Burke, R., Astakhova, M. Servantleadership and perceptions of service quality provided by front – line service workers in hotels in turkey: Achieving competitive advantage [J]. International Journal of Contemporary Hospitality Management, 2014, 26 (7): 1083 – 1099.

[121] Liden, R., Wayne, S., Liao, C. Servant leadership and serving culture: Influence on individual and unit performance [J]. Academy of Management Journal, In Pressing.

[122] 凌茜, 汪纯孝, 张秀娟, 等. 公仆型领导风格对员工服务质量的影

响[J].旅游学刊,2010,11(4):68-75.

[123] 朱玥,王永跃.服务型领导对员工工作结果的影响:亲社会动机的中介效应和互动公平的调节效应[J].心理科学,2014,17(4):33-40.

[124] 赵红丹,彭正龙.服务型领导与团队绩效:基于社会交换视角的解释[J].系统工程理论与实践,2013,33(10):2524-2532.

[125] Greenhaus, J H, Beutell, N J. Sources of conflict between work and family roles [J]. Academy of Management Review, 1985, 10 (1): 76-88.

[126] Parasuraman, S, Simmers, C A. Type of employment, work–family conflict and well–being: a comparative study [J]. Journal of Organizational Behavior, 2001, 22 (5): 551-568.

[127] Carlson, D S, Perrewé, P L. The role of social support in the stressor–strain relationship: An examination of work–family conflict [J]. Journal of management, 1999, 25 (4): 513-540.

[128] Zhao, K, Zhang, M, Foley, S. Work–to–family conflict and individual consequences: How gender egalitarianism makes a difference [J]. Academy of Management Proceedings. Academy of Management, 2014, 14 (1): 131-139.

[129] Wang, J, Gardner, R G, Boswell, W R. Work–to–family enrichment and voluntary turnover: A moderated mediation model [J]. Academy of Management Proceedings. Academy of Management, 2014, 14 (1): 164-160.

[130] Jung, Choi H, Tae Kim Y. Work–family conflict, work–family facilitation, and job outcomes in the Korean hotel industry [J]. International Journal of Contemporary Hospitality Management, 2012, 24 (7): 1011-1028.

[131] Zhao, X R, Qu, H, Ghiselli R. Examining the relationship of work–family conflict to job and life satisfaction: A case of hotel sales managers [J]. International Journal of Hospitality Management, 2011, 30 (1): 46-54.

[132] Ng, T W, Feldman, D C. Embeddings and well–being in the united states and singapore: The mediating effects of work–to–family and family–to–work conflict [J]. Journal of occupational health psychology, In Pressing.

[133] Namasivayam, K. The relationship of chronic regulatory focus to work–family conflict and job satisfaction [J]. International Journal of Hospitality Management, 2012, 31 (2): 458-467.

[134] Brummelhuis, L L, Bakker A B, Euwema M C. Is family–to–work interference related to co–workers' work outcomes [J]. Journal of Vocational Behavior,

参考文献

2010, 77 (3): 461-469.

[135] Grzywacz, J G, Carlson, D S. Conceptualizing work – family balance: Implications for practice and research [J]. Advances in Developing Human Resources, 2007, 9 (4): 455-471.

[136] 王永丽, 叶敏. 工作家庭平衡的结构验证及其因果分析 [J]. 管理评论, 2012, 23 (11): 92-101.

[137] Greenhaus, J H, Powell G N. When work and family are allies: A theory of work – family enrichment [J]. Academy of management review, 2006, 31 (1): 72-92.

[138] Wayne, J H, Grzywaczj, G, et al. work – family facilitation: a Theoretical explanation and model of primary antecedents and consequence [J]. Human Resource Management Review, 2007, 17 (1): 63-76.

[139] Carlson, D S, Hunter E M, Ferguson M, et al. Work – family enrichment and satisfaction mediating processes and relative impact of originating and receiving domains [J]. Journal of Management, 2014, 40 (3): 845-865.

[140] Tang, S, Siu, O, Cheung, F. A study of work – family enrichment among Chinese employees: The mediating role between work support and job satisfaction [J]. Applied Psychology, 2014, 63 (1): 130-150.

[141] Karatepe, O M, Azar, A K. The effects of work – family conflict and facilitation on turnover intentions: The moderating role of core self – evaluations [J]. International Journal of Hospitality & Tourism Administration, 2013, 14 (3): 255-281.

[142] 张伶, 聂婷, 连智华. 高新技术企业员工职业特征对满意度影响的实证研究——以家庭亲善文化与员工工作—家庭促进为视角 [J]. 科学学与科学技术管理, 2012, 33 (12): 136-143.

[143] 张莉, 林与川, 于超跃, 等. 支持资源作用下的工作—家庭促进: 情感倾向的调节作用 [J]. 管理学报, 2012, 9 (3): 78-85.

[144] Aryee, S, Srinivas, E S, Tan H H. Rhythms of life: antecedents and outcomes of work – family balance in employed parents [J]. Journal of applied psychology, 2005, 90 (1): 117-132.

[145] Diefendorff, J M, Grandey A A, Dahling, J J. Emotional display rules as work unit norms: A multilevel analysis of emotional labor among nurses [J], Journal of Occupational Health Psychology, 2011, 16 (2): 170-186.

[146] Davidow, M. Organizational responses to customer complaints: what works and what doesn't [J]. Journal of Service Research, 2003, 5 (3): 225-250.

[147] Menon, K, Dubé, L. The effect of emotional provider support on angry versus anxious consumers [J]. International Journal of Research in Marketing, 2007, 24 (3): 268-275.

[148] Bonifield, C, Cole, C. Affective responses to service failure: anger, regret, and retaliatory versus conciliatory responses [J]. Marketing Letters, 2007, 18 (1): 1-15.

[149] Bonifield, C, Cole, C. Better him than me: social comparison theory and service recovery [J]. Journal of the Academy of Marketing Science, 2008, 36 (4): 565-577.

[150] Hogan, J., Hogan, R. How to Measure Service Orientation [J]. Journal of Applied Psychology, 1984, 69 (1): 167-173.

[151] Lytle, R S, Hom, P W, and Mokwa, M P. "SERV-OR: A managerial measure of organizational service orientation" [J], Journal of Retailing, 1998, 74 (4): 455-489.

[152] Susskind A M, Kacmar K M, Borchgrevink C P. How organizational standards and coworker support improve restaurant service [J]. Cornell Hotel and Restaurant Administration Quarterly, 2007, 48 (4): 370-379.

[153] Hennig-Thurau T. Customer orientation of service employees: its impact on customer satisfaction, commitment, and retention [J]. International Journal of Service Industry Management, 2004, 15 (5): 460-478.

[154] Wu H J, Liang R D, Tung W. Structural relationships among organization service orientation, employee service performance, and consumer identification [J]. The Service Industries Journal, 2008, 28 (9): 1247-1263.

[155] Liang, R D, Tseng, H C, Lee, Y C. "Impact of service orientation on frontline employee service performance and consumer response" [J], International Journal of Marketing Studies, 2010, 2 (2): 67-73.

[156] Chen, Y J. Relationships among service orientation, job satisfaction, and organizational commitment in the international tourist hotel industry [J], Journal of American Academy of Business, 2007, 11 (2): 71-82.

[157] Beaton, A, Lings, I, and Gudergan, S P. "Service staff attitudes, organizational practices and performance drivers" [J], Journal of Management & Organ-

参 考 文 献

ization, 2008, 14 (2): 168 - 179.

[158] Brown, T J, Mowen, J C, Donavan, D T, and Licata, J W. "The customer orientation of service workers: Personality trait influences on self and supervisor performance ratings" [J], Journal of Marketing Research, 2002, 39 (1): 110 - 119.

[159] Schneider, B, and Bowen, D. "Employee and customer perceptions of service in banks: replication and extension" [J], Journal of Applied Psychology, 1985, 70 (3): 423 - 433.

[160] Allworth, J, and Hesketh, B. "Job requirements biodata as a predictor of performance in customer service role" [J], International Journal of Selection and Assessment, 2000, 8 (3): 137 - 147.

[161] Schneider, B, Wheeler, J K, and Cox, J F. "A passion for service: Using content analysis to explicate service climate themes" [J], Journal of Applied Psychology, 1992, 77 (5): 705 - 716.

[162] Jung, H S, Yoon, H H. "The effects of organizational service orientation on person - organization fit and turnover intent in a deluxe hotel" [J], The Service Industries Journal, 2011, 33 (1): 1 - 23.

[163] Yoon, S J, Choi, D C, and Park, J W. "Service orientation: Its impact on business performance in the medical service industry" [J], The Service Industries Journal, 2007, 27 (4): 371 - 388.

[164] Lee, Y K, Park, D H, Yoo, D K. The structural relationships between service orientation, mediators, and business performance in Korean hotel firms [J], Asia Pacific Journal of Tourism Research, 1999, 4 (1): 59 - 70.

[165] Lytle, R S, and Timmerman, J E. "Service orientation and performance: An organizational perspective" [J], Journal of Services Marketing, 2006, 20 (2): 136 - 147.

[166] Cran, D. J. Towards Validation of the Service Orientation Construct [J]. The Service Industries Journal, 1994, 14 (1): 34 - 44.

[167] Gonzalez, J V, Garazo, T G. "Structural relationships between organizational service orientation, contact employee job satisfaction and citizenship behaviour" [J], International Journal of Service Industry Management, 2006, 17 (1): 23 - 50.

[168] Bowen, D E, and Schneider, B. "Boundary - spanning - role employ-

ees and the service encounter: Some guidelines for management and research" [M], in Czepiel, J. A., Solomon, M. R. and Suprenant, C. F. (Eds), The Service Encounter, Lexington Books, Lexington, MA, 1985, 127 – 147.

[169] 吴清津. 以服务导向增强企业竞争力 [J]. 商业经济文萃, 2002 (5): 9 – 11.

[170] Organ, D. W., Organizational Citizenship Behavior: It's construct clean – up time [J]. Human Performance, 1997 (10): 85 – 97.

[171] Heider, F. The psychology of interpersonal relations [M]. New York, NY: Wiley, 1958: 75 – 86.

[172] Weiner, B. An attributional theory of achievement motivation and emotion [J]. Psychological Review, 1985, 92 (4): 548 – 573.

[173] Oliver, R L. Cognitive, affective, and attribute bases of the satisfaction [J]. Journal of Consumer Research, 1993, 20 (3): 418 – 431.

[174] Grégoire, Y, Fisher, R J. Customer betrayal and retaliation: when your best customers become your worst enemies [J]. Journal of the Academy of Marketing Science, 2008, 36 (2), 247 – 261.

[175] Weiss, H M, Cropanzano, R. Affective events theory: A theoretical discussion of the structure, causes and consequences of affective experiences at work [J]. Research in Organizational Behavior, 1996, 18 (1): 1 – 74.

[176] Wegge, J, Dick, R, Fisher, G K, West, M A, Dawson, J F. A test of basic assumptions of affective events theory (AET) in call centre work [J]. British Journal of Management, 2006, 17 (1): 1 – 17.

[177] Yen, H R, Gwinner, K P, Su, W. The impact of customer participation and service expectation on locus attributions following service failure [J]. International Journal of Service Industry Management, 2004, 15 (1): 7 – 26.

[178] 金立印. 基于关键事件法的服务失败与补救研究 [J]. 经济管理·新管理, 2005, 08 (16): 44 – 51.

[179] Gelbrich, K. Anger, frustration, and helplessness after service failure: coping strategies and effective informational support [J]. Journal of the Academy of Marketing Science, 2010, 38 (5): 567 – 585.

[180] 张圣亮, 吕俊. 服务失误归因对消费者情绪和行为的影响 [J]. 经济管理, 2010, 32 (11): 99 – 106.

[181] 宋亦平, 王晓艳. 服务失误归因对服务补救效果的影响 [J]. 南开管

参考文献

理评论, 2005, 8 (4): 12-17.

[182] Yagil, D, Ben-Zur, H. Self-serving attributions and burnout among service employees [J]. International Journal of Organizational Analysis, 2009, 17 (4): 320-338.

[183] Broeck, A V, et al. Capturing autonomy, competence, and relatedness at work: Construction and initial validation of the work-related basic need satisfaction scale [J]. Journal of Occupational and Organizational Psychology, 2010, 83 (4): 981-1002.

[184] Fernet, C, et al. How do job characteristics contribute to burnout? Exploring the distinct mediating roles of perceived autonomy, competence, and relatedness [J]. European Journal of Work and Organizational Psychology, 2013, 22 (2): 123-137.

[185] Blau, P M. Justice in social exchange [J]. Sociological inquiry, 1964, 34 (1): 193-206.

[186] Cropanzano, R, Mitchell, M S. Social exchange theory: An interdisciplinary review [J]. Journal of Management, 2005, 31 (8), 874-900.

[187] Emerson, R M. Social exchange theory [J], Annual review of sociology, 1976, 2 (3): 335-362.

[188] Eisenberger, R, Stinglhamber, F, Vandenberghe, C, Sucharski, I L, Rhoades, L. Perceived supervisor support: Contributions to perceived organizational support and employee retention [J]. Journal of Applied Psychology, 2002, 87 (3): 565-573.

[189] Shore, L M, Wayne, S J. Commitment and employee comparison of affective commitment and continuance commitment with perceived organizational support [J]. Journal of Applied Psychology, 1993, 78 (5): 774-780.

[190] Konovsky, M A, Pugh, S D. Citizenship behavior and social exchange [J]. Academy of Management Journal, 1994, 37 (3): 656-669.

[191] Settoon, R P, Bennett, N, Liden, R C. Social exchange in organizations: Perceived organizational support, leader-member exchange, and employee reciprocity [J]. Journal of Applied Psychology, 1996, 81 (3): 219-227.

[192] Eisenberger, R, Huntington, R, Hutchinson, S, Sowa, D. Perceived organizational support [J]. Journal of Applied Psychology, 1986, 71 (9): 500-507.

[193] Lazarus R S. Coping theory and research: past, present, and future

[J]. Psychosomatic Medicine, 1993, 55 (3): 234-247.

[194] Yi, S, Baumgartner, H. Coping with negative emotions in purchase-related situations [J]. Journal of Consumer Psychology, 2004, 14 (3): 303-317.

[195] Hatfield, E, John T C, Richard L R. Emotional contagion [M]. Paris: Cambridge University Press, 1994.

[196] Dallimore, K S, Sparks, B A, Butcher, K. The influence of angry customer outbursts on service providers' facial displays and affective states [J]. Journal of Service Research, 2007, 10 (1): 78-92

[197] Spencer, S, Rupp, D E. Angry, guilty, and conflicted: injustice toward coworkers heightens emotional labor through cognitive and emotional mechanisms [J]. Journal of Applied Psychology, 2009, 94 (2): 429-444.

[198] 周浩, 龙立荣. 共同方法偏差的统计检验与控制方法 [J]. 心理学进展, 2004, 12 (6): 942-950.

[199] Karatepe, O M, Yorganci, I, Haktanir, M. An investigation of the role of job resources in mitigating customer-related social stressors and emotional exhaustion [J]. Service Marketing Quarterly, 2010, 31 (1): 72-88.

[200] 彭正龙, 赵红丹. 组织公民行为真的对组织有利吗?——中国情境下的强制性公民行为研究 [J]. 南开管理评论, 2011, 14 (1): 17-27.

[201] Miller, K I, Stiff, J B, Ellis, B H. Communication and empathy as precursors to burnout among human service workers [J]. Communication Monographs, 1988, 55 (3): 250-265.

[202] Judge, T A, Erez A, Bono J E, et al. The core self-evaluations scale: Development of a measure [J]. Personnel psychology, 2003, 56 (2): 303-331.

[203] Karatepe, O M, Demir E. Linking core self-evaluations and work engagement to work-family facilitation: A study in the hotel industry [J]. International Journal of Contemporary Hospitality Management, 2014, 26 (2): 307-323.

[204] Carlson D S, Kacmar K M, Williams L J. Construction and initial validation of a multidimensional measure of work-family conflict [J]. Journal of Vocational Behavior, 2000, 56 (2): 249-276.

[205] Hanson, G C, Hammer L B. Development and validation of a multidimensional scale of perceived work-family positive spillover [J]. Journal of occupational health psychology, 2006, 11 (3): 249.

[206] Carlson, D S, Grzywacz J G, Zivnuska S. Is work-family balance more

参 考 文 献

than conflict and enrichment [J]. Human Relations, 2009, 62 (10): 14 – 59.

[207] Medsker, G J, Williams L J, Holahan, P J. A review of current practices for evaluating causal models in organizational behavior and human resources management research [J]. Journal of Management, 1994, 20 (2): 439 – 464.

[208] Grant, A M, Sumanth, J J. Mission possible? The performance of prosocially motivated employees depends on manager trustworthiness [J]. Journal of Applied Psychology, 2009, 94 (4): 901 – 927.

[209] 张勉, 魏钧, 杨百寅. 工作和家庭冲突的前因和后果变量: 中国情景因素形成的差异 [J]. 管理工程学报, 2009 (4): 79 – 84.

[210] Rich, B L, Lepin, J A, Crawford, E R. Jobengagement: Antecedents and effects on job performance [J]. Academy of Management Journal, 2010, 53 (3): 617 – 635.

[211] Lam, C F, and Gurland, S T. Self – determined work motivation predicts job outcomes, but what predicts self – determined work motivation [J]. Journal of Research in Personality, 2008, 42 (4): 1109 – 1115.

[212] Tett, R P, Burnett, D. Apersonality trait – based inter – actionist model of job performance [J]. 2003, 88 (3): 500 – 517.

[213] Raub, S, Liao, H. Doing the right thing without being told: Joint effects of initiative climate and general self – efficacy on employee proactive customer service performance [J]. Journal of Applied Psychology, 2012, 97 (3): 651 – 667.

[214] Karatepe, O M. High – performance work practices and hotel employee performance: The mediation of work engagement [J]. International Journal of Hospitality Management, 2013, 32 (3): 132 – 140.

[215] Muller, D, Judd, C M, Yzerbyt, V Y. When moderation is mediated and mediation is moderated [J]. Journal of Personality and Social Psychology, 2005, 89 (6): 852 – 863.

[216] Hobfoll, S E. Conservation ofresources: A new attempt at conceptualizing stress [J]. American Psychologist, 1989, 44 (3): 513 – 524.

[217] Ashakanasy, N M, Humphrey, R H. A Multi – level view of leadership and emotion: leading with emotional labor [J]. The Sage Handbook of Leadership, 2011, 18 (1): 365 – 379.

[218] Lytle, R S, Timmerman, J E. Service orientation and performance: An organizational perspective [J]. Journal of Services Marketing, 2006, 20 (2): 136 –

147.

[219] Hofmann, D A, Gavin, M B. Centering decisions in hierarchical linear models: Implications for research in organizations [J]. Journal of Management, 1998, 24 (5): 623-641.

[220] Mathieu, J E, Taylor, S R. A Framework for Testing Meso-mediational Relationships in Organizational Behavior [J]. Journal of Organizational Behavior, 2007, 28 (2): 141-172.

[221] 温忠麟, 刘红云, 侯杰泰. 调节效应和中介效应分析 [M]. 北京: 教育科学出版社, 2012.

[222] Tsang, N K F. Dimensions of chinese culture values in relation to service provision in hospitality and tourism industry [J]. International Journal of Hospitality Management, 2011, 30 (3): 670-679.

[223] 李程, 鲍建波. 可标准化服务业对服务业发展的影响——基于两部门模型的分析 [J]. 技术经济, 2014, 33 (12): 59-64.

[224] 赵晓煜, 孙福权, 张昊. 服务生产中顾客感知支持与其合作行为的关系. 技术经济, 2014, 33 (11): 16-24.

[225] Teng C C, Barrows C W. Service orientation: antecedents, outcomes, and implications for hospitality research and practice [J]. The Service Industries Journal, 2009, 29 (10): 141-143.

[226] Yoon S J, Choi D C, Park J W. Service orientation: its impact on business performance in the medical service industry [J]. The Service Industries Journal, 2007, 27 (4): 371-388.

[227] Kim H J. Service orientation, service quality, customer satisfaction, and customer loyalty: testing a structural model [J]. Journal of Hospitality Marketing & Management, 2011, 20 (6): 619-637.

[228] Tung W, Liang R D, Chen S C. The influence of service orientation and interaction orientation on consumer identification [J]. The Service Industries Journal, 2014, 34 (5): 439-454.

[229] Frimpong K. Service orientation in delivery: perspectives from employees, customers, and managers [J]. Services Marketing Quarterly, 2014, 35 (1): 54-67.

[230] Yen C D, Liu D. Does service orientation matter to employees performance in the hospitality industry: the mediating role of LMX [J]. Journal of Hospitality Ap-

plication and Research, 2013, 8 (2): 3 - 11.

[231] Smith M R, Rasmussen J L, Mills M J, et al. Stress and performance: do service orientation and emotional energy moderate the relationship [J]. Journal of Occupational Health Psychology, 2012, 17 (1): 116 - 128.

[232] Beaton A, Lings I, Gudergan S P. Service staff attitudes, organizational practices and performance drivers [J]. Journal of Management & Organization, 2008, 14 (2): 168 - 179.

[233] Chen Y J, Relationships among service orientation, job satisfaction, and organizational commitment in the international tourist hotel industry [J]. Journal of American Academy of Business, 2007, 11 (2): 71 - 82.

[234] Bettencourt L A, Gwinner K P, Meuter M L. A comparison of attitude, personality, and knowledge predictors of service - oriented organizational citizenship behaviors [J]. Journal of Applied Psychology, 2001, 86 (1): 29 - 41.

[235] 吴清津, 汪纯孝. 旅游企业员工服务导向意识的前置因素与后果研究 [J]. 南开管理评论, 2004, 7 (6): 23 - 27.

[236] Grandey A A. Emotion regulation in the workplace: a new way to conceptualize emotional labor [J]. Journal of Occupational Health Psychology, 2000, 5 (1): 95 - 110.

[237] Paunov M. Organizational consequences and individual antecedents of emotional dissonance and emotional labor [J]. European Journal of Business and Management, 2013, 5 (32): 163 - 176.

[238] 王淑红, 郑佩. 领导者情绪智力与员工的组织公民行为和任务绩效的关系——以组织气氛为中介变量 [J]. 技术经济, 2015, 34 (3): 33 - 37.

[239] Brotheridge C M, Lee R T. Development and validation of the emotional labor scale [J]. Journal of Occupational and Organizational Psychology, 2003, 76 (3): 365 - 379.

[240] Groth M, Hennig - Thurau T, Walsh G. Customer reactions to emotional labor: the roles of employee acting strategies and customer detection accuracy [J]. Academy of Management Journal, 2009, 52 (5): 958 - 974.

[241] Hobfoll S E. Conservation of resources: a new attempt at conceptualizing stress [J]. American Psychologist, 1989, 44 (3): 513 - 524.

[242] 杨勇, 唐帅, 马钦海. 情绪智力与组织公民行为: 情绪劳动的中介作用 [J]. 东北大学学报: 自然科学版, 2013 (5): 753 - 756.

[243] Donovan D T, Brown T J, Mowen J C. Internal benefits of service-worker customer orientation: job satisfaction, commitment, and organizational citizenship behaviors [J]. Journal of Marketing, 2004, 68 (1): 128-146.

[244] Diefendorff J M, Gosserand R H. Understanding the emotional labor process: a control theory perspective [J]. Journal of Organizational Behavior, 2003, 24 (8): 945-959.

[245] 温忠麟. 中介效应检验程序及其应用 [J]. 心理学报, 2004, 36 (5): 614-620.

[246] 汪文娟, 费广洪. 组织公民行为研究综述及展望 [J]. 社会心理科学, 2012, 26 (11): 122-127.

[247] Chow C W C, Lai J Y M, Loi R. Motivation of travel agents' customer service behavior and organizational citizenship behavior: The role of leader-member exchange and internal marketing orientation [J]. Tourism Management, 2015, 48 (3): 362-369.

[248] Parker S K, Collins C. Taking stock: Integrating and differentiating multiple proactive behaviors [J]. Journal of Management, 2010, 36 (4): 633-662.

[249] 林忠, 鞠蕾, 陈丽. 工作-家庭冲突研究与中国议题: 视角, 内容和设计 [J]. 管理世界, 2013 (9): 154-171.

[250] 马丽. 工作-家庭匹配与平衡研究: 基于个人-环境匹配的视角 [J]. 管理评论, 2015, 27 (2): 135-144.

[251] Schneider B, White S S, Paul M C. Linking service climate and customer perceptions of service quality: Test of a causal model [J]. Journal of Applied Psychology, 1998, 83 (1): 150-163.

[252] Hobfoll S E. Stress, culture, and community: The psychology and philosophy of stress [M]. New York: Plenum Press, 1998.

[253] Marks S R, MacDermid, S M. Multiple roles and the self: A theory of role balance [J]. Journal of Marriage and the Family, 1996, 58 (4): 417-432.

[254] 唐汉瑛, 马红宇, 王斌. 工作增益问卷的编制及信效度检验 [J]. 中国临床心理学杂志, 2009, 17 (5): 430-433.

[255] 金家飞, 徐姗, 王艳霞. 角色压力、工作家庭冲突和心理抑郁的中美比较 [J]. 心理学报, 2014, 46 (8): 1144-1160.

[256] 张红琪, 鲁若愚. 服务企业顾客参与对员工创新行为的影响研究 [J]. 科研管理, 2013, 34 (3): 100-107.

参考文献

[257] 倪旭东,戴延君,姚春序. 团队内部知识传递过程中的冲突研究[J]. 人类工效学,2015,21(1):47-51.

[258] Preacher KJ, Rucker DD, Hayes AF. Addressing moderated mediation hypotheses: Theory, methods, and prescriptions [J]. Multivariate Behavioral Research, 2007, 42 (1): 185-227.

[259] Hu, ML, Horng, JS, Sun, YH. Hospitality teams: knowledge sharing and service innovation performance [J]. Tourism Management, 2009, 30 (1): 41-50.

[260] 徐细雄,淦未宇. 组织支持契合,心理授权与雇员组织承诺:一个新生代农民工雇佣关系管理的理论框架——基于海底捞的案例研究[J]. 管理世界,2011(12):131-147.

[261] Donovan, T. D. Antecedents and Consequences of the Contact Employee's Service Orientation: From Personality Traits to Service Behaviors [D]: Stillwater, Oklahoma, Oklahoma State University, 1990.

附 录

附录1：服务型领导力对服务员工情绪劳动多层次影响机理的调查问卷

第一部分　员工报告的调查问卷

本问卷仅用于学术研究，我们向您保证问卷调查是完全保密的。本调查只用于学术研究，不记姓名，不会涉及个人隐私，您的答案无所谓对错且不会被第三方看到，请您放心作答。您的真实填写将是本研究顺利进行的有力保障，请您在符合您情况的数字上打"√"，东北大学服务管理课题组衷心感谢您的理解和支持。

一、个人基本资料

1. 您的工作是否直接与顾客接触：□是　　□否
2. 性别：□男　　□女
3. 您的年龄（周岁）：
4. 您的婚姻情况：□已婚　　□单身或离异
5. 您获得的最高学历
□高中/中专以下　　□高中/中专　　□大专　　□学士
□硕士及硕士以上
6. 您每月的收入约：
7. 在目前这家企业里，您的工作年限约（年）：

附 录

二、控制变量（正负情感性量表）

下面词语描述您此刻答题时的感受或情绪，请在表示程度的数字上打"√"

	1＝完全没有	2＝一点	3＝中等	4＝高	5＝非常高		1＝完全没有	2＝一点	3＝中等	4＝高	5＝非常高
热情的	1	2	3	4	5	恐惧的	1	2	3	4	5
坚决的	1	2	3	4	5	害怕的	1	2	3	4	5
兴奋的	1	2	3	4	5	心烦的	1	2	3	4	5
受鼓舞的	1	2	3	4	5	痛苦的	1	2	3	4	5
警惕的	1	2	3	4	5	紧张的	1	2	3	4	5

三、工作动机量表

您为什么从事现在的这份工作？请在以下每个工作原因后面表示符合程度的数字上打"√"	1＝完全不符合	2＝非常不符合	3＝有一点符合	4＝一般符合	5＝符合	6＝非常符合	7＝完全符合
1. 我非常喜欢这份工作	1	2	3	4	5	6	7
2. 从事这份工作，我很快乐	1	2	3	4	5	6	7
3. 这份工作给我带来愉悦	1	2	3	4	5	6	7
4. 从事这份工作与我的人生目标是一致的	1	2	3	4	5	6	7
5. 这份工作是我生活中一个重要部分	1	2	3	4	5	6	7
6. 这份工作体现了我的身份	1	2	3	4	5	6	7
7. 这份工作是很有价值的	1	2	3	4	5	6	7
8. 我的工作是重要的	1	2	3	4	5	6	7
9. 我很珍惜这份工作	1	2	3	4	5	6	7

四、工作投入量表

您为什么从事现在的这份工作？请在以下每个工作原因后面表示符合程度的数字上打"√"	1＝完全不符合	2＝非常不符合	3＝有一点符合	4＝一般符合	5＝符合	6＝非常符合	7＝完全符合
1. 我的工作强度很高	1	2	3	4	5	6	7
2. 我在工作上很努力	1	2	3	4	5	6	7
3. 我在工作上投入很多精力	1	2	3	4	5	6	7

续表

您为什么从事现在的这份工作？请在以下每个工作原因后面表示符合程度的数字上打"√"	1 = 完全不符合	2 = 非常不符合	3 = 有一点符合	4 = 一般符合	5 = 符合	6 = 非常符合	7 = 完全符合
4. 我尽量把工作做好	1	2	3	4	5	6	7
5. 为完成工作任务，我使尽力气	1	2	3	4	5	6	7
6. 我尽自己最大能力干工作	1	2	3	4	5	6	7
7. 我的工作热情很高	1	2	3	4	5	6	7
8. 在工作中，我精力充沛	1	2	3	4	5	6	7
9. 对于这份工作，我很感兴趣	1	2	3	4	5	6	7
10. 拥有这份工作，我感觉很有面子	1	2	3	4	5	6	7
11. 干工作时，我心情很兴奋	1	2	3	4	5	6	7
12. 我的工作积极性很高	1	2	3	4	5	6	7
13. 在工作中，我思想高度集中	1	2	3	4	5	6	7
14. 在工作中，我注意力高度集中	1	2	3	4	5	6	7
15. 在工作中，我精神高度集中	1	2	3	4	5	6	7
16. 在工作中，我全神贯注	1	2	3	4	5	6	7
17. 工作时间里，我集中精力做工作	1	2	3	4	5	6	7
18. 工作时间里，我专注于我的工作	1	2	3	4	5	6	7

五、情绪劳动量表

在与顾客交流过程中，请在下面最认同的数字上"√"	1 = 完全不同意	2 = 不同意	3 = 不一定	4 = 同意	5 = 完全同意
1. 服务顾客时，我经常装出高兴热情的样子	1	2	3	4	5
2. 为了更好地服务服务顾客，要经常掩饰内心的真实感受	1	2	3	4	5
3. 与顾客交流时，我好像在演戏作秀	1	2	3	4	5
4. 面对顾客时，我会主动感受公司要求表达的情绪，而不仅是改变表情	1	2	3	4	5
5. 服务顾客时，我不仅外表看起来高兴热情，也会让内心高兴愉快起来	1	2	3	4	5
6. 服务顾客时，我会调节自己不好的心情，让高兴热情是发自内心的	1	2	3	4	5

附 录

第二部分 领导报告的问卷

本问卷不仅用于学术研究,也可为您公司提供相关数据统计结果,为提高管理效率和组织绩效提供有效建议。我们向您保证问卷调查是完全保密的。本调查只用于研究,不记姓名,不会涉及个人隐私,您的答案无所谓对错且不会被第三方看到。东北大学服务管理课题组衷心感谢您的理解和支持。如果您对我们的研究成果感兴趣,请留下您的电子邮箱:

一、企业基本资料

1. 您所在公司/企业成立时间(年):_____
2. 您所在公司/企业性质:□国有企业 □民营企业 □外资或合资企业
3. 您所在公司的类型和级别:□酒店; □餐饮 □旅行社 □其他
4. 您所在公司/分公司的规模约(员工人数):_____

二、服务型领导力量表

下面是关于您公司/分公司顾客服务方面的题项(请在后面代表程度数字上"√")	1 = 完全不同意	2 = 非常不同意	3 = 不同意	4 = 不一定	5 = 同意	6 = 非常同意	7 = 完全同意
1. 我经常强调服务的重要性	1	2	3	4	5	6	7
2. 我会定期与顾客或者服务员工沟通交流	1	2	3	4	5	6	7
3. 我经常评估服务质量	1	2	3	4	5	6	7
4. 我花费大量时间精力关注服务以表明对服务的重视	1	2	3	4	5	6	7
5. 为确保员工的优质服务,我提供各种资源用于提高员工的服务能力,而不只是口头上的	1	2	3	4	5	6	7
6. 为了创建优质服务,我采取了许多措施	1	2	3	4	5	6	7
7. 我根据服务质量的高低确定相应的服务奖励和报酬,而不只是根据绩效实施奖励和报酬	1	2	3	4	5	6	7

附录2：家庭工作界面对服务员工情绪劳动影响机理的调查问卷

尊敬的先生/女士：

　　非常感谢您能够参加本次问卷调查，本次调查关注的是家庭—工作关系因素、情绪劳动和主动顾客服务行为的调查。本问卷仅用于学术研究，我们向您保证问卷调查是完全保密的。本调查只用于学术研究，不记姓名，不会涉及个人隐私，您的答案无所谓对错且不会被第三方看到，请您放心作答。您的真实填写将是本研究顺利进行的有力保障，请您在符合您情况的数字上打"√"。

一、家庭工作冲突量表

请根据您的真实情况回答下列问题，并在相应的数字上打"√"	1＝完全不同意	2＝不同意	3＝不一定	4＝同意	5＝完全同意
1. 我花费很多时间在家庭上，这在一定程度上影响了我的工作	1	2	3	4	5
2. 我花费在家庭上的时间，使我没有足够的时间参加对我职业生涯有利的活动	1	2	3	4	5
3. 由于在家庭中花费大量时间，我不得不错过一些与工作相关的活动（如工作聚餐等）	1	2	3	4	5
4. 由于家庭的压力，我经常在工作时间里想着家庭的事情	1	2	3	4	5
5. 由于家庭责任带来的压力，我很难聚精会神的工作	1	2	3	4	5
6. 家庭生活带来的紧张和焦虑，会影响我的工作表现	1	2	3	4	5
7. 对我来说，在家庭中有效的做法，在工作中并没有用	1	2	3	4	5
8. 在家庭中行之有效的做法，若用到工作上往往事与愿违（如对待父母配偶的行为，应用到同事上级身上）	1	2	3	4	5
9. 解决家庭问题的有效方法在工作上没多大用处	1	2	3	4	5

附 录

二、家庭工作增益量表

请根据您的真实情况回答下列问题,并在相应的数字上打"√"	1 = 完全不同意	2 = 不同意	3 = 不一定	4 = 同意	5 = 完全同意
1. 与家人的相处让我更懂得如何关心、体谅他人,更好地处理工作中的问题	1	2	3	4	5
2. 与家人(如年幼小孩)相处让我学会耐心和宽容,帮助我在工作中表现更好	1	2	3	4	5
3. 与家人的相处经验,帮助我在工作中成为一个更平易近人,受欢迎的合作者	1	2	3	4	5
4. 在家产生的好心情会保持到上班,让我在工作中更有激情、更加用心投入	1	2	3	4	5
5. 实现家庭的某些需要和愿望,我会更努力工作,提升工作业绩	1	2	3	4	5
6. 家人的理解、信任和支持让我在工作中更加自信,工作更有动力	1	2	3	4	5
7. 家庭生活让我在身心各方面得到放松,为第二天的工作做好准备	1	2	3	4	5

三、家庭工作平衡量表

请根据您的真实情况回答下列问题,并在相应的数字上打"√"	1 = 完全不同意	2 = 不同意	3 = 不一定	4 = 同意	5 = 完全同意
1. 我有能力将家庭和工作协调的很好	1	2	3	4	5
2. 对于家庭和工作中,对我有关键影响的人(如领导、父母妻子等),我能完成他们的期望	1	2	3	4	5
3. 周围的人都认为我是一个能平衡好家庭和工作的人	1	2	3	4	5
4. 我有能力完成上级领导和家庭对我的殷切期望	1	2	3	4	5
5. 同事和家庭成员都说我是一个能满足他们殷切期望的人	1	2	3	4	5
6. 从同事和家庭成员的反响来看,无论在工作上还是家庭中,我都很称职	1	2	3	4	5

四、核心自我评价量表

请根据您的真实情况回答下列问题,并在相应的数字上打"√"	1 = 完全不同意	2 = 不同意	3 = 不一定	4 = 同意	5 = 完全同意
1. 在我的一生中,我确信可以获得成功	1	2	3	4	5
2. 有时我会很沮丧	1	2	3	4	5
3. 只要我想要做某事,一般都会做成	1	2	3	4	5
4. 有时我会觉得自己一无是处	1	2	3	4	5
5. 我能够圆满地完成任务	1	2	3	4	5
6. 有时我会觉得不能胜任我的工作	1	2	3	4	5
7. 总体上我对自己很满意	1	2	3	4	5
8. 我对自己的才能没有信心	1	2	3	4	5
9. 我可以掌控自己的命运	1	2	3	4	5
10. 我没有把握可以取得事业的成功	1	2	3	4	5
11. 我可以解决遇到的大部分问题	1	2	3	4	5
12. 我经常觉得生活没有希望	1	2	3	4	5

五、情绪劳动量表

在服务顾客时,(请根据您的真实情况回答下列问题,并在相应的数字上打"√")	1 = 完全不同意	2 = 不同意	3 = 不一定	4 = 同意	5 = 完全同意
1. 我经常装出高兴热情的样子	1	2	3	4	5
2. 为了更好地服务顾客,要经常掩饰内心的真实感受	1	2	3	4	5
3. 与顾客交流时,我好像在演戏作秀	1	2	3	4	5
4. 我只是假装表达工作所需要的情绪而已	1	2	3	4	5
5. 为了表达工作所需要的情绪,我好像带上某种"面具"(如笑脸面具)	1	2	3	4	5
6. 面对顾客时,我会主动感受公司要求表达的情绪,而不仅是改变表情	1	2	3	4	5
7. 服务顾客时,我不仅外表看起来高兴热情,也会让内心高兴愉快起来	1	2	3	4	5
8. 服务顾客时,我会调节自己不好的心情,让高兴热情是发自内心的	1	2	3	4	5
9. 我向顾客表达的高兴热情是真实的	1	2	3	4	5

附 录

续表

在服务顾客时,(请根据您的真实情况回答下列问题,并在相应的数字上打"√")	1 = 完全不同意	2 = 不同意	3 = 不一定	4 = 同意	5 = 完全同意
10. 我向顾客表达的情绪是自然而然的	1	2	3	4	5
11. 我向顾客表达的情绪与内心感受是一致的	1	2	3	4	5

六、正负情感性量表

下面词语描述您此刻答题时的感受或情绪,请在表示程度的数字上打"√"

	1 = 完全没有	2 = 一点	3 = 中等	4 = 高	5 = 非常高		1 = 完全没有	2 = 一点	3 = 中等	4 = 高	5 = 非常高
热情的	1	2	3	4	5	恐惧的	1	2	3	4	5
坚决的	1	2	3	4	5	害怕的	1	2	3	4	5
兴奋的	1	2	3	4	5	心烦的	1	2	3	4	5
受鼓舞的	1	2	3	4	5	痛苦的	1	2	3	4	5
警惕的	1	2	3	4	5	紧张的	1	2	3	4	5

个人背景信息:

(1) 您的工作是否直接与顾客接触:□是　　□否

(2) 您的工作类型:□全职　　□兼职

(3) 您的工作所属行业:

(4) 您的性别:□男　　□女

(5) 您的年龄(周岁):

(6) 您的婚姻情况:□已婚　　□单身或离异

(7) 您获得的最高学历:□高中/中专以下　　□高中/中专　　□大专
　　　　　　　　　　□学士　　□硕士及硕士以上

(8) 您每月的收入约:_____

(9) 在目前这家企业里,您的工作年限约(年):_____

附录3：负面互动事件对服务员工情绪劳动影响机理的调查问卷

尊敬的女士/先生：

　　您好！非常感谢您的参与，本次调查是为了了解您在工作中情绪的控制与管理，调查结果仅用于学术研究。调查绝对保密！您的回答没有对错、好坏之分，每道题用标记在选项中标出即可。最后，如果您愿意作答，希望您务必认真、如实作答，请勿漏填或随意填写，非常感谢您的配合！

一、回顾你过去6个月在向游客提供服务时，下面负面事件（或类似）给你造成的影响，请在相应的数字上打"√"：

　　"在去旅游景点途中，游客要我讲低俗的笑话，这对我的人格和尊严是极大的侮辱，所以拒绝了游客的要求。因而在后续的行程中，游客非常不配合导游工作，并且言语粗鲁"。

依据上面的负面事件回答下列问题，并在相应的数字打"√"	1＝非常低	2＝低	3＝一般	4＝高	5＝非常高
1. 你认为上面这件事归咎于游客的程度	1	2	3	4	5
2. 回忆上述或类似事件发生时，您会体验到下面所描述情绪的程度：					
（1）烦闷的	1	2	3	4	5
（2）生气的	1	2	3	4	5
（3）厌恶的	1	2	3	4	5
（4）令人讨厌的	1	2	3	4	5
（5）愤怒的	1	2	3	4	5
（6）不高兴的	1	2	3	4	5
（7）被激怒的	1	2	3	4	5
（8）不愉快的	1	2	3	4	5
3. 回忆上述或类似事件发生时，您会：	1＝完全不同意	2＝不同意	3＝一般	4＝同意	5＝完全同意
（1）服务游客时，我要经常装出高兴热情的样子	1	2	3	4	5
（2）为了更好地服务游客，要经常掩饰内心的真实感受	1	2	3	4	5

附　录

续表

一、回顾你过去6个月在向游客提供服务时，下面负面事件（或类似）给你造成的影响，请在相应的数字上打"√"：

（3）与游客交流时，我好想在演戏作秀	1	2	3	4	5
（4）我只是假装表达工作所需要的情绪而已	1	2	3	4	5
（5）为了表现出工作所需要的情绪，我好想带上某种面具	1	2	3	4	5

二、回顾过去6个月在向游客提供服务时，下面负面事件（或类似）给你造成的影响，请在相应的数字上打"√"：

"刚刚开始带团时，由于业务不太熟练，统计错男女人数，结果订房出现失误导致顾客无法按时就寝，顾客对我非常不满意，而且表示如果解决不好，将要投诉我"。

依据上面的负面事件回答下列问题，并在相应的数字打"√"	1 = 非常低	2 = 低	3 = 一般	4 = 高	5 = 非常高
1. 你认为上面这件事归咎于自己的程度	1	2	3	4	5
2. 回忆上述或类似事件发生时，您会体验到下面所描述情绪的程度：					
（1）内疚	1	2	3	4	5
（2）遗憾	1	2	3	4	5
（3）后悔	1	2	3	4	5
3. 回忆上述或类似事件发生时，您会：	1 = 完全不同意	2 = 不同意	3 = 一般	4 = 同意	5 = 完全同意
（1）我会主动感受旅行社要求表达的情绪，而不仅是改变表情	1	2	3	4	5
（2）我不仅外表看起来高兴热情，也会让内心高兴愉快起来	1	2	3	4	5
（3）与游客交流时，我好想在演戏作秀	1	2	3	4	5
（4）我向游客表达的高兴热情是真实的	1	2	3	4	5
（5）我向游客表达的情绪是自然而然的	1	2	3	4	5
（6）我向游客表达自己的情绪与我内心感受是一致的	1	2	3	4	5

续表

三、回顾过去6个月在向游客提供服务时，下面负面事件（或类似）给你造成的影响，请在相应的数字上打"√"：

"参观游览景点遇到暴雨，导致游客无法正常参观、导游无法正常讲解，双方情绪都比较低落，甚至有些人还因为淋雨而生病，回来途中，顾客议论纷纷，有的顾客抱怨天气不好没有玩尽兴，有的顾客大声嚷嚷向我说旅行社没做好预防措施，导致被雨淋湿并要求赔偿，有的顾客则比较理智跟我协商解决旅游中的问题"。

依据上面的负面事件回答下列问题，并在相应的数字打"√"	1 = 非常低	2 = 低	3 = 一般	4 = 高	5 = 非常高
1. 你认为以上这件事归因于情境的程度	1	2	3	4	5
2. 回忆上述或类似事件发生时，您会：					
（1）我会关心他/她的遭遇	1	2	3	4	5
（2）我感到非常的遗憾	1	2	3	4	5
（3）我会主动向他/她表示同情之心	1	2	3	4	5
（4）我的心情会被扰乱	1	2	3	4	5
（5）我会怜悯他/她	1	2	3	4	5
（6）我经常被感动	1	2	3	4	5
（7）我会热心的提供力所能及的帮助	1	2	3	4	5
3. 回忆上述或类似事件发生时，您会：	1 = 完全不同意	2 = 不同意	3 = 一般	4 = 同意	5 = 完全同意
（1）服务游客时，我要经常装出高兴热情的样子	1	2	3	4	5
（2）为了更好地服务游客，要经常掩饰内心的真实感受	1	2	3	4	5
（3）与游客交流时，我好想在演戏作秀	1	2	3	4	5
（4）我只是假装表达工作所需要的情绪而已	1	2	3	4	5
（5）为了表现出工作所需要的情绪，我好想带上某种面具	1	2	3	4	5
（6）我会主动感受旅行社要求表达的情绪，而不仅是改变表情	1	2	3	4	5
（7）我不仅外表看起来高兴热情，也会让内心高兴愉快起来	1	2	3	4	5
（8）我会调节好自己不好的心情让高兴热情发自内心	1	2	3	4	5

附　录

您的个人基本信息（请在相应选项上打钩）

（1）您的性别：男　女

（2）您的年龄：21~25、26~30、31~40、41岁及其以上

（3）您的婚姻状况：未婚　已婚

（4）您的文化程度：初中　高中/中专　专科　本科　硕士研究生及以上

（5）您所在公司组织培训情况：几乎没有　偶尔经常　每周/月/季度一次

（6）您的用工类型：正式　兼职

（7）您月平均出勤天数：10~15、15~20、20~25

（8）您在本行业从业时间：不满1年　1~3年　3~5年　5~10年　10年以上

附录4：服务导向、情绪劳动和组织公民行为间作用机制的调查问卷

尊敬的女士/先生：

您好！本问卷的目的是了解您在工作中的情绪管理、服务意识以及公民行为等等。问卷不记名，结果只用于学术研究，我们会对调查结果严格保密。您的宝贵意见对我们的研究非常重要，请根据您工作中的实际情况认真、独立的作答，答案并无对错之分。选择答案时直接在符合您情况的方框或字母上打"√"。感谢您的协助。

一、您对您性格和服务工作的认知

请根据您的真实情况回答下列问题，并在相应的数字上打"√"	1＝完全不同意	2＝不同意	3＝不一定	4＝同意	5＝完全同意
1. 在工作中，我乐于向他人提供帮助	1	2	3	4	5
2. 我认为最好工作的工作内容应当包含帮助他人解决问题	1	2	3	4	5
3. 我能和大多数人和睦相处	1	2	3	4	5
4. 我为能提供有礼貌的服务而骄傲	1	2	3	4	5
5. 周到细致的考虑到他人的需求，是我的本能（对我来说很自然）	1	2	3	4	5

二、您在接触客户或服务客户时的状态

请根据您的真实情况回答下列问题，并在相应的数字上打"√"	1＝完全不同意	2＝不同意	3＝不一定	4＝同意	5＝完全同意
1. 为了更好地打发顾客，我会装模作样	1	2	3	4	5
2. 服务客户时，我常常会假装有个好心情	1	2	3	4	5
3. 和顾客接触时，我会进入一种"演戏"的状态	1	2	3	4	5
4. 工作需要我表达的情绪（如高兴、关怀），我是假装出来的	1	2	3	4	5
5. 为按照工作的要求表达情绪（如微笑等），我会带上虚伪的"情绪面具"	1	2	3	4	5

附　录

续表

请根据您的真实情况回答下列问题，并在相应的数字上打"√"	1 = 完全不同意	2 = 不同意	3 = 不一定	4 = 同意	5 = 完全同意
6. 我展现给顾客的心情和我内心真实心情不同	1	2	3	4	5
7. 面对客户时，我表现出虚伪而不真实的情绪	1	2	3	4	5
8. 我努力去体验那种我需要向他人表达的情绪	1	2	3	4	5
9. 当我必须要对顾客表达某种情绪时（如高兴，悲伤），我会设身处地去体会这种情绪	1	2	3	4	5
10. 我尽可能地去感受所要展示给顾客的情绪	1	2	3	4	5
11. 当我需要向顾客表现某种情绪时，我会努力在内心培养这种情绪	1	2	3	4	5

三、您平时工作时的情况

请根据您的真实情况回答下列问题，并在相应的数字上打"√"	1 = 完全不同意	2 = 不同意	3 = 不一定	4 = 同意	5 = 完全同意
1. 同事不在，我会帮他做工作	1	2	3	4	5
2. 同事的工作量大，负担重，我会帮助他	1	2	3	4	5
3. 我会帮上司（领导）做工作，即使他没有要求我去做	1	2	3	4	5
4. 我会耐心的倾听同事遇到的困难和麻烦	1	2	3	4	5
5. 我会尽可能地帮助新员工	1	2	3	4	5
6. 为了同事的利益，我可以牺牲一下个人利益*	1	2	3	4	5
7. 我会和同事分享信息	1	2	3	4	5
8. 工作不迟到早退，甚至早来晚走	1	2	3	4	5
9. 如果不能来上班，我会提前请假	1	2	3	4	5
10. 我会在工作时间内偷懒休息	1	2	3	4	5
11. 花费大量的工作时间接听私人电话	1	2	3	4	5
12. 因为工作上一些微不足道的事情而抱怨	1	2	3	4	5
13. 我会保护组织的公共财产	1	2	3	4	5
14. 虽然没有明文规定，我也会遵守一些非正式的规矩来维持组织正常秩序	1	2	3	4	5

个人基本信息（选择答案时直接在符合您情况的字母上打"√"。)

（1）您的性别：男　女

（2）您的年龄：20岁以下　21～25岁　26～30岁　31～35岁　36～40岁　41～50岁　51岁以上

（3）您的受教育程度：高中及以下　大专　大学本科　硕士以上

（4）您的工作年限：1年以下　1～3年　3～5年　5～10年　10年以上

（5）您单位的性质：外资/合资　私营/民营　国有企业

附 录

附录5：家庭工作界面因素对主动服务顾客行为的作用机制的调查问卷

尊敬的女士/先生：

　　非常感谢您能够参加本次问卷调查，本次调查关注的是家庭—工作关系和主动服务行为。本问卷仅用于学术研究，我们向您保证问卷调查是完全保密的。本问卷不记姓名，不会涉及个人隐私，您的答案无所谓对错且不会被第三方看到，请您放心作答。您的真实填写将是本研究顺利进行的有力保障，请您在符合您情况的数字上打"√"。衷心感谢您的支持与合作！

　　一、家庭工作冲突量表

请根据您的真实情况回答下列问题，并在相应的数字上打"√"	1 = 完全不同意	2 = 不同意	3 = 不一定	4 = 同意	5 = 完全同意
1. 我花费很多时间在家庭上，这在一定程度上影响了我的工作	1	2	3	4	5
2. 我花费在家庭上的时间，使我没有足够的时间参加对我职业生涯有利的活动	1	2	3	4	5
3. 由于在家庭中花费大量时间，我不得不错过一些与工作相关的活动（如工作聚餐等）	1	2	3	4	5
4. 由于家庭的压力，我经常在工作时间里想着家庭的事情	1	2	3	4	5
5. 由于家庭责任带来的压力，我很难聚精会神的工作	1	2	3	4	5
6. 家庭生活带来的紧张和焦虑，会影响我的工作表现	1	2	3	4	5
7. 对我来说，在家庭中有效的做法，在工作中并没有用	1	2	3	4	5
8. 在家庭中行之有效的做法，若用到工作上往往事与愿违（如对待父母配偶的行为，应用到同事上级身上）	1	2	3	4	5
9. 解决家庭问题的有效方法在工作上没多大用处	1	2	3	4	5

二、家庭工作增益量表

请根据您的真实情况回答下列问题,并在相应的数字上打"√"	1 = 完全不同意	2 = 不同意	3 = 不一定	4 = 同意	5 = 完全同意
1. 与家人的相处让我更懂得如何关心、体谅他人,更好地处理工作中的问题	1	2	3	4	5
2. 与家人(如年幼小孩)相处让我学会耐心和宽容,帮助我在工作中表现更好	1	2	3	4	5
3. 与家人的相处经验,帮助我在工作中成为一个更平易近人,受欢迎的合作者	1	2	3	4	5
4. 在家产生的好心情会保持到上班,让我在工作中更有激情、更加用心投入	1	2	3	4	5
5. 实现家庭的某些需要和愿望,我会更努力工作,提升工作业绩	1	2	3	4	5
6. 家人的理解、信任和支持让我在工作中更加自信,工作更有动力	1	2	3	4	5
7. 家庭生活让我在身心各方面得到放松,为第二天的工作做好准备	1	2	3	4	5

三、家庭工作平衡量表

请根据您的真实情况回答下列问题,并在相应的数字上打"√"	1 = 完全不同意	2 = 不同意	3 = 不一定	4 = 同意	5 = 完全同意
1. 我有能力将家庭和工作协调的很好	1	2	3	4	5
2. 对于家庭和工作中,对我有关键影响的人(如领导、父母妻子等),我能完成他们的期望	1	2	3	4	5
3. 周围的人都认为我是一个能平衡好家庭和工作的人	1	2	3	4	5
4. 我有能力完成上级领导和家庭对我的殷切期望	1	2	3	4	5
5. 同事和家庭成员都说我是一个能满足他们殷切期望的人	1	2	3	4	5
6. 从同事和家庭成员的反响来看,无论在工作上还是家庭中,我都很称职	1	2	3	4	5

附　　录

四、服务氛围量表

请根据您的真实情况回答下列问题，并在相应的数字上打"√"	1＝完全不同意	2＝不同意	3＝不一定	4＝同意	5＝完全同意
1. 公司会不惜代价为顾客解决问题	1	2	3	4	5
2. 我们为顾客提供服务，不求回报	1	2	3	4	5
3. 服务就是工作，我和同事都愿意停止手头上的工作，以服务顾客为主	1	2	3	4	5
4. 从公司其他员工的行为和公司内部文件，可以看出我公司对顾客的重视	1	2	3	4	5
5. 公司员工更多考虑的是如何服务好顾客的问题，而不是工作压力问题	1	2	3	4	5

五、主动服务顾客行为量表

请根据您的真实情况回答下列问题，并在相应的数字上打"√"	1＝完全不同意	2＝不同意	3＝不一定	4＝同意	5＝完全同意
1. 服务顾客过程中，我能主动告诉顾客所需要的信息	1	2	3	4	5
2. 服务顾客过程中，我能事先预料顾客内心所想，并主动满足他们的需要	1	2	3	4	5
3. 我能主动询问顾客其他服务需求，并能找到满足顾客需求的解决办法	1	2	3	4	5
4. 服务顾客过程中，我能自始至终与顾客交流，一直到下一位员工为他服务为止	1	2	3	4	5
5. 我能主动联系其他员工，一起合作满足顾客的需求	1	2	3	4	5
6. 服务顾客过程中，如果出现意外状况，我能提出暂时的解决办法	1	2	3	4	5
7. 我能主动讯问顾客是否对我的服务满意	1	2	3	4	5

个人基本信息（选择答案时直接在符合您情况的字母上打"√"。）

（1）您的性别：男　　女

（2）您的年龄：18～20岁　　21～25岁　　26～30岁　　31～35岁　　36～40岁　　41岁以上

(3) 您的婚姻情况：未婚　已婚

(4) 您获得的最高学历：高中/中专以下　高中/中专　大专　大学本科　硕士及硕士以上

(5) 您每月的收入：2000元以下　2000~3499元　3500~4999元　5000元以上

(6) 在目前这家企业里，您的工作年限：1年以下　1~5年　6~10年　11~15年　16年以上

(7) 您的工作是否直接与顾客接触：是　否

(8) 您的工作类型：全职　兼职

(9) 您的工作所属行业：银行/保险/证券行业　餐饮/酒店/旅游/娱乐行业　医疗/护理/保健/卫生行业　其他服务行业_____

附 录

附录6：多视角服务导向对服务创新行为的跨层次作用机制的调查问卷

第一部分 员工报告的调查问卷

尊敬的女士/先生：

非常感谢您能够参加本次问卷调查，本问卷仅用于学术研究，我们向您保证问卷调查是完全保密的。本调查只用于学术研究，不记姓名，不会涉及个人隐私，您的答案无所谓对错且不会被第三方看到，请您放心作答。您的真实填写将是本研究顺利进行的有力保障，请您在符合您情况的数字上打"√"。感谢您的支持与合作！

一、个人基本资料

1. 您的工作是否直接与顾客接触：□是　　□否
2. 性别：□男　　□女
3. 您的年龄（周岁）：
4. 您的婚姻情况：□已婚　　□单身或离异
5. 您获得的最高学历？
   □高中/中专以下　□高中/中专　□大专　□学士　□硕士及硕士以上
6. 您每月的收入约：
7. 在目前这家企业里，您的工作年限约（年）：

二、控制变量（正负情感性量表）

下面词语描述您此刻答题时的感受或情绪，请在表示程度的数字上打"√"

	1 = 完全没有	2 = 一点	3 = 中等	4 = 高	5 = 非常高		1 = 完全没有	2 = 一点	3 = 中等	4 = 高	5 = 非常高
热情的	1	2	3	4	5	恐惧的	1	2	3	4	5
坚决的	1	2	3	4	5	害怕的	1	2	3	4	5
兴奋的	1	2	3	4	5	心烦的	1	2	3	4	5
受鼓舞的	1	2	3	4	5	痛苦的	1	2	3	4	5
警惕的	1	2	3	4	5	紧张的	1	2	3	4	5

三、个体服务导向量表

对于下面的题项,请在最认同的数字上打"√"。	1 = 完全不同意	2 = 非常不同意	3 = 不同意	4 = 不一定	5 = 同意	6 = 非常同意	7 = 完全同意
1. 我乐于助人	1	2	3	4	5	6	7
2. 我认为最好的工作是为他人排忧解难	1	2	3	4	5	6	7
3. 我能与大多数人和睦相处	1	2	3	4	5	6	7
4. 我为提供彬彬有礼的服务而感到自豪	1	2	3	4	5	6	7
5. 为顾客提供周到的服务是我分内之事	1	2	3	4	5	6	7

四、工作投入

您为什么从事现在的这份工作?请在以下每个工作原因后面表示符合程度的数字上打"√"	1 = 完全不符合	2 = 非常不符合	3 = 有一点符合	4 = 一般符合	5 = 符合	6 = 非常符合	7 = 完全符合
1. 我的工作强度很高	1	2	3	4	5	6	7
2. 我在工作上很努力	1	2	3	4	5	6	7
3. 我在工作上投入很多精力	1	2	3	4	5	6	7
4. 我尽量把工作做好	1	2	3	4	5	6	7
5. 为完成工作任务,我使尽力气	1	2	3	4	5	6	7
6. 我尽自己最大能力干工作	1	2	3	4	5	6	7
7. 我的工作热情很高	1	2	3	4	5	6	7
8. 在工作中,我精力充沛	1	2	3	4	5	6	7
9. 对于这份工作,我很感兴趣	1	2	3	4	5	6	7
10. 拥有这份工作,我感觉很有面子	1	2	3	4	5	6	7
11. 干工作时,我心情很兴奋	1	2	3	4	5	6	7
12. 我的工作积极性很高	1	2	3	4	5	6	7
13. 在工作中,我思想高度集中	1	2	3	4	5	6	7
14. 在工作中,我注意力高度集中	1	2	3	4	5	6	7

附 录

五、创造力量表

对于下面的题项，请根据您的真实情况，在最认同的数字上打"√"。	1 = 完全不同意	2 = 非常不同意	3 = 不同意	4 = 同意	5 = 非常同意	6 = 完全同意
1. 在工作中，我能提出创新性的建议	1	2	3	4	5	6
2. 在工作中，我尝试着提出我自己的创造性想法并说服别人	1	2	3	4	5	6
3. 在工作中，我会寻找新的服务技术或服务方法	1	2	3	4	5	6

六、创造执行力量表

对于下面的题项，请根据您的真实情况，在最认同的数字上打"√"。	1 = 完全不同意	2 = 非常不同意	3 = 不同意	4 = 同意	5 = 非常同意	6 = 完全同意
1. 在工作中，我贯彻新的服务技术和方法提高服务质量	1	2	3	4	5	6
2. 在工作中，我努力确保实现创新所需的资金和资源	1	2	3	4	5	6
3. 我认为自己是我团队的一名有创造力的成员	1	2	3	4	5	6

第二部分 领导报告的问卷

本问卷不仅用于学术研究，也可为您公司提供相关数据统计结果，为提高管理效率和组织绩效提供有效建议。我们向您保证问卷调查是完全保密的。本调查只用于研究，不记姓名，不会涉及个人隐私，您的答案无所谓对错且不会被第三方看到。东北大学服务管理课题组衷心感谢您的理解和支持。如果您对我们的研究成果感兴趣，请留下您的电子邮箱：

一、企业的基本资料

1. 您所在公司/企业成立时间（年）：＿＿＿＿＿＿＿＿＿＿＿＿＿＿＿
2. 您所在公司/企业性质：□国有企业　□民营企业　□外资或合资企业
3. 您所在公司的类型和级别：　·酒店：　·餐饮　·旅行社　·其他
4. 您所在公司/分公司的规模约（员工人数）：＿＿＿＿＿＿＿＿＿＿

二、组织服务导向量表

下面是关于您公司/分公司顾客服务方面的题项（请在后面代表程度数字上"√"）	1 = 完全不符合	2 = 非常不符合	3 = 有一点符合	4 = 一般符合	5 = 符合	6 = 非常符合	7 = 完全符合
1. 公司员工能将心比心的对待顾客	1	2	3	4	5	6	7
2. 公司员工提供的服务超出顾客的期望	1	2	3	4	5	6	7
3. 公司员工的服务态度比竞争对手要好	1	2	3	4	5	6	7
4. 公司的员工会尽可能减少为顾客带来的不便（如顾客等待时间长）	1	2	3	4	5	6	7
5. 公司的员工在服务顾客时，面对顾客的要求可以自主决定怎样做而不必请示上司	1	2	3	4	5	6	7
6. 为了能够提供优质服务，我公司的员工拥有很大的自主权利	1	2	3	4	5	6	7
7. 我公司以目前的技术水平为基础，通过不断挖潜来提高服务能力	1	2	3	4	5	6	7
8. 我公司开发和引进先进的技术提高服务质量（如安装刷信用卡机、上网网络等）	1	2	3	4	5	6	7
9. 我公司使用先进的技术支持一线服务员工的工作（如为员工更换先进的服务工具）	1	2	3	4	5	6	7
10. 对于服务过程中可能出现的各种意外情况，公司采取很多措施防患于未然	1	2	3	4	5	6	7
11. 顾客接受服务时，公司会尽力预防各种意外情况，而不只是在出现问题后才做出反应	1	2	3	4	5	6	7
12. 我们会主动听取顾客的意见	1	2	3	4	5	6	7
13. 公司有高效的售后服务系统用于解决顾客的抱怨	1	2	3	4	5	6	7

附　录

续表

下面是关于您公司/分公司顾客服务方面的题项（请在后面代表程度数字上"√"）	1 = 完全不符合	2 = 非常不符合	3 = 有一点符合	4 = 一般符合	5 = 符合	6 = 非常符合	7 = 完全符合
14. 公司建立了问题解决小组以提高解决服务问题的能力	1	2	3	4	5	6	7
15. 公司在售后会联系顾客，确认顾客是否对我们的服务满意	1	2	3	4	5	6	7
16. 我公司对每位顾客都做出明确的服务保证	1	2	3	4	5	6	7
17. 我们不会坐等顾客抱怨，我们能够运用内部服务标准进行自查，在顾客抱怨之前发现问题所在	1	2	3	4	5	6	7
18. 公司的顾客研究报告等信息会以通俗易懂的方式向员工传达	1	2	3	4	5	6	7
19. 公司的员工都了解公司所有部门的服务标准	1	2	3	4	5	6	7
20. 我们有一套成熟的目标体系，会将公司的目标层层分解到所有部门，以实现公司长远发展规划	1	2	3	4	5	6	7
21. 公司的服务绩效标准与所有员工（不管职位高低）都公开讨论沟通过	1	2	3	4	5	6	7
22. 公司有实实在在的服务承诺，而不只是口头上的	1	2	3	4	5	6	7
23. 我们视顾客为一种服务机会（为公司），而不是收入的来源	1	2	3	4	5	6	7
24. 我公司生存的基础是满足顾客的需求	1	2	3	4	5	6	7
25. 公司管理者经常强调服务的重要性	1	2	3	4	5	6	7
26. 公司管理者会定期与顾客或者服务员工沟通交流	1	2	3	4	5	6	7
27. 公司管理者经常评估服务质量	1	2	3	4	5	6	7
28. 公司管理者花费大量时间精力关注服务以表明对服务的重视	1	2	3	4	5	6	7

续表

下面是关于您公司/分公司顾客服务方面的题项（请在后面代表程度数字上"√"）	1 = 完全 不符合	2 = 非常 不符合	3 = 有一点 符合	4 = 一般 符合	5 = 符合	6 = 非常 符合	7 = 完全 符合
29. 为确保员工的优质服务，公司管理者提供各种资源用于提高员工的服务能力，而不只是口头上的	1	2	3	4	5	6	7
30. 为了创建优质服务，公司管理者采取了许多措施	1	2	3	4	5	6	7
31. 管理者根据服务质量的高低确定相应的服务奖励和报酬，而不只是根据绩效实施奖励和报酬	1	2	3	4	5	6	7
32. 我们公司表扬提供优质服务的员工	1	2	3	4	5	6	7
33. 为了提高服务质量，公司的员工都接受了技能培训	1	2	3	4	5	6	7
34. 我们花费了大量时间和精力模拟真实服务顾客时的情景，用以提高员工的服务水平	1	2	3	4	5	6	7
35. 在培训期间，我们以活动形式来识别和提高员工的服务态度	1	2	3	4	5	6	7